"十四五"职业教育国家规划教材

"十三五"江苏省高等学校重点教材（编号：2018-1-088）

商务谈判

第2版

卢海涛◎主 编

周永刚　沈霞　胡跃吾　汪韦◎副主编

電子工業出版社

Publishing House of Electronics Industry

北京 • BEIJING

图书在版编目（CIP）数据

商务谈判 / 卢海涛主编. —2 版. —北京：电子工业出版社，2020.10

ISBN 978-7-121-39769-1

Ⅰ. ①商… Ⅱ. ①卢… Ⅲ. ①商务谈判－高等学校－教材 Ⅳ. ①F715.4

中国版本图书馆 CIP 数据核字（2020）第 195879 号

责任编辑：刘淑敏　　　特约编辑：田学清
印　　刷：北京七彩京通数码快印有限公司
装　　订：北京七彩京通数码快印有限公司
出版发行：电子工业出版社
　　　　　北京市海淀区万寿路 173 信箱　　　邮编：100036
开　　本：787×1092　1/16　印张：12　　字数：314.9 千字
版　　次：2013 年 8 月第 1 版
　　　　　2020 年 10 月第 2 版
印　　次：2024 年 2 月第 8 次印刷
定　　价：42.00 元

凡所购买电子工业出版社图书有缺损问题，请向购买书店调换。若书店售缺，请与本社发行部联系，联系及邮购电话：（010）88254888，88258888。

质量投诉请发邮件至 zlts@phei.com.cn，盗版侵权举报请发邮件至 dbqq@phei.com.cn。

本书咨询联系方式：（010）88254199，sjb@phei.com.cn。

前言

党的二十大报告指出："教育、科技、人才是全面建设社会主义现代化国家的基础性、战略性支撑。必须坚持科技是第一生产力、人才是第一资源、创新是第一动力，深入实施科教兴国战略、人才强国战略、创新驱动发展战略，开辟发展新领域新赛道，不断塑造发展新动能新优势。"这为推动当下和未来一段时间内我国科教及人才事业的发展、构建人才培养体系指明了基本方向。

《商务谈判》自 2013 年 8 月出版以来，深受广大师生和读者的欢迎。随着我国商业模式的转变、互联网经济的发展和对外经济的进一步开放，为了使《商务谈判》教材更方便师生使用、更密切结合经济发展实际，编者在进行一定的社会调研和案例征集并听取广大师生、读者和出版社的建议后，进行了修订。

本次修订在框架体系上仍然基于"项目导向、任务驱动"的设计，围绕商务谈判工作流程的主线，突出对学生综合实践能力的培养。《商务谈判》（第 2 版）在第 1 版的基础上做了如下修订。

1．修正了第 1 版中的不妥之处、纰漏，以及技术性错误。

2．在原有栏目与板块的基础上，增加了"同步案例""问题与思考"等，形式更灵活、内容更活泼。

3．更加注重理论联系实际，保留经典谈判案例，删除老旧案例，增加了新的经济贸易案例，与时俱进，增强了教材内容的实践性和可借鉴性。

4．与移动互联技术相结合，利用二维码技术，丰富了立体化教学资源。学生可以通过扫描书中的二维码，在手机上阅读和观看与教材配套的教学资源，更加方便、灵活、有趣味。

5．经过企业调研、反复推敲和认真修订，本教材的理论体系与实践体系已经较为成熟，各章节从知识内容、实践训练到课后练习配套均较为完善。

6．校企合作编写。江苏财经职业技术学院与知名企业江苏今世缘酒业股份有限公司、淮安瀚唐信息技术有限公司共同进行教材开发，修订完善。

总之，修订后教材的知识体系更严谨，内容更精练，结构更清晰，形式更灵活，语言通俗易懂，也更突出对学生综合能力和素质的培养。

本教材由江苏财经职业技术学院卢海涛教授主编，周永刚、沈霞、胡跃吾、汪韦担任副主编。具体编写分工如下：卢海涛（江苏财经职业技术学院）执笔学习任务 1.1、1.2、3.2，周永刚（江苏财经职业技术学院）执笔学习任务 2.1、2.2、2.3，沈霞（江苏财经职业技术学院）执笔学习任务 3.1、4.1、4.2，胡跃吾（江苏今世缘酒业股份有限公司）执笔学习任务 3.3，汪韦（淮安瀚唐信息技术有限公司）执笔项目 5。卢海涛负责本教材总体框架设计、编写大纲拟定、书稿总撰和完善。

修订后的教材配有课件、习题参考答案及二维码资源，以方便教师教学和学生自主学习。

由于编者水平有限，书中难免有疏漏和不当之处，恳请广大读者提出意见和建议。

本教材在修订过程中，参考了大量国内外教材、有关书籍、文献，以及相关网站资料，同时得到合作企业相关领导和业务人员的大力支持，在此表示衷心的感谢。

编　者

目录

项目 1 体验商务谈判

学习任务 1.1 认识商务谈判

【学习目标】

1. 了解商务谈判的含义与特征。
2. 了解商务谈判的构成要素。
3. 能熟练划分不同类型的商务谈判。
4. 能分析不同类型的商务谈判及其特点。
5. 掌握商务谈判的内容与过程。

【任务描述】

从事商务活动与贸易工作，在经贸往来中不可避免地要进行商务谈判。本任务通过对商务谈判基础知识的介绍，让学生对生活中购物情境进行模拟与再现，即扮演情境中的角色，从而对商务谈判的含义、特征、构成要素、类型、内容、过程等方面有一个深入的认识和了解，为将来工作的顺利开展打下坚实的基础。

【引导案例】

A 公司的网上谈判

我国某制造企业 A 公司需要组装一条生产流水线，但国内厂家生产的相关产品达不到 A 公司的技术要求，因此只能从国外购买。A 公司采购人员通过互联网了解到目前欧洲有几家公司生产的产品符合要求，于是他们在网上发布了购买信息。数小时后，好几家公司都不约而同地发来了产品价格、性能等反馈信息。两天后，还有三家公司通过传真发来了更为详细的资料，并请求与 A 公司就购买事宜进行商谈。经过比较分析，A 公司选取了德国和瑞典的两家公司作为谈判对象，希望从中选择一家采购设备。

在与德国公司在网上洽谈时，德国公司提出要A公司购买24种产品技术。A公司先前就对德国公司的产品技术进行了研究，计划从24种产品技术中挑选出13种产品技术引进，因为这13种产品技术已经足以构成一条先进、完整的生产线。同时，A公司也根据对国际市场情报的掌握提出了合理的价格。这样，A公司既买到了先进的设备又节约了大量的外汇。事后，德国公司的总经理赞叹道："这次商务谈判，不仅使你们节省了钱，而且把我们公司的'心脏'都掏去了。"

思考：商务谈判具有哪些特点？A公司的成功说明了什么？

【知识储备】

1.1.1 谈判的基本原理

谈判无处不在

什么是谈判？按照一般的认识，谈判是人们为了协调彼此之间的关系，满足各自的需要，通过协商而争取达到意见一致的行为和过程。美国著名谈判学者罗杰·道森在其著作《优势谈判》中这样阐述谈判："生活就是一场谈判，幸福需要谈判，商业互动需要谈判，与人合作需要谈判，团队领导需要谈判，国与国之间需要谈判，夫妻关系需要谈判，亲子教育需要谈判……"美国谈判学会会长、著名律师杰勒德·I. 尼尔伦伯格在《谈判的艺术》一书中所阐明的观点更加明确，他说："谈判的定义最为简单，而涉及的范围却最为广泛，每一个要求满足的愿望和每一项寻求满足的需要，至少都是诱发人们展开谈判过程的潜因。只要人们是为了改变相互关系而交换观点，只要人们是为了取得一致而磋商协议，他们就是在进行谈判。"美国谈判专家威恩·巴罗认为"谈判是一种双方在致力于说服对方接受其要求时所运用的一种交换意见的技能，最终目标是要达到一项对双方都有利的协议"。英国谈判学家 P.D.V.马什在《合同谈判手册》一书中对谈判下的定义是"谈判是指有关各方为了各自的目的，在一项涉及各方利益的事务中磋商，通过调整各自提出的条件，最终达成一个各方都较为满意的协议的这样一个不断协调的过程"。

从字面上理解：谈，说话或讨论；判，分辨、评定、判决。换句话说，一切有关"协商""交涉""商量""磋商"的活动都是谈判，这就是广义的谈判。但就狭义而言，谈判是指在正式场合下，两个或两个以上有关组织或个人为了解决相互利益而进行磋商的一种行为。对于谈判内涵，需要把握两点：一是"谈"，就是谈各自关于合作的意向，谈其必要性、谈发展的前景、谈采取的措施和实施的手段；二是"判"，就是对双方合作而引起的责任承担、风险分担、亏损或盈利的分配、权利与义务等，逐条逐句地做出数字、范围、界限标准和时限等方面的判定，其实质就是利益的平衡。显然，狭义的谈判不同于广义的谈判。狭义的谈判具有一定的规律性，以及明确的目的性、阶段性、程序性和法律性，是作为学科来学习与研究的。正因为如此，谈判不同于"交流""辩论"。

谈判成就事业

虽然谈判每天都在发生，而且人人都在努力，但是要谈出好的结果并不容易。这是因为，人们对谈判技巧运用不熟练，或厌烦运用，或敬而远之，甚至三者皆有。所以，要想通过谈判成就事业、成就人生，不仅要正确地认识谈判，而且要正确掌握谈判原理、正确运用谈判技巧。

1. 谈判产生的条件

谈判产生的条件或许有多个，但首要条件是谈判双方在基本利益和行为方式方面既相互联系又相互冲突。什么是利益？利益是谈判双方主观上的需求、关注点和期望，是谈判的基础。例如，甲企业生产的产品需要推销，乙企业认为销售甲企业产品能够带来利润，这就构成了甲、乙两家企业的相互联系。然而，甲、乙两家企业又都是独立的商品生产经营者，各自所代表的基本利益不允许无偿地调拨，这就构成了两家企业之间的相互差别或冲突。如何才能在这种既相互联系又相互冲突或有差别的局面中，既维护本身的利益又考虑对方的利益，从而求得双方的协调发展？这就需要借助于谈判活动来实现。

关系是谈判双方能够走到一起的前提；利益则是谈判双方主观上的需求、关注点和期望，是谈判的基础。两者缺一不可。换句话说，如果没有共同的关系，人们就不会走到一起；如果不存在利益不一致，人们也就不用进行谈判。经验告诉我们：冲突无处不在，谈判也就无处不在。而且，冲突越多、分歧越多，谈判的变数就越大。

问题与思考：只要人们在观点、基本利益和行为方式等方面出现了不一致，就一定会产生谈判吗？为什么？

2. 谈判的关系构成

谈判的关系构成必须是谈判双方是相对独立或对等的。换句话说，不能认为，只要人们在观点、基本利益和行为方式等方面存在着既相互联系又相互冲突或有差别的状况，就一定会产生谈判行为。例如，奴隶与奴隶主，他们各自在观点、基本利益和行为方式等方面很不一致。不仅如此，他们在这些方面也是既相互联系又相互冲突或有差别的。但是在很多时候，他们之间不会出现谈判现象，也不可能出现谈判现象。这是因为，奴隶主把奴隶看作会说话的工具。奴隶失去了人身自由，奴隶主掌握着对奴隶生杀予夺的大权。奴隶主依靠暴力压迫奴隶，使其服从自己。由此可见，人与人之间构成谈判这种类型的关系，还需要依赖于另一个重要条件，即谈判双方必须在物质力量、人格、地位等方面有相对独立或对等的资格。

事实上，在谈判过程中，如果谈判一方由于某种原因而失去了与对方对等的力量或地位，那么另一方可能很快就不再把失去力量或地位的一方作为谈判对手，并且可能图谋采取另外的方式来解决问题。这时，谈判将转化为非谈判。因此，如果谈判者想使谈判活动正常地进行下去，就必须发展和壮大自己的物质力量，提升自己的实力，保持自己独立的人格和地位。

3. 谈判的核心任务

谈判的核心任务在于一方努力说服另一方或理解、或允许、或接受自己所提出的观点和要求。这是因为，谈判是双方在观点、基本利益和行为方式等方面出现了既相互联系又相互冲突或有差别的状况才走到一起的。而且，人们所处的自然环境和社会环境存在差别，思维习惯、文化素质、价值取向等存在差异，这就导致了人们在所追求的重点和所维护的基本利益方面的不一致。彼此之间的差异需求要得到满足，就必须通过谈判进行协商，通过对话或协调来解决。当然，矛盾的背后也存在着许多共同的利益，所以谈判在于协商，在于平衡利益。因此，谈判总是一方不断地努力说服另一方或理解、或允许、或接受自己所提出的观点和要求，而另一方也是如此。

4．谈判的本质

谈判的问题是人的问题。这或许有些绝对，但事实的确如此。无论谈判是在国家之间进行，还是在组织之间进行，或者是在个人之间进行，参与谈判活动的都是具体的人。谈判者都是活生生的人，而人的欲望、思想、情感、性格、价值观等都可能支配或影响谈判者的行为。因此，在所有的谈判中，人是第一问题。正因为如此，谈判在协调利益的同时，还要处理好人与人之间的关系，而且必须先处理好人与人之间的关系。由于谈判的过程是一个交流的过程、协商的过程，具体表现为两个或两个以上的人的关系，因此，谈判也是一种人际关系，是一种特殊的人际关系。这是谈判的本质。

5．谈判的工具

谈判的工具是语言。因为进行谈判，至少要有两个或两个不同方面的代表，谈判代表都要阐述自己的想法或意见，也需要听取对方的想法和意见，然后进行不断磋商，争取使双方的想法和意见趋于一致。这里的阐述、磋商和交流需要通过“语言”来实现。所以，语言就成为谈判的工具。语言包括书面语言和口头语言。谈判双方的互动与谈判结果是一个不可分割的整体，而谈判的目的是建立一种合作关系。而由于谈判本身是思辨的过程，是说与听的过程。谈判双方都希望彼此说要说得清楚、听要听得明白，否则，不仅会影响谈判的效率，而且会影响谈判的结果，甚至会影响双方的关系。所以，谈判者培养自身的思维能力、提高自己的语言能力，就具有突出的意义。

小链接

做生意要学讲话

温州人会做生意是出了名的。温州人的生意经道不完，但有一句话很关键——学做生意要先学讲话。这是温州人在商界跌打滚爬的心血结晶。对于上海人的精明，打过交道的人都有所体会，但上海人说：“做生意只靠嘴巴。”语言在做生意过程中确实很重要，并不是一面之词，而是在做生意的过程中长期摸索的结果，也是由语言和商界本身的特点决定的。

6．谈判的理念

理念，是指人对事物所归纳出来的基本看法、基本思想、基本观念与基本法则。它是一种理性化的想法，如人生理念、成功理念、办学理念、推销理念、理财理念、谈判理念。具体如人生方面有“种瓜得瓜，种豆得豆”“一生之计在于勤”“得忍且忍”；推销方面有“顾客至上”。理念是行动的向导。不同理念将产生不同的行动方式，自然也会有不同的结果或回报。正确的理念引导正确的行动。只有正确的行动才有可能获得实际成效。谈判的理念主要有两种：零和理念和双赢理念。

（1）零和理念。这种理念认为，谈判各方可以获得的利益总和为零，一方多得一点，另一方就必然少得一点。它是博弈论中的一个概念，又称零和游戏或零和博弈。这种理念产生于 2000 多年前，被广泛应用于有赢家必有输家的竞争与对抗中。“把快乐建立在别人的痛苦之上”是它的典型反映。按照此逻辑看问题，在谈判交易与合作时，不是你输就是我输，不存在双方同时赢。其结果往往会错过创造价值的机会，因为持这种理念的谈判者只顾“拿到属于自己的那一份”。在这种理念下的谈判有人称之为零和谈判，即一方的收益等于另一方的损失的谈判。

（2）双赢理念。这种理念认为，谈判各方可以获得的利益总和并不为零，而是谈判各方通过互信合作，创造性地解决矛盾，设法把“蛋糕”做大，实现利益互补，从而达到皆大欢喜的结果。这是 21 世纪的新理念，实现了“利己”但不“损人”。在这种理念下的谈判也有人称之为非零和谈判。持这种理念的谈判者将是价值的创造者，“做大蛋糕”的同时也“分好蛋糕”。目前，这种双赢理念已越来越凸显于现代商务谈判活动中，并取得了积极的成效。

虽然谈判理念只有零和理念和双赢理念两种，但导致谈判的结果则有“赢-输”“双输”或“双赢”三种。

谈判应该坚守“双赢”理念

同步案例：聪明的安妮

1.1.2 商务谈判的内涵

谈判作为一种协调各方关系的重要手段，广泛地运用于政治、经济、军事、外交、科技等领域。一般认为，谈判就是参与各方为了协调彼此之间的关系，满足各自的利益需要，通过协商而达成一致意见的行为和过程，其本质是一种人际沟通活动。谈判作为人类一种有意识的社会活动，在实践中具有一定的普遍性、目的性、相互性和协商性。

随着经济的发展和人与人之间经济交往的日趋频繁，为实现一定的交易行为或商务利益而进行的谈判——商务谈判迅速发展，成为现代社会重要的谈判形式之一。商务活动指企业和组织以经济利益为目标在市场上从事的一切有形资产和无形资产交换活动的总称。商务谈判就是买卖双方为了促成买卖成交，或者是为了解决交易争议或争端，取得各自经济利益的一种磋商活动。如果商务谈判的各方分属两个或两个以上的国家，并且谈判所涉及的有形资产及无形资产需要从一个国家转移到另一个国家，这样的谈判称为国际商务谈判。

商务谈判产生的前提

虽然商务谈判所涉及的内容非常广泛，但商务谈判还是属于一种专业谈判。作为商务方面的谈判，它具有以下特征。

1. 以实现经济利益为目的

商务谈判以实现经济利益为目的，谈判当事人的所有谈判计划、策略和技巧均以该目的为出发点和归宿，而离开了经济利益，商务谈判就失去了存在的意义和可能。这是商务谈判的本质特征，与其他谈判不同。

小链接

谈判的动因与目的

为什么要谈判呢？从本质上说，谈判的动因是参与谈判的各方有自己的需要，或者是自己所代表的某个组织有某种需要，而一方需要的满足又可能忽视他方的需要。因此，谈判各方参加谈判就不能仅仅以追求己方的需要为出发点，而是应该通过交换彼此的观点来进行磋商，共同寻找使各方都能接受的方案，达成交易以满足各自的利益。

2. 以价格为核心

以实现经济利益为目的决定了谈判的核心议题是价格问题，而价格的高低直接关系到实际获得利益的大小。而且在谈判中商品的质量、数量、支付方式、交货方式等其他条件也都与价格存在密不可分的关系，这些条件都可以通过价格的变化表现出来。商务谈判的这个特征要求谈判的当事人必须坚持以价格为核心实现己方的利益，同时又要善于拓宽思路，从其他因素同价格的联系上争取更多的利益。

3. 以协商为基础

“所有事都可以协商”，这是谈判高手——英国的凯宾·卡纳迪的话。商务谈判的当事人都有解决问题与分歧的愿望，通过协商、沟通来减少分歧，从而达成一致意见。

4. 以博弈为手段

商务谈判的过程也就是谈判者收集信息与情报、研究对手、运用策略和技巧达到谈判目的的过程。谈判各方最终获得的利益就是谈判博弈的结果。

5. 以严密准确为原则

商务谈判的结果是由谈判各方协商一致的协议或合同来体现的。合同条款实质上反映了各方的权利和义务，合同条款的严密性与准确性是保障谈判获得各种利益的重要体现。在拟定合同条款时，千万不能掉以轻心，要注意合同条款是否完整、严密、准确、合理、合法，避免被谈判对手在条款措辞或表述技巧上引进陷阱，付出惨重的代价，这种例子在商务谈判中屡见不鲜。因此，在商务谈判中，谈判者不仅要重视口头上的承诺，而且要重视合同条款的准确和严密。

不严密的条款引起争议

6. 以实现“双赢”为结果

商务谈判过程是一个运用策略和技巧的博弈过程，其结果追求的是“双赢”，即通过商务谈判达成的协议使参与各方都获得满足，各有所得。这种满足可能体现在经济利益上，也可能体现在相互关系上或心理需求上。

问题与思考：商务谈判只不过是一场施展各种阴谋诡计、拼个你死我活的过程。

可见，在商务谈判中利益上的矛盾和冲突在所难免，各方在谈判中都会表现出对对手的排斥。但是，没有排斥就没有谈判的必要。相反，如果只有排斥，没有协商，那么谈判也不会进行下去。谈判是合作与冲突的对立统一。而且在商务谈判中各方还会受到各种环境因素的影响，虽然都各有所获，但对利益的享有是不同的，即商务谈判是互惠互利而不平等的，总有一方获利要大一些。

小链接

有一位教徒问神父：“我可以在祈祷时抽烟吗？”神父面露愠色，严厉斥责这位教徒的不尊敬行为。之后，另一位教徒又去问神父：“我可以在吸烟时祈祷吗？”神父听后非常高兴，欣然同意了他的请求，并称赞这位教徒诚心可嘉。为什么两个教徒有着相同的目的，却得到了截然相反的结果呢？究其原因就是表达方式的不同，让对方感受到了不同的意思。这虽然是一则笑话，但也告诉我们要注意谈判的艺术性，因为谈判切入点和语言表达的不同往往会带来意想不到的结果。

1.1.3　商务谈判的构成

商务谈判的要素是指商务谈判活动的必要因素。一般而言，商务谈判的基本构成要素为商务谈判主体、商务谈判客体、商务谈判目标和商务谈判背景。

1．商务谈判主体

商务谈判主体是指从事商务谈判的人或组织，分为商务谈判关系主体和商务谈判行为主体。

（1）商务谈判关系主体。商务谈判关系主体是指有资格参加谈判，并能承担谈判后果的自然人、组织或其他各种社会实体。商务谈判关系主体必须是谈判关系的构成者，必须直接承担谈判后果，必须有行为能力和谈判资格。

（2）商务谈判行为主体。商务谈判行为主体是指亲自参加谈判，通过自己的行为直接完成谈判任务的自然人。商务谈判行为主体必须是亲自参加谈判的自然人，必须通过自己的行为直接完成谈判任务。

当商务谈判关系主体为自然人时，商务谈判行为主体为其自身或委托人；当商务谈判关系主体为组织或其他社会实体时，商务谈判行为主体为其派出或委托的谈判人员。

2．商务谈判客体

商务谈判客体即谈判议题，是指谈判需商议的具体问题。谈判议题是谈判的起因、内容和目的，并决定当事各方参与谈判的人员组成及策略，是谈判活动的中心。谈判议题的最大特点是，它不是凭空拟定或单方面的，它必须是谈判各方所共同关心并希望解决的问题。一般来说，商务谈判的议题主要有商品的品质、数量、包装、价格，交货的时间、地点，付款方式，运输方式，售后服务，索赔，等等。

3．商务谈判目标

商务谈判是一种目标很明确的行为。商务谈判的直接目标就是最终达成协议。谈判各方的具体目标（如价格、质量、数量、交货期、付款方式）是有差异的，甚至在实际中是对立的，但它们都统一于谈判的直接目标。只有谈判各方最终达成了协议，目标才得以实现。

4．商务谈判背景

商务谈判背景是指谈判所处的客观条件。任何谈判都不可能孤立地进行，而必然要处在特定的客观条件之下并受其制约。因此，谈判背景对谈判的发生、发展、结局均有重要的影响，是谈判不可忽视的重要条件。商务谈判背景主要包括环境背景、组织背景和人员背景等。

环境背景一般包括政治背景、经济背景、文化背景及地理、自然等客观环境因素。组织背景包括组织的历史发展、行为理念、规模实力、经营管理、财务状况、资信状况、市场地位、谈判目标与利益、谈判时限等。组织背景直接影响谈判议题的确立，也影响着谈判策略的选择和谈判的结果。人员背景包括谈判当事人的职位级别、教育程度、个人阅历、工作作风、行为追求、心理素质、谈判风格、人际关系等。由于谈判是在谈判当事人的参与下进行的，因此，人员背景直接影响谈判的策略运用和谈判的进程。

小链接

20 世纪 70 年代，一位老艺术家在一个偏远乡村的集市上，意外地发现了一把 17 世纪的名贵的意大利小提琴。摆地摊的卖主要价 10 元，老艺术家因一时的庆幸和喜悦竟然连价都没还就爽快地答应买下。老艺术家的爽快使卖主心里犯嘀咕："摆了几年都没人问一问的旧琴，怎么这个人连价都不还就决定要？"于是，他试探着将价格提高了一倍。老艺术家也马上答应了。没想到，由此却引起了一连串的提价。价格一直升到了 200 元。这个价格在当时当地，特别是对于一把旧琴来说，可算得上是天文数字了。最后，老艺术家还是决定买，但因为当时手中没有那么多钱，所以双方商定，过几天交钱取琴。当老艺术家凑足了钱来取琴时，他万万没有想到，只几天时间，小提琴却被卖主漆得白白的挂在墙上。在老艺术家看来，这把被漆过的小提琴已经一文不值了。老艺术家只好十分惋惜地拒绝成交，而此时的卖主既感到莫名其妙又无可奈何。

1.1.4 商务谈判的类型

按照不同的标准，可以将商务谈判划分为不同的类型，商务谈判的主要类型如表 1-1 所示。

表 1-1 商务谈判的主要类型

分类标准	谈判类型	概念	特点
谈判进行的地点	主场谈判	谈判在己方所在地进行	占尽东道主优势，以逸待劳，熟悉环境，做事方便
	客场谈判	谈判在对手所在地进行	车马劳顿，深入异地，要做足各种准备，做事不方便
	中立场谈判	谈判在双方所在地以外的其他地点进行	感觉更为公平，有利于缓和双方的关系，但会给双方带来准备上的不便
谈判双方采取的态度	让步型谈判/"软式"谈判	谈判者随时做出让步以达成协议，回避一切可能发生的冲突，追求双方满意的结果	谈判者把对手当作朋友，目的是要达成协议
	立场型谈判/"硬式"谈判	谈判者在谈判中态度强硬，力求压制对手，以实现谈判目标	谈判者维护己方的立场，否定对手的立场，忽视去寻找能兼顾双方利益的解决办法，目的不是要达成协议，而是要获得胜利
	原则型谈判/价值型谈判	注意与对手保持良好的关系，尊重对手的基本需要，寻求双方利益上的共同点，积极设想使双方都有收获的方案	强调公平价值、公正原则，竭力创造"双赢"的谈判结果
谈判展开的方式	纵向谈判	在确定谈判的主要问题后，逐一讨论，逐一解决，在谈妥上一个问题后，才依次讨论下一个，直到谈判结束	程序明确，复杂问题简单化，有些呆板，一旦陷入僵局就无法继续。适用于规模小、业务简单，特别是双方已有合作历史的谈判

续表

分类标准	谈判类型	概念	特点
谈判展开的方式	横向谈判	在确定谈判的主要问题后，开始逐个讨论，当出现矛盾或分歧时，把问题放在一边，讨论其他问题，如此轮回讨论，直到所有内容谈妥为止	议程灵活，方法多样，有利于谈判者运用策略和技巧，寻求变通的解决之道。适用于大型谈判、多边谈判
谈判的具体内容	一般商品买卖谈判	谈判双方就买卖商品的有关内容，如质量、数量、价格、支付方式等，以及交易中双方的权利、义务、责任等问题的谈判	在商务谈判中占有较大的比重，是企业商务活动中较为重要的一部分
	技术贸易谈判	有偿的技术转让的谈判	比一般商品买卖谈判复杂，就技术转让的形式、内容、质量、使用、价格、支付方式及双方在转让过程中所承担的权利、责任和义务等问题的谈判。要涉及技术产权的保护、技术风险及限制与反限制等问题
	工程项目谈判	项目方就某一个工程项目的建设对外寻求合作伙伴的谈判	内容广泛，非常复杂，一般会涉及多个利益主体。多采用公开招标的形式来选择自己的谈判对手
	资金谈判	资金的筹资谈判和投资谈判	谈判内容主要包括货币及其兑换汇率、利率、贷款期限、保证条件和违约责任等
	劳务合作谈判	谈判双方就劳务合作事宜所进行的谈判	主要谈判内容包括劳务提供的形式、内容、时间、劳务的价格和计算方法、劳务费的支付方式及有关双方的权利、责任、义务关系等
	租赁业务谈判	企业从其他企业租用机器和设备而进行的谈判	涉及机器设备的选择、交货情况、维修保养、租期到期后的处理、租金计算和支付方式，以及租赁期内双方的责任、权利、义务关系等问题
参加谈判的利益主体的多少	双边谈判	只有两个利益主体参加的谈判	谈判关系及谈判内容较明确
	多边谈判	有两个以上利益主体参加的谈判	谈判关系及谈判内容错综复杂
参加谈判人数的规模	个体谈判	谈判双方各出一名代表的谈判	最简单，也最复杂
	集体谈判	谈判双方各派出团队进行磋商的谈判	发挥集体智慧、团队力量
谈判人员接触方式	面对面谈判	谈判人员直接面对面沟通与洽谈	商务谈判最主要的洽谈方式
	非面对面谈判	电话谈判、函电谈判、网上谈判等	间接接触，各有特点

1.1.5 商务谈判的内容

商务谈判包括商品购销、技术贸易、工程承包、咨询服务、中介服务、合资合作等内容。不同内容的商务谈判的具体细节有所不同，但无论是哪种商务谈判，都包括合同内的谈判与合同外的谈判两大方面的内容。

1．合同内的谈判

在很多情况下，商务谈判的最终目的就是签订相关的商品购销合同、技术转让合同、服务贸易合同或委托代理合同等商务合同。因此，对合同内容相关条款（包括技术条款、商务条款、程序性条款等）的谈判就成了商务谈判的主要内容，具体包括以下几点。

（1）价格的谈判。价格是商务谈判的核心，也是商务谈判最敏感、最艰难、双方最为关心的部分，是商务谈判策略与技巧的集中体现。商务谈判的失败往往是由于价格谈判的失败。价格谈判的内容包括价格术语、价格计量、单价与总价、其他相关费用等多方面的内容。

（2）交易条件的谈判。这是指以价格为中心的其他交易条件的谈判，包括谈判标的物的数量、质量、送货方式、付款方式、保险方式等多个方面。它们与价格相辅相成，相互影响，并可以通过价格体现出它们的一些状况，是谈判者利益的重要组成部分。

（3）合同条款的谈判。合同条款是构成一份完整、有效的合同必不可少的部分，是价格和交易条件的补充与完善，是履行合同的保证。它主要包括双方的权责约定、违约责任、纠纷处理、合同期限、补充条件和合同附件等多个方面的内容。

2．合同外的谈判

合同外的谈判，是指对合同内容以外相关事项的谈判，是商务谈判的一个重要组成部分。它为商务谈判直接创造条件，影响合同本身的谈判效果，因此也要给予足够的重视。合同外的谈判内容主要包括以下几点。

（1）谈判时间的谈判。谈判时间对双方的影响是不同的，这是因为时间不同，双方的准备程度不同，外部环境的变化不同，双方的需求程度不同，进而谈判实力也会不同。因此，谈判者要尽量争取对己方有利的时间。不过，在实际的商务谈判中，谈判时间可能是双方协商的结果，也可能是一方决定的结果（此时另一方也必须积极接受）。

（2）谈判地点的谈判。一般来说，主场谈判比客场谈判更有利。谈判到底在哪一方所在地举行，往往由谈判实力强的一方来决定，但也可以通过谈判策略来争取。

（3）谈判议程的谈判。它是关于谈判议题的谈判，是对先谈什么、后谈什么、应该谈什么、不应该谈什么、主要谈什么、次要谈什么等相关内容的协商和谈判。谈判议程是谈判策略的重要组成部分，其确定往往也是双方协商的结果。

（4）其他事宜的谈判。其中包括参加谈判人员的确定、谈判活动的相关规定、谈判场所的布置等，这些方面的内容往往也可以通过协商去争取对己方更有利的条件。

小链接

美国钢铁大王安德鲁·卡耐基曾经有这样一个谈判。有一段时间，他每个季度都有10天租用纽约一家饭店的舞厅举办系列讲座。后来，在某个季度开始的时候，他突然接到这家饭店的一封要求提高租金的信，而且对方要求将租金提高2倍。当时举办系列讲座的票已经印好了，并且已经都发出去了。卡耐基当然不愿意支付提高的那部分租金。

几天后，他去见饭店的经理。他说："收到你的通知，我有些震惊。但是，我一点也不埋怨你。假如我处在你的地位，可能也会写一封类似的通知。作为一个饭店的经理，你的责任是尽可能多地为饭店谋取利益。如果你不这样，你就可能被解雇。现在我们拿一张纸写下提高租金将给你带来的好处和坏处。"他拿过一张纸，在纸的中间画了一条线，左边写"利"，右边写"弊"。他在"利"的一边写下了"舞厅，供租用"。接着，他说："如果舞厅空置，那就可以出租，这当然意味着你得到了一些非常有利可图的生意。"

"现在，我们考虑一下'弊'。首先，你并不能从我这里获得更多的收入，只会获得更少。实际上你是在取消这笔收入，因为我付不起你要求的价格，所以我只能被迫改在其他的地方办讲座。其次，对你来说，还有一弊。这个讲座吸引了很多有知识、有文化的人来你的饭店。这对你来说是个很好的广告，是不是？实际上，你花5000美元在报上登广告，也吸引不了比我的讲座更多的人来这个饭店。这对于饭店来说是很有价值的。"

卡耐基把这两项"弊"写下来，然后把纸交给经理，说："我希望你能仔细考虑一下，权衡一下利弊，然后告诉我你的决定。"几天后，卡耐基收到一封信，通知他租金将只提高至原来的1倍，而不是2倍。

1.1.6 商务谈判的过程

当具有利害关系或矛盾争议的双方，为了协调一致，或者争取和解，在特定的时间、地点进行一场正规的谈判时，谈判就有了特定的规则和程序，如图1-1所示。

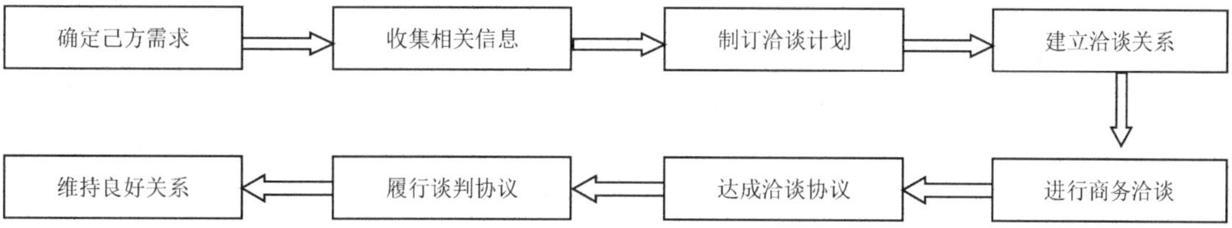

图1-1 商务谈判的过程

【任务演练】

谈判的准备、实施与结束

购物情景模拟

背景资料：

小丽随母亲到一家商场买凉鞋，虽然商场里面的凉鞋品种、款式、颜色很多，但她们逛了很久也没有挑到一双中意的。

最后，小丽好不容易看中一双，标价 160 元，并且标明是打了 85 折的价格。

小丽问服务员：“能否再优惠一点？”

服务员讲：“这是打折之后的价钱，已经很便宜了。要是再砍价，我可做不了主。”

小丽就说：“能否请做主的人来，我想买这双鞋。”

很快，售货组长张玲出来了。张玲先问：“你很想买吗？”

小丽回答道：“是的。”

张玲说：“若这样的话还可以再便宜 3%。”

小丽想了一下，说：“才便宜 5 元钱都不到。”

……

小丽她们接下来怎么办？应如何谈？

目标：通过对生活中购物情景的模拟，了解谈判的构成要素，熟悉谈判的内容与过程。

步骤：任务布置→任务实施→任务完成→任务考核。

内容与要求：

（1）按均衡原则，5～7 名学生组成一个学习小组，推选出组长。组长负责小组的组织协调，并对组员的参与度进行考核。

（2）以小组为单位，参考“背景资料”，描述某一次购物经历。

（3）将此次购物谈判过程“情景再现”，准备模拟表演道具，小组内分配角色，进行模拟、演练、角色扮演。

（4）己方小组与其他小组对此次谈判与小组表现给予评价。

（5）教师点评。

【综合案例】

中日农业加工机械设备谈判

在上海著名的国际大厦，中国某企业与日本一家公司围绕进口农业加工机械设备进行了一场别开生面的竞争与合作、进取与让步的谈判。中日双方在这场谈判中均谋略不凡，使这场谈判成为一个成功的范例。

按照国际惯例，谈判一开局首先由卖方报价，卖方首次报价为 1000 万日元。这一报价比实际卖价高许多。中方事前已摸清了国际行情，深知日方是在放“试探气球”，于是中方直截了当地指出：这个报价不能作为谈判的基础。日方对中方如此果断地拒绝了这个报价而感到震惊。他们分析，中方可能对国际市场行情的变化有所了解，因而己方的高目标恐难实现。于是日方便转移话题，介绍起产品的特点及其优良的质量，以求采取迂回前进的方法来支持己方的报价。但中方一眼就看穿了日方的心理。

因为谈判之前，中方不仅摸清了国际行情，而且研究了日方产品的性能、质量、特点及其他同类产品的有关情况。于是中方不动声色地说：“不知贵国生产此种产品的公司有几家？贵公司的产品优于 A 国、C 国的依据是什么？”中方话未完，日方就领会了其中含意，顿时陷于答也不是、不答也不是的境地。其主谈人为避免难堪的局面借故离席，副主谈人也装作找材料埋头不语。过了一会儿，日方主谈人神色自若地回到谈判桌前，因为他已利用离席的这段时间，想好了应付这一局面的对策。果然，他一到谈判桌前就问他的助手：“这个报价是什么时候定的？”他的助手早有准备，对此问话自然心领神会，便不假思索地答道：“以前定的。”于是日方主谈人笑着解释说：“唔，时间太久了，不知这个价格是否有变动，我们只好回去请示总经理了。”老练的日方主谈人运用“踢皮球”战略，找到了退路。

第二轮谈判开始后，双方先漫谈了一阵，在调节了情绪、融洽了感情、创造了有利于谈判的友好气氛之后，日方再次报价：“我们请示了总经理，又核实了一下成本，同意削价100万日元。”同时，他们夸张地表示，这个削价的幅度是不小的，要中方“还盘”。中方认为日方削价的幅度虽不小，但离中方的要价仍有较大距离，马上“还盘”还很困难。而“还盘”多少才是适当的，中方一时还拿不准。慎重起见，中方一边电话联系，再次核实该产品在国际市场的最新价格，一边对日方的二次报价进行分析。

根据分析，这个价格虽然日方表明是总经理批准的，但根据实际情况看，此次降价是谈判者自行决定的。由此可见，日方报价中所含水分仍然不小，弹性很大。基于此，中方确定“还盘”价格为750万日元。日方立即回绝，认为这个价格很难成交。中方坚持与日方探讨了几次，但没有结果。鉴于讨价还价的高潮已经过去，中方认为谈判的“时间已经到了”，该是展示自己实力、运用谈判技巧的时候了。于是，中方主谈人使用了具有决定意义的一招，郑重向对方指出：“这次引进，我们从几家公司中选中了贵公司，这说明我们成交的诚意，此价虽比贵公司销往C国的价格低一点，但因为运往上海口岸比运往C国的费用低，所以利润并没有减少。另外，诸位也知道我们的外汇政策，这笔生意允许我们使用的外汇只有这些。要增加，需再审批，如果这样，那就只好等下去，改日再谈。”中方主谈人接着说：“A国、C国还等着我们的邀请。”说到这里，中方主谈人把一直捏在手里的王牌摊了出来，恰到好处地向对方透露，把中国外汇使用批文和A国、C国的电传递给了日方主谈人。

日方见后大为惊讶。他们坚持继续讨价还价的决心被摧毁了，陷入必须“竞卖”的困境：要么压价握手成交，要么谈判就此告吹。日方一时举棋不定，握手成交吧，利润不大，有失所望；告吹回国吧，跋山涉水，兴师动众，花费了不少的人力、物力和财力，最后空手而归，不好向公司交代。这时，中方主谈人运用心理学知识，根据“自我防卫机制”的文饰心理，称赞日方此次谈判的确精明强干。中方就只能选择A国或C国的产品了。

日方掂量再三，认为成交还可以获利，告吹只能赔本，因此，最后就在中方的价格下成交了。

问题：该案例体现了商务谈判的哪些特征？根据对该案例的学习，谈谈你对商务谈判的理解。

【拓展阅读】

商务谈判的“NO TRICKS”

关于商业经营中的诚信原则，中国自古就有“货真价实，童叟无欺”的八字经典。有趣的是，在英文中也有一个八字箴言：NO TRICKS，从字面来看，与中文的意义非常相近。不过“NO TRICKS”并不仅仅代表字面的意思，每一个字母还有更深一层的含义——影响谈判能力的八个方面。

谈判能力在每种谈判中都起到重要作用，无论是商务谈判、外交谈判，还是劳务谈判、买卖谈判，双方谈判能力的强弱差异决定了谈判结果的差别。对于谈判中的每一方来说，谈判能力都来源于八个方面，就是“NO TRICKS”每个字母所代表的八个单词——Need，Options，Time，Relationship，Investment，Credibility，Knowledge，Skill。

N 代表需求（Need）。对于买卖双方来说，谁的需求更强烈一些？如果买方的需求较多，卖方就拥有相对较强的谈判力；如果卖方越希望卖出自己的产品，买方就拥有较强的谈判力。

O 代表选择（Options）。如果谈判不能最后达成合同，那么双方会有什么选择？如果卖方可选择的机会较多，买方认为卖方的产品或服务是唯一的或没有太多选择余地，卖方就拥有较强的谈判资本。

T 代表时间（Time）。时间是指谈判中可能出现的有时间限制的紧急事件。如果买方有时间上的压力，自然就会增强卖方的谈判力。

R 代表关系（Relationship）。如果卖方与买方建立强有力的关系，那么在同买方谈判时就会拥有关系力。但是，也许有的买方觉得卖方只是为了推销，因而不愿建立深入的关系，这样卖方在谈判过程中将会比较吃力。

I 代表投资（Investment）。投资是指在谈判过程中投入的时间和精力，投入越多、对达成合同承诺越多的一方往往拥有较弱的谈判力。

C 代表可信性（Credibility）。买方对产品的可信性也是谈判力的一种。当卖方知道买方曾经使用过某种产品，而他的产品具有价格和质量等方面的优势时，这无疑会增强卖方的可信性，但这一点并不能决定最后是否能成交。

K 代表知识（Knowledge）。知识就是力量。如果卖方充分了解买方的问题和需求，并预测到自己的产品能如何满足买方的需求，那么卖方的知识无疑增强了对买方的谈判力；反之，如果买方对产品拥有更多的知识和经验，买方就有较强的谈判力。

S 代表技巧（Skill）。这可能是增强谈判力最重要的内容了。不过，谈判技巧是一门综合的学问，需要广博的知识、雄辩的口才、灵敏的思维……

总之，在商务谈判中，应该善于利用“NO TRICKS”中的每种能力。

学习任务 1.2　领悟商务谈判

【学习目标】

1．了解商务谈判的相关理论，掌握商务谈判的原则。

2．能正确运用商务谈判的理论、原则开展商务谈判。

3．理解商务谈判的评价标准，争取成功的商务谈判。

【任务描述】

本任务主要是让学生理解商务谈判的相关理论、原则及评价标准，并通过模拟购物经历，进行谈判演练，领会商务谈判的相关理论和原则；能运用商务谈判的知识对谈判的过程进行评价，加深对商务谈判基础知识及原理的理解，并有所感悟。

【引导案例】

一对老夫妻买钟

一对老夫妻在浏览杂志时看到一幅广告中当作背景的老式座钟后非常喜欢。妻子说："这座钟是不是你见过的最漂亮的一个？把它放在我们的过道或客厅当中，看起来一定不错吧？"丈夫答道："的确不错！我也正想找一个类似的钟放在家里。"在研究之后，他们决定去古董店里找寻那座钟，并且商定只能出500元以内的价钱。

经过三个月的搜寻，他们终于在一家古董店的橱窗里看到了那座钟。妻子兴奋地叫了起来："就是这座钟！没错，就是这座钟！"丈夫说："记住，我们绝对不能超出500元的预算。"他们走近那座钟。"喔！"妻子说道，"时钟上的标价是750元，我们还是回家算了，我们说过不能超过500元的预算，记得吗？""我记得，"丈夫说，"不过还是试一试吧，我们已经找了那么久，不差这一会儿。"

夫妻私下商量，由丈夫作为谈判者，争取以500元买下。随后，丈夫鼓起勇气，对售货员说："我注意到你们有座钟要卖，定价就贴在座钟上，而且蒙了不少灰尘，显得有些旧了。"之后，他又说："告诉你我的打算吧，我给你出个价，只出一次价，就这么说定。我想你可能吓一跳。你准备好了吗？"他停了一下以增加效果。"你听着——250元。"那座钟的售货员连眼也不眨一下，说道："卖了，那座钟是你的了。"

丈夫的第一个反应是什么呢？得意扬扬？"我真的很棒！不但得到了优惠，还得到了我想要的东西。"不！绝不！他的最初反应必然是："我真蠢！我该对那个家伙出价150元才对！"你也知道他的第二个反应："这座钟怎么这么便宜？一定是有什么问题！"

然而，他还是把那座钟放在客厅里。那座钟看起来非常漂亮，好像也没什么毛病。但是他和太太却始终感到不安。那晚他们安歇后，半夜曾三度起来，因为他们没有听到时钟的声响。这种情形持续了无数个夜晚，他们的健康迅速恶化，开始感到紧张过度并且伴有高血压的毛病——就因为那个售货员不经过价格磋商就以250元把钟卖给了他们。

思考：为什么会这样？

【知识储备】

1.2.1 商务谈判相关理论

1. 谈判的需要理论

心理学认为，人们的所有行动都有形成其动因的需要，无论是有意识的还是无意识的，一直都在发挥着作用。谈判的实质是谈判各方在各自需要的驱动下，通过谈判来满足这种需要的方式。依照美国学者马斯洛在他所著的《动机与个性》一书中提出的需要层次理论，谈判者存在以下需要。

（1）生理需要。这是人类对维持和发展生命所必需的外部条件的需求，如维持生存对空气、阳光、食物、水的需要。谈判者应该吃得营养可口，住得舒适安静，穿得整洁得体，行动自由方便，否则会产生消极情绪或体力不支，进而影响谈判目标的实现。

（2）安全需要。这是人类希望保护自己的肉体和精神不受威胁，保证安全的需求。在谈判中，谈判者希望不出现重大失误，不被欺诈，以及保障谈判者本人的人身、财产等安全方面的需要，主要体现在人身安全、地位安全、信用安全方面。

（3）感情需要。这是人类渴望与他人建立亲密关系的高级情感的需要。例如，希望归属于某个团体，给予或接受友谊、关怀与爱护，交流感情等。谈判者具有追求社会交往中人际关系协调的需要，在己方内部建立和谐合作的关系，与对手建立友好、融洽的关系。

（4）尊重需要。自尊并希望得到他人尊重的需要。谈判者要求在人格、地位、身份、学识与能力等方面得到尊重和欣赏。

（5）自我实现。这是人们希望从事与自己的能力相适应的工作，实现个人的价值，成为一个与自己能力相称之人的愿望和追求。谈判者在工作中充分发挥其潜能，用出色的业绩来证明自己的工作能力，体现自我价值的需要与实现。

在商务谈判活动中，谈判者往往同时具有多种需要，并且一般会有一种或几种需要占主导地位。只有了解、分析对手的需要，把握对手的心理，有针对性地诱导与满足，才能取得谈判的成功。

小链接

大部分人都相信在《独立宣言》上面签字的美国开国元勋们都是凭着满腔的爱国热情主动签下自己的大名的。事实如何呢？托马斯·杰斐逊在暮年写给朋友的信中说：“那时签字的独立厅就在马厩的隔壁，七月天气非常闷热，到处都是苍蝇。代表们穿着短马裤和丝袜参加会议，一边发言，一边不停地用手帕赶走腿上的苍蝇，苍蝇扰得代表们心烦意乱。”杰斐逊说，最后，他们决定立即在《独立宣言》上签字，以便尽快离开那个鬼地方。杰斐逊几年后如此说道：“在不舒服的环境下，人们可能违背本意，言不由衷。”

在一些谈判中，谈判者可能有意或无意地使谈判对手处于令其不快的环境中。比如，让对手坐在面向太阳的椅子上，或者坐在摇动不稳的椅子上；在嘈杂的房间里谈话；在闷热的天气下没有冷气设备；在三流的旅馆住宿；不断更换商谈场所；彻夜不眠地商谈；醉酒后头昏脑涨仍继续谈判；一再打岔；尖刻的人身攻击。当然，尽管这种无理的待遇有时会让对手做出违心的让步，但往往会造成损人又害己的后果，要慎用。

2. 谈判的“三方针”

英国谈判专家比尔·斯科特精心挑选了“谋求一致”“皆大欢喜”“以战取胜”来概括他的谈判理论。

1）谋求一致

谋求一致是为了谋求双方共同的利益，创造最大可能性的方针。该方针可比喻为双方共同制作更大的蛋糕，分享的蛋糕更多则更好。奉行这一方针就应该注意运用如下技巧。

（1）制造一个诚挚、合作、轻松而认真的谈判气氛。

（2）在谈判开始时，要制订出一个贯穿谈判始终的、双方一致同意的议程，并由它引导双方沿着一致的路线，以相同的速度把谈判推向前进。

（3）谈判要全面推进，避免因垂直谈判而引起的争议。

（4）探求双方合作的可能性，先分别进行陈述，然后共同努力发挥想象力，提出建设性意见；但在开场后不久，要重复审查所采取的谈判方针是否可行，以避免一厢情愿地走得太远。

（5）注意采取“谋求一致”的有关策略。

（6）为了在谈判过程中保持旺盛的精力，双方要及时总结各自取得的进展，不断重申双方已经一致的观点，并严守原计划。

（7）要为良好的相互交流建立一个较好的条件。具体来讲就是发言要尽量简洁、倾听对方发言要认真、动用个人的影响要恰当。

（8）在进行谈判前，要进行系统的准备工作。

2）皆大欢喜

皆大欢喜是一种使谈判双方保持积极的关系，各得其所的谈判方针。奉行皆大欢喜的方针，不是为了损害别人的利益，而是在不损伤已方利益的前提下，寻找为双方提供最大满足的最好的方式。

小链接

杰克•琼斯想为女朋友买一枚戒指。他已攒了大约 400 英镑，并且每星期还继续攒 20 英镑。一天，他来到史密斯珠宝店，一下子被一枚标价 750 英镑的戒指吸引了，但他买不起。琼斯很沮丧。后来他偶尔走进布朗珠宝店，那里有与史密斯珠宝店里相似的戒指，每枚标价 500 英镑。他想买，但还惦记着史密斯珠宝店里的那枚 750 英镑的戒指，希望数星期后那枚戒指还没有卖出去。

很幸运，史密斯珠宝店里的戒指不但没有卖出去，价格还降了 20%，现价为 600 英镑。琼斯很高兴，但钱还是不够。他把情况向老板说了。老板非常乐意帮助他，并向他提供 10%的特别优惠的现金折扣，降为 540 英镑。琼斯承诺月底付清 90 英镑，然后怀着喜悦的心情离开了。这样，琼斯少花了 210 英镑，就让他的女朋友得到了价值 750 英镑的戒指，两人都满心欢喜。

当然，史密斯珠宝店也很满意。它和布朗珠宝店一样，都是以每枚 300 英镑的价格从批发商那里购进的同样的戒指，但史密斯珠宝店获得了 240 英镑的纯利；而布朗珠宝店的标价虽然一直比史密斯珠宝店的低，但未吸引住杰克•琼斯。

琼斯对这笔交易的评价是，他得到了一枚价值 750 英镑的戒指，而且那是一枚仅有的、随时有可能被别人买走的戒指。他为自己聪明地等待了数星期后获得减价的好处而感到愉快，也为经讨价还价后又得到 10%的现金折扣而高兴。而史密斯珠宝店在这次谈判中所采取的每一个步骤，都是为了使琼斯得到满足，包括使戒指具有高价感，使琼斯在讨价还价中有优胜感，使琼斯有成交后的获益感等。这些感觉综合起来，使琼斯在心理上得到了满足，同时也为史密斯珠宝店带来了利润。

3）以战取胜

以战取胜即通过牺牲对方的利益，取得自己的最大利益，打败对方。采取这种方针有很大的危害：失去对方的友谊；失去将来与对方发展更大业务往来的机会；遭到对方的反击，甚至先发起进攻的一方会被打败；由于对方被迫屈从，因此不大可能积极履行协议。因为这种谈判方针有诸多危害，所以谈判高手极少使用它，但也不尽然。

在以下两种情况下，争斗不会造成太大的损害。

（1）一次性谈判。以后双方不会再相遇，因而也就没有必要担心长远的买卖关系问题。传统的例子包括上门推销，不需要房地产代理人和律师介入的私人房产的买卖。

（2）买卖一方的实力比另一方强得多。例如，一个实力雄厚的垄断者，他可以从相互竞争的任何一家供应者买进某种商品。

在上述情况下，一方可能受到另一方的攻击。但比尔·斯科特认为，即使己方处于较强的地位，也不能采取这种强权政策，而仍应坚持“皆大欢喜”的方针进行谈判。当然，双方尽量不要去制造冲突，但要做好准备，要能判断对方好斗的谈判人员的作风，并且准备好反击的手段。

总之，奉行“以战取胜”方针的谈判人员，其信条是权力至上，认为只要打败了对方就一切都有了。为了完成任务，他可以毫不顾及地采用各种手段去战胜对手。这种谈判人员通常采用的基本手段包括以下几种。

（1）寻觅各种获得利益的机会。

（2）在谈判过程中不断要求得到好处。

（3）他的每一个让步都经过深谋远虑，他的战略是在取得更大好处下让步。

（4）采取强权的办法。他要求对方快速、大幅度地让步，并且态度很强硬。他在倾听别人的意见或是改变自己的观点上很消极。

（5）他以任务为中心，只考虑自己的特殊利益，而不考虑对方的荣誉、尊严和双方之间的感情，强迫别人“快点接受，不然的话……”

而对付好斗的谈判人员以战胜方针的反措施有以下几项。

（1）设法不让他参加谈判。

（2）控制谈判局势，控制讨论的议题和谈判议程。

（3）采取灵活手段，把谈判面铺得广一些。

（4）采取各种反措施。

（5）不要冲动，保持冷静。

（6）在忍无可忍的时候，起身离开会场，以示抗议。

“谋求一致”的方针是双方制造机会在协调一致的基础上达成协议；“皆大欢喜”的方针是在合作性机会很少的情况下达成双方满意的公平交易。而奉行“以战取胜”方针的谈判者认为只要打败了对方就一切都有了。

比尔·斯科特极力推崇在友好、和谐气氛下采用“谋求一致”的方针，但也主张在谋取己方最大利益的前提下给对方以适当满足的“皆大欢喜”的方针，并力主避免采取“以战取胜”的方针。

小链接

20 世纪 40 年代，美国有位电影明星叫珍·罗素。她与制片商休斯签订了一个一年 100 万美元的拍片合同。一年之后，珍·罗素找到了休斯，要求领取合同上所规定的酬劳。休斯告诉珍·罗素，他现在手头上资金吃紧，没有那么多现金，但是他有不动产。珍·罗素当然不听他的托词，她只要现金。照理说珍·罗素的要求是按合同办事，是合理又合法的。休斯苦苦地向她解释他目前资金的周转困难，请她稍微宽限一段时间，但珍·罗素毫不通融地指出合同的法律约束，上面清楚地注明了年底付款。

双方的争执越来越激烈，甚至发展到要委托律师出面来解决的地步。眼看事态的发展要诉诸公堂，这时，珍·罗素却突然改变了主意。她以非常友好的口吻对休斯说："唉，你和我是不同的人，有不同的奋斗目标，但是现在让我们看看彼此能不能在一种相互信任的气氛下分享感觉和需要呢？"于是他们彼此消除了隔阂，折中提出了一个能够满足双方需要的方案：合同修改为每年付5万美元，分20年付清。合同上的金额不变，但支付期限变了。结果休斯解决了资金周转的困难，而珍·罗素的所得税逐年分期缴纳，纳税的数额也有所降低。在当时，演员的职业是不保险的，特别是对于一个吃"青春饭"的女演员来说。在这个方案达成之后，珍·罗素可享有20年的年金收入，她从此不必为每日的财务问题操心了。

3. 谈判的公平理论

谈判的实质是人们相互间交换意见，协调行为，这就必须遵循一些原则，因为只有制定一些规章，才会使得这种活动更有成效，而公平就是人们所要依据的一个重要原则。

公平理论对于人们理解并处理谈判活动的各种问题有重要的指导意义。第一，由于所选择的角度与标准的不同，人们对于公正的看法及所采取的分配方式会有很大的差异，完全绝对的公正是不存在的。人们坐下来谈判就是要对合作中利益的公平分配的标准达成共识与认可。第二，公平感是一个支配人们行为的重要心理现象，如果人们产生不公平感，就会极大地影响人们的行动积极性，而且人们会千方百计地消除不公平感，以求心理平衡。第三，无论是在什么样的公平分配方法中，心理因素的影响作用都非常重要。因为在许多情况下，人们对公平的看法取决于心理因素。

谈判活动具有极大的不确定性，谈判双方在接触过程中，会从各方面对双方谈判人员的心理产生微妙的影响。例如，谈判中的一方虽然只做出了很小的让步，但在签订协议时，让步的一方可能还觉得不公平；而有的时候，一方虽然做出了很大的牺牲，但觉得很平衡。消除谈判一方的不公平感，防止由此带来的消极作用，是十分重要的。一个高明的谈判者必须深谙各种谈判技巧，及时觉察谈判对手心理上的微妙变化，使谈判双方处于有助于达成协议的积极的心理状态。

4. 谈判的博弈理论

博弈即一些个人、团队或组织，在一定的环境中和一定的规则约束下，依据所掌握的信息，同时或先后，一次或多次，从各自允许选择的行为或策略进行选择并加以实施，从中各自取得相应结果或收益的过程。博弈论是在研究双方策略相互影响的条件下，理性决策人的决策行为理论。博弈思想最早产生于古代军事活动和游戏活动，众所周知的"田忌赛马"就是典型的例子。现在博弈论广泛应用于军事、政治竞选、系统控制、企业经营管理和商务谈判等多个领域。

博弈的本义是在下棋等休闲娱乐活动中，双方在遵守游戏规则的基础上，通过分析对手可能采用的方法有针对性地选择相应的策略或计谋，以战胜对方的理论。采用博弈的方法是商务谈判的重要策略之一，即将复杂的、不确定的谈判通过简洁明了的博弈分析，使研究进一步科学化、规范化、系统化，寻找某些规律性的东西，建立某种分析模式。商务谈判与竞技比赛、军事战争同样具有竞争性和利益冲突性，谈判双方都希望对方多让步而己方少让步；但是，商务谈判又具有相互合作性，是“合作的利己主义”。双方合作是以双方互利为前提的，互利来源于合作新产生的利益，而争取最大限度地满足己方利益一般以不损害双方合作为前提。

像游戏一样，商务谈判中的策略和计谋也起着举足轻重的作用。当游戏规则确定之后，参与各方的策略选择将成为左右结果的关键因素。

小链接

马华有一辆修理后的旧车。假设对他来讲，拥有并使用这辆车的利益为 10 000 元。再假设张东一直想买一辆旧车，他现在有 15 000 元，他决定买马华那辆旧车，认为那辆旧车值 12 000 元。根据上述情况，如果出售和购买旧车的两人要进行交易，马华的要价在 13 000 元以上，而张东愿支付的价格在 12 000 元以内，那么双方之间的这个差额就是谈判的余地。假如交易完全是自愿的，交易就会在 12 000～13 000 元之间的某个点上成交。假设成交价格为 12 500 元，从合作的角度讲，交易双方都能从合作行为中得到利益。具体地说，这个交易使某个资源（旧车）从对它评价较低的所有者手里转移到对它评价较高的人手里，而这个资源在这个交易过程中的潜在利益从 12 000 元增加到 12 500 元，净增 500 元利益，同时也带来了利益分享。

5. 哈佛的原则谈判理论

经典的零和博弈　博弈论的策略

美国哈佛大学与麻省理工学院的一批学者与专家，通过研究与讨论创造了一个以罗杰·费希尔为代表的新的谈判理论——原则谈判理论，也称理性谈判理论。它的核心思想是通过理性的分析来寻找达成协议的客观的现实方案。费希尔的原则谈判理论有四个要点。

1）把人与问题分开

在谈判中，人们不仅希望自己的实质性利益得到满足，而且也希望双方有一种和谐的关系，又叫关系利益。保持这种和谐的关系，不仅能相互尊重，而且有助于推动未来关系的发展。本来处理实质性问题与维持良好的关系不仅是不矛盾的，而且是相互促进的。但实际上，由于参加谈判的不是双方的“抽象代表”，而是人，人们各自都有自己的感情、价值观，都有不同的背景和要求，并且这些都是难以预测的，因此彼此沟通有一定的困难。这样会使情感与问题的客观价值纠缠不清，也常会把自己的“看法”与“现实”混为一谈。

例如，在工作中，对于某种差事，领导总派那个人去干是因为信任他，觉得他能胜任。但那个人可能认为领导在找他的麻烦。又如，在家里，如果你说“厨房里一塌糊涂”，或者说“我们银行里的存款不多了”，这些话也许只是确认一个事实，却可能被误解为对某人的指责。一个人对某件事发火，可能把人与事混在一起攻击，从而把“自我”卷入“实质问题”之中。在谈判中，因为双方所处的地位不同，对于对方总有一种戒备心理，所以常常从本位的立场看问题，这样就更容易把自己的感觉与现实混在一起，受隐蔽假设的影响，对别人的话的理解常常歪曲其原意。

使人与实质问题纠缠不清的另一个原因是人们常常从没有根据的推论中得出结论，并把这些结论作为对人的看法和态度，而不去想其他的解释也可能是正确的。有时这样估计并不是有意识的，如把领导的信任看作找自己的麻烦。

把人和实质问题混为一谈的做法，不但不会从对方那里得到任何实质性好处，反而会使双方关系趋于恶化，把对方推到极端的立场上去。所以，在解决实质问题时，一定要把人与实质问题分开单独处理。一般来说，凡是人的问题，其行为与心理、看法、情绪有关；而实质问题则是谈判人员公开提出的或心理、感情中隐含的实际需要。

要做到把人与问题分开处理，从总体上看应从看法、情绪、沟通这三个方面着手。如果对方的看法不正确，就应寻求机会给他纠正；如果对方情绪太激动，就应该给他发泄情绪的机会；如果发生误解，就要设法改善双方的沟通。在谈判中，不仅要这样处理他人的“人的问题”，也要注意处理自己的“人的问题”。自己的愤怒和挫折感可能妨碍产生有利于己方的协议，己方的看法也可能是一边倒的；自己也可能不耐心倾听对方的意见和保持适当的沟通。因此，要不断审视自己，而这一点最容易被忽略。

综上所述，在思想上，要把自己和对方看作同舟共济的伙伴，把谈判视为一个携手共进的过程；在方法上，要把对方当作“人”来看待，而不是“抽象代表”，了解对方的感受和情绪，给予应有的尊重，把问题按照其价值来处理。

2）着眼于利益而非立场

在谈判中，大多数情况下谈判双方的利益是矛盾的，因而双方的立场常常也是对立的，谈判的目的就是保证某种利益不受损失，或争取得到更多的利益。既然如此，为什么形形色色的谈判会取得圆满成功呢？以色列与埃及于 1978 年在戴维营谈判突破多年来的僵局正说明了这个问题：审视立场背后利益的重要性。美国总统卡特为了对以色列和埃及进行调停，成立了一个特别任务小组，负责研究和制定适合于自己采用的调停方法和措施，即调和双方的利益，而不是调和双方的立场。这种方法之所以有效，是因为以下两个方面。

首先，任何一种利益一般都有多种可以满足的方式。例如，以色列宣布要占有西奈半岛的某些地方，然而，当双方越过对立的立场去寻找各自坚持这种立场的利益时，往往就能找到既符合这一方的利益，又符合另一方的利益的替代性立场。在西奈半岛划定非军事区，就是一个代替性立场。

其次，在对立立场背后，双方之间存在共同利益的对立性利益，并且所存在的共同利益往往大于冲突性利益。

谈判最重要的是审视双方的利益，而不是在立场上争执。当然，在谈判中做到这一点，也不是一件容易的事情。虽然立场具体而明确，但隐藏在立场后面的利益可能是不明朗的、不具体的，甚至可能是不一致的。不过大多数在立场上讨价还价的人，在表明自己的立场的同时，都给出为何坚持这种立场的解释，这也许对人们越过立场审视其利益有一定的参考价值。如果希望对方考虑己方的利益，就必须向对方解释。谈判双方如果都强烈追求自己的利益，那么往往可以激发各自的创造性思维，从而提出对彼此都有利的解决方法。

3）提出互相得益的选择方案

为避免立场争执，使双方达成明智的协议，需要正确处理人、立场和利益之间的相互关系问题。提出互相得益的选择告诉我们，要如何从方法上入手，最大限度地满足双方的要求。

人们在谈判中为什么容易坚持自己的立场不放？其原因来自两个方面：一方面是由于人们常常围绕单一的内容进行谈判，如领土分割的大小、汽车的售价、租约的期限或销售佣金的数额；另一方面是由于人们有时候遇到的是非此即彼的选择。例如，在离婚谈判中，房子归谁？孩子归谁？这种选择要么对己方有利，要么对对方有利。因而，只把眼光放在输或赢上面，即使赢了也会因担心对方愤愤不平而心里不安。

但有一种办法能把一块“大饼”分割得让双方都满意，这就是在分割“大饼”之前先使“大饼”膨胀变大——提出相互得益的选择方案。由一个人切，另一个人先挑选，就是一个分配“大饼”的好办法。西奈半岛的谈判就很能说明问题。在1978年的埃以和谈中，以色列最初宣布要占有西奈半岛的某些地方，显然这种方案是不能为埃及所接受的。当双方越过对立的立场而去寻找促使坚持这种立场的利益时，往往就能找到既符合这一方利益，又符合另一方利益的替代性方案，即在西奈半岛划定非军事区。正是把西奈半岛非军事化这样一个创造性的方案，打破了十多年的谈判僵局。可以说，在谈判双方各自表明的立场之间，存在多种有益的选择方案，但参与谈判的人很少意识到这一点。

4）坚持使用客观标准

不管多么了解对方的利益，不管契合双方利益的方式多么巧妙，不管多么重视与对方的关系，谈判双方都摆脱不了双方利益冲突这个事实。例如，在住房分配调整方案的讨论中，谁都想扩大自己的住房面积，因而争论总是十分激烈。老职工希望把厂龄或校龄作为因素考虑进去，新调入户则认为，在哪个单位都是为社会做贡献，把厂龄、校龄作为一个分房条件是不合理的。如果这样争论下去，那么无论争论多久问题都不会得到解决。房子就那么多，而双方又都各自坚持自己的立场，只希望对方让步。若按少数服从多数意见的话，则新调入户会愤愤不平，不利于开展工作。

解决双方利益矛盾问题的较好途径是坚持使用客观标准。这种方式可以促使根据原则而不是根据压力进行谈判，即把注意力放在价值上而不是双方的耐力上。在住房分配问题上流行的分配方案，不仅考虑工龄因素，也考虑厂（校）龄因素，只不过对工龄和厂（校）龄的权重不同而已。这样就照顾了双方的需求，是根据双方贡献的大小，而不是多数压倒少数这样一种原则进行的，从而使问题得到圆满解决。

小链接

某房客和东家的关系

按租约规定，室内原有设备如果不是故意损坏的，就由房东负责修理、更换。但房东说没有钱买新的更换。拖了一段时间，房东仍不肯让步。最后，房客找到房东说：“我今天来通知你，我下个星期搬出你这儿，你必须在下周一前，把预交的三年租金如数退还。如果你下周一前不退钱，那么我将采取其他方式迫使你退。”房东心想，预收的租金已经用来盖楼房了，退不了租金可能就要被告到法庭上去。最终房东做出了让步，电暖气得到更换，问题得以解决。这个问题之所以能得到解决，是因为在他们对立的立场背后既存在冲突性利益，又存在共同利益。

本例中，他们双方的共同利益包括以下几点。

（1）双方都希望稳定。

（2）房东希望有一个长久的房客，房客希望有一个长久的住所。

（3）双方都希望房子得到良好的维护。

（4）房客希望住条件好的房子，房东希望提高房子的价值和好的名声，都希望与对方搞好关系。

他们之间的冲突性利益则体现在以下几个方面。

（1）房客因为太冷，要求房东修理电暖气；房东则不愿意负担修理或更换费用。

（2）房客希望退回预交的租金；房东已把钱挪作他用，不能马上拿出这笔钱。

（3）房客说要“采取其他方式”迫使房东退钱，房东则不愿把事情闹到法庭上去。

在双方权衡了这些共同利益和冲突性利益之后，更换电暖气的问题就容易解决了。

1.2.2 商务谈判的原则

博弈基础上的谈判

谈判中运用博弈对策需注意的问题

1. 合法合规原则

商务谈判必须遵守国家的有关法律、法规、政策。涉外商务谈判还要遵守国际法则，并尊重对方国家的有关法律、法规、国际惯例等。商务谈判的合法合规原则具体体现在谈判主体合法合规、谈判议题合法合规、谈判手段合法合规等方面。

2. 平等协商原则

商务谈判双方在地位平等、自愿合作的条件下建立谈判关系，并通过沟通协商、公平交易来实现双方的权利和义务的对等。虽然交易双方的企业可能在规模、职能、经营能力等方面各不相同，但在法律面前的地位是平等的。谈判桌上任何企业之间都要平等对待，因为平等协商是商务谈判达成协议的基础。

3. 互惠互利原则

商务谈判双方在适应对方需要的基础上，互通有无，使双方利益都能得到满足，实现互惠互利，而不是一方全胜、一方皆输。

小链接

有两个人在图书馆里发生了争执，一个要开窗户，而另一个要关窗户。他们斤斤计较于开多大一条缝——一半还是四分之一。没有一个办法会使他们都满意。工作人员走进来，她问其中的一个人为什么要开窗户。那人说：“吸一些新鲜空气。”她问另一个人为什么要关窗户。那人说：“不让纸吹乱了。”她考虑了一分钟，随后把旁边屋子的窗户打开，让空气流通又不会吹乱纸。

4．求同存异原则

商务谈判双方要想都有所收获，就必须坚持“求大同、存小异”，将能暂时放下的分歧放在一边，从双方的共同利益和目标出发，进行建设性的磋商，达成一致，取得谈判的成功。

小链接

让我们来看美国政治家和科学家富兰克林的一个故事。那年，富兰克林在费城的选举中获胜，担任了公职。但在竞选过程中与一位著名人士结下了难解之怨。在某些问题上，他们的观点相异，而富兰克林又非常需要那位先生的支持。经过了解，富兰克林得知那位先生酷爱藏书，常引以为荣，他特别珍藏了一套书籍，其中有一册是非常珍贵的善本。于是富兰克林写了一封信给那位先生，请求他帮忙，将那册善本借给自己。那位先生接信后，几乎马上就派人把书送了过来。一星期以后，富兰克林将书送还，并附了一封热情洋溢的感谢信，向他深表谢意。结果，二人再碰面时，那位先生第一次主动与富兰克林交谈，殷勤地表示愿意竭尽全力与富兰克林合作，支持富兰克林。富兰克林运用求同存异的原则赢得了那位先生的信任。

5．人与事分开原则

在商务谈判过程中，谈判者要处理好己方与对方之间的相互关系，切记“谈判归谈判，朋友归朋友”，必须做到人与事分别而论。

6．价值最大原则

商务谈判过程实际上就是不断沟通、申明价值和创造价值的过程。很多时候，谈判的成功表现为双方都在寻求保证各自最大利益的方案的同时，也满足对方的最大利益的需要。双方要充分交流，从双方的最大利益出发，创造各种解决方案，实现双赢。

小链接

有一个妈妈把一个橙子给了邻居的两个孩子。这两个孩子便讨论起来如何分这个橙子。两个人吵来吵去，最终达成了一致意见——由一个孩子负责切橙子，而另一个孩子选橙子。结果，这两个孩子按照商定的办法各自取得了一半橙子，高高兴兴地拿回家去了。一个孩子把半个橙子拿到家，把皮剥掉扔进了垃圾桶，把果肉放到果汁机上打果汁喝；另一个孩子回到家把果肉挖掉扔进了垃圾桶，把橙子皮留下来磨碎了，混在面粉里烤蛋糕吃。

从上面的情形我们可以看出，虽然两个孩子各自拿到了看似公平的一半，但是他们各自得到的东西却未物尽其用。这说明，他们在事先并未做好沟通，也就是两个孩子并没有申明各自利益所在。没有事先申明价值导致了双方盲目追求形式上和立场上的公平，结果，双方各自的利益并未在谈判中达到最大化。

我们试想，假如两个孩子充分交流各自所需，或许会有多个方案和情况出现。可能的一种情况就是遵循上述情形，两个孩子想办法将果肉和皮分开，一个人拿到果肉去做果汁，另一个人拿皮去做蛋糕。然而，也可能经过沟通后是另外的情况，恰恰有一个孩子既想要皮做蛋糕，又想喝橙子汁。这时，如何才能创造价值就非常重要了。

结果，想要整个橙子的孩子提议可以将其他的问题拿出来一块谈。他说："如果把这个橙子全给我，你上次欠我的棒棒糖就不用还了。"其实，他的牙齿被蛀得一塌糊涂，父母上星期就不让他吃糖了。另一个孩子想了一想，很快就答应了。他刚刚从父母那儿要了五块钱，准备买糖还债。这次他可以用这五块钱去打游戏了，才不在乎这酸溜溜的橙子汁呢。两个孩子的谈判思考过程实际上就是不断沟通、创造价值的过程。双方在寻求满足自己最大利益的方案的同时，也要满足对方的最大利益的需要。

7. 诚实守信原则

商务谈判双方都应抱有合作的诚意和态度，以诚相待、信任对方、信守承诺，建立起互相信任的关系，这样才能建立起一种诚挚和谐的谈判氛围，从而促成交易的成功。

小链接

信守承诺赢得业界口碑

米可儿是广州一家护肤品公司。2017 年 6 月，该公司通过国内某知名网络旅行平台与一家旅行社签订泰国旅游项目合同，组织 300 多位代理商前往泰国游玩。旅行社承诺旅行过程中没有任何强制消费项目。就在代理商们抵达泰国游玩的第三天，米可儿公司 CEO 李涛却收到公司代理商们在泰国遭遇当地导游强制每人消费 800 元人民币的消息。随即，米可儿公司与网络旅行平台相关负责人交涉，但其负责人采取否认事实、拒不处理的态度。在商议无果后，翌日米可儿公司 CEO 李涛与其公司法律顾问根据合同条款找到该网络旅行平台相关负责人，共同飞往泰国核实、解决问题，据理力争，暂时终止了其强制消费的行为，并把代理商们被强制消费的金额全部垫付。回国后，米可儿公司通过网络媒体和法律途径主动出击维权，将被强制消费的钱如数追回。米可儿公司诚信守约、积极维权的处理方式，赢得了代理商们的高度评价，并在业界赢得了诚信守约的好口碑。

1.2.3 商务谈判评价标准

商务谈判有其价值评判标准，成功的商务谈判应该是双赢的、互惠的。一般来说，成功的商务谈判应该具有以下三个评价标准。

1. 目标实现标准

商务谈判的最终结果是双方达成协议。达成的协议是否实现了预期的目标，在多大程度上实现了预期的目标，这是评价一场商务谈判是否成功的首要标准。

2. 成本优化标准

任何商务谈判都是要付出一定代价的，即要付出成本的。通常一场商务谈判有三种成本。

（1）为了达成协议所做出的让步，即预期谈判收益与实际谈判收益之间的差距，这是商务谈判的基本成本。

（2）人们为谈判所耗费的各种资源，如投入的人力、物力、财力、信息和时间等，这是商务谈判的直接成本。

（3）因为参加了这项谈判所占用的资源，失去了其他获利机会，损失了有望获得的其他价值，这是商务谈判的机会成本。

3. 人际关系标准

谈判是人与人之间的一种沟通、交流、磋商活动。商务谈判的结果不仅体现在最终成交价格的高低、利益分配的多寡等损益关系上，还体现在人际关系上，即还要看谈判是促进和加强了双方的友好合作关系，还是削弱了双方的合作关系。

从上述三个标准来看，一场成功的商务谈判应该是通过谈判，双方的需求都得到了满足，谈判所获收益大于所耗成本，而且目标的实现是在高效率、低成本的过程中完成的，同时双方的友好合作关系得到了进一步的发展和加强。

同步案例：iPhone 商标谈判

【任务演练】

购物情景模拟

背景资料：

2010 年夏季某日，我与朋友到淮安水门桥电子城买鼠标。

在电脑城的二楼，我们看中了一只鼠标，于是跟老板展开谈判。

“老板，鼠标多少钱？”

“哦，这只嘛，40 元给你好了！”

“不是吧？这么贵？”

“不贵了！其他的店铺卖 50 元呢！”

“这么贵，我还是先去别的店铺看看。”

“慢着慢着，好了！看你们是学生给你学生价好了！35 元！”

“不是吧？学生价还要 35 元？”

“不贵了！你看看这鼠标是全新的！”

“但是你的鼠标又不是什么名牌货，用不着那么贵！”

“那你说多少钱？”

“10 元！我看你的鼠标最多值这个价！”

“不是吧？太离谱了！这个价是没有可能的！在电脑城里没有可能卖这个价的！这个价没法儿交易！”

老板说着就站回柜台里去，眼看这单交易是做不成了。

“鼠标本来不错的，”我朋友拿着鼠标边端详边说，“就是太贵了！”说着，我朋友就放下了鼠标然后和我准备离开了。

“好了好了！真拿你们没办法！25 元！怎么样？”老板又从柜台里走了出来。看来交易又有希望了！

“还是太贵了，15 元！”

“我也只是赚那么几元钱，不用杀价那么狠吧？”

“15 元已经是我们最大的让步了！”

“唉，也罢！20 元！要就拿走！”

“这样吧，你也要赚钱，18 元！最后的让步了！”

“不是吧？那两元钱也要跟我算……”

“就是嘛！那两元钱就别跟我们学生计较了！18 元！以后我们还会来光顾的，而且还会带些同学来！带旺生意你就赚得更多了！”

“好了好了！真说不过你们！18 元吧！多带些朋友来……”

目标：通过对生活中购物情景的模拟，了解谈判的构成要素，熟悉谈判的内容与过程，掌握商务谈判的基本原则，对商务谈判有所感悟。

步骤：任务布置→任务实施→任务完成→任务考核。

内容与要求：

（1）按均衡原则，5～7 名学生组成一个学习小组，推选出组长。组长负责小组的组织协调，并对组员的参与度进行考核。

（2）以小组为单位，参考“背景资料”，将此次购物谈判过程“情景再现”，编写表演脚本，准备模拟表演道具，小组内分配角色，进行模拟、演练、角色扮演。

（3）己方小组与其他小组对此次谈判与小组表现给予评价。

（4）教师点评。

【综合案例】

高先生的谈判是否成功

美国华克公司在费城承包建筑一座庞大的办公大厦。工程启动后，计划进行得很顺利，不料在接近完工阶段，负责供应内部装修的铜器承包商突然宣布他们无法如期交货。这样一来，不仅整个工程要延期，华克公司还得支付巨额罚金。为了避免遭受重大的损失，华克公司与铜器承包商进行了多次电话交涉，但因双方分歧较大均无结果。华克公司只好派高先生前往纽约与铜器承包商面议。

高先生一走进那位承包商的办公室便微笑着说：“你不知道，在纽约你这个姓氏只有一个，一下火车，我在电话簿里很快就找到了你的地址。”

“这我一向不知道。”承包商说着也兴致勃勃地查阅起电话簿来，一边查找，一边不无骄傲地谈论起他的家族和祖先，“我的家庭是从荷兰移居纽约的，几乎有 200 年了。”高先生听了他的谈论，先是称赞他的祖先，然后称赞他居然创建了这么大的一家工厂。承包商听后很自豪地说：“这是我花了一生的心血建立起来的一项事业，我为它感到骄傲，你愿不愿意到车间里去参观一下呀？”高先生欣然前往。

参观时，高先生一再称赞他的工厂组织制度健全、机器设备精良。承包商听后高兴极了。他声称其中有一些机器还是他亲自发明的。高先生马上又问他，那些机器操作起来如何？工作效率怎样？到了中午，承包商坚持要请高先生吃饭。他说：“到处都需要铜器，但是很少有人像你这样对这一行感兴趣。”

至此，高先生尚只字未提来访的真正目的。

用完午餐，承包商说：“现在，我们谈谈正事吧。我知道你这次来的目的。但我没有想到我们竟是如此愉快。你可以带着我的保证回费城去，我保证你们要的材料如期运到。尽管我这样做会给另一笔生意带来损失，不过我认了。”

高先生轻而易举地获得了华克公司所急需的东西。那些铜器及时运到，使大厦在契约期限届满的那一天完工了。

问题：高先生的谈判是否成功？为什么？

【拓展阅读】

囚 徒 困 境

话说有一天，一位富翁在家中被杀，财物被盗。警方在此案的侦破过程中，抓到两个犯罪嫌疑人——斯卡尔菲丝和那库尔斯，并从他们的住处搜出被害人家中丢失的财物。但是，他们矢口否认曾杀过人，辩称是先发现富翁被杀，然后只是顺手牵羊偷了点儿东西。于是警方将两人隔离，分别关在不同的房间进行审讯。检察官分别和每个人单独谈话。

检察官说：“由于你们的偷盗罪已有确凿的证据，因此可以判你们 1 年刑期。但是，我可以和你做个交易。如果你单独坦白杀人的罪行，那么我只判你 3 个月的监禁，但你的同伙要被判 10 年刑。如果你拒不坦白，而被同伙检举，那么你就将被判 10 年刑，你的同伙只判 3 个月的监禁。但是，如果你们两人都坦白交代，那么，你们都要被判 5 年刑。”

斯卡尔菲丝和那库尔斯该怎么办呢?

他们面临着两难的选择——坦白或抵赖。显然最好的策略是双方都抵赖，结果是两人都只被判 1 年。但是两人处于隔离的情况下无法串供。所以，按照亚当 • 斯密的理论，每一个人都会从利己的目的出发，他们选择坦白交代是最佳策略。因为坦白交代可以期望得到很短的监禁——3 个月，但前提是同伙抵赖，显然要比自己抵赖要坐 10 年牢好。这种策略是损人利己的策略。不仅如此，坦白还有更多的好处。如果对方坦白了而自己抵赖了，那自己就得坐 10 年牢。太不划算了！因此，在这种情况下应该选择坦白交代，即使两人同时坦白，至多也只会被判 5 年，总比被判 10 年好吧。所以，两人的合理选择是坦白，而原本对双方都有利的策略（抵赖）和结局（被判 1 年刑）则不会出现。

这样两人都选择坦白的策略及因此被判 5 年的结局被称为“纳什均衡”，也叫非合作均衡。因为，每一方在选择策略时都没有“共谋”（串供），他们只是选择对自己最有利的策略，而不考虑社会福利或任何其他对手的利益。也就是说，这种策略组合由所有局中人（也称当事人、参与者）的最佳策略组合构成。没有人会主动改变自己的策略以便使自己获得更大利益。

“囚徒的两难选择”有着广泛而深刻的意义。个人理性与集体理性的冲突，个人追求利己行为而导致的最终结局是一个“纳什均衡”，也是对所有人都不利的结局。他们两个人都是在坦白与抵赖策略上先想到自己，这样他们必然要服长的刑期。只有当他们都先替对方着想时，或者相互合谋（串供）时，才可以得到最短时间的监禁的结果。

纳什均衡理论强调共赢，在集体获益中保证个人获益。

公正的标准

在西方文化中，人们对公正的研究主要考虑两个方面：一是把什么样的因素投入对公正的“运算”；二是采取什么样的分配方式。对谈判中的“公正”问题的研讨及评判标准，可以用博弈论的专家们经常讨论的一个例子，就是在两位谈判当事人——穷人和富人之间如何“公正”地分享 200 美元。

方案一：以心理承受的公平为标准，按 150∶50 的比例分配，富人判拿多的一份。因为在心理上，50 美元对穷人来说是个大数目，穷人失去 50 美元相当于富人失去 150 美元。这种以心理承受为标准的划分也有一定的道理。例如，一些社会团体的赈灾救助活动，经常是按人们收入的多少进行募捐。

方案二：以实际需要的补偿原则为标准。按上述分配比例，但是让穷人拿多的一份，这对于双方的实际需要来说是合理的，即对弱者实行补偿原则。例如，世界上的国家可以分为穷国和富国，或者是发达国家和不发达国家，许多谈判就是免除穷国欠富国的债务。联合国的一些常设机构、组织对一些不发达国家和地区的援助、投资等也属此类。

方案三：以平均分配为标准，即 100∶100，穷人与富人各得 200 美元的一半。这种分配表面看也很公正，但由于富人的税率比穷人高，富人拿到这 100 美元后，缴税后的剩余要比穷人少，因此，也有人指责这种分配不公平。但在现实中，这种方法简便易行，是最为常见的分配方法，也是其他演变分配的基础，如子女继承遗产、企业或社会发放的救济金等。

方案四：以实际所得平等为标准，按 142∶58 的比率分配，富人在拿到 142 美元之后需纳税 84 美元，最后实际所得 58 美元，与穷人不够纳税的 58 美元正好相等。这种分配方式经常用于企业给职工的工资较低，但通过较高的福利待遇找齐的做法来实现。

以上四个分配方案，由于人们选择角度与标准不同，导致了分配比例结果的不同。尽管有重大的差异，但是人们仍然可以为这四个方案戴上公正的帽子。显然，公正是有多重标准的。同样是上述 200 美元的例子，人们还可以用年龄大小、地位高低、饥饿程度、资历深浅等作为标准，制订出其他形式的“公正”分配比率。问题的关键在于，参与分配的双方要对公正的标准事先达成共识与认可。这也说明在具体的谈判中适用何种标准来讲求“公正”，是一个很重要的问题。

巩固提高（综合练习 1）

参考答案

项目 2

筹划商务谈判

学习任务 2.1　组建商务谈判团队

【学习目标】

1. 了解谈判人员应具备的素质与能力。
2. 了解谈判团队的构成。
3. 了解谈判团队中人员的分工与配合。
4. 能做好商务谈判各项筹备工作。

【任务描述】

在一场商务谈判中，不同的谈判者在谈判中的地位、任务、工作性质与职责不同，因此对不同人的要求是有所差别的，而且在谈判中追求的是整体最优、群体素质大于个体素质之和，这就需要有谈判团队科学的构成作为保障。最佳规模的谈判团队在与对手直接交锋的过程中起着关键性的作用。

本任务通过构建虚拟企业，组建商务谈判团队，让学生体验商务谈判的人员选择与准备过程，了解谈判人员应具备的素质与能力、谈判团队的规模与构成，以及谈判人员的职责与分工，培养做好商务谈判各项筹备工作的能力。

【引导案例】

谈判人员的配备

为了扩大生产经营，某市一家啤酒厂欲购买德国某啤酒公司的生产技术和设备。该啤酒厂派往德国的谈判团队包括以下四名核心人员：啤酒厂厂长、分管工业的副市长、市经信委主任和市财政局局长。

思考：谈判人员的安排说明了什么？这样安排会产生什么样的后果？如何调整谈判人员？

【知识储备】

商务谈判是谈判主体之间的行为互动过程。谈判人员的素质、能力及谈判团队的构成对谈判的成败有着直接的影响。因为谈判人员的自身素质问题可能导致谈判失利，最终造成经济受损，所以高素质的商务谈判人员是一场有效谈判的根本保证。然而，由于商务谈判所涉及的领域较多，在多数情况下是以团队的形式进行的，因此组建一个优秀的商务谈判团队是保证谈判成功的重要前提。

2.1.1　谈判人员的素质与能力

1．高尚的品质

忠于职守、遵纪守法、克己奉公是谈判人员必须具备的条件。商务谈判人员要与各种各样的客户打交道，一言一行都关系到企业的形象，而且经常面对谈判中的种种压力与诱惑，能否把握自己、牢记使命、忠于自己的企业是至关重要的。

2．较强的协作能力

谈判人员必须具有较强的专业能力，同时应该懂得尊重他人，取得相关工作人员的支持，具有良好的合作意识，积极配合和支持团队其他成员，协同完成谈判任务。

3．坚强的毅力和持久的耐力

谈判如同作战，要精心设计合理的目标和周全的计划，依靠毅力和耐力与对手周旋，以期最终实现预期的目标。在较量中，谈判人员面对各种谈判阻碍不能轻易放弃，而要据理力争，维护己方可获得的最大利益。

4．准确的信息表达能力

使对方能够正确领悟己方的意思是最基本的要求。谈判人员的信息表达能力直接决定了其谈判能力与水平。谈判人员应当根据谈判情况，灵活、巧妙地运用语言和行为准确、适度地表达和传递信息，实现与对方的有效沟通，最好还能够突出谈判语言的艺术性。谈判中的语言不仅应准确、严密，而且应生动形象、富有感染力。

5．敏捷的思维能力

善于思考是一个优秀的谈判人员所应具备的基本素质。优秀的谈判人员能够通过观察、思考、判断、分析和综合的过程，从对方的言行和行动迹象中判断真伪，了解对方的真实意图。谈判双方由于存在某些利益的冲突，因此，要求谈判人员依据自身的知识经验，根据已知的前提进行分析判断与推理，识破对方的计谋，通过令人信服的分析与推理使自己的提议与要求得以实现。

6．灵活的应变能力

在商务谈判中谈判人员需要与各种各样的人打交道，且谈判局势复杂多变。因此，谈判人员要敏锐洞察谈判中的情况变化，透过复杂多变的现象抓住问题的实质，迅速分析并做出判断，采取必要的措施，果断地提出解决问题的具体方案。任何细致的谈判准备都不可能预料到谈判中可能发生的所有情况，千变万化的谈判形势要求谈判人员必须具备沉着、机智、灵活的应变能力，以控制谈判的局势。

小链接

1992 年，在中国加入世界贸易组织谈判中的知识产权谈判阶段，原准备出席谈判的外经贸部领导突然因病不能出席。中方经过慎重考虑，派出了曾任北京市副市长、时任外经贸部副部长的吴仪。这位“小女子”的出马，令所有人刮目相看。她那机智、灵活又不失尊严、原则的谈判风格为中美之间长期矛盾、多次谈判无实质进展的知识产权谈判打开了突破口。其中，最为著名的一次谈判是吴仪与美国谈判代表梅西的交锋。美方首席谈判代表梅西开场就给了中国代表团一个下马威，连基本的外交寒暄都没有，上来就说：“我们是在与小偷谈判。”中方主帅吴仪反应机敏，马上回应说：“我们是在同强盗谈判，看看你们博物馆里陈列的那些物品，有多少是从中国掠夺的。”双方一开始就拉开了剑拔弩张之势。但也正是这样的巾帼不让须眉之势，为后期谈判奠定了基础。

美方代表选择这样的开场白的可能原因有两个：一是中国企业在某些方面确实侵犯了美国企业的利益；二是为了给中国谈判代表下马威，以利于后期谈判的交锋。能够做到像吴仪那样立刻做出回应的，需要具备极高的综合素质和丰富的谈判经验。

7．健康的身心

谈判的复杂性和艰巨性要求谈判人员必须有良好的身体素质，因为只有精力充沛、体魄强健才能适应谈判紧张、高负荷的要求。无论谈判局势如何风云变化，都要不急躁恼怒、不灰心丧气、不喜形于色，冷静克制、沉着应战。甚至在发生激烈的辩论争执中，谈判人员也要能够控制自身的行为，以恰当的语言和举止来说服和影响对方。

8．良好的行为礼仪

在谈判中不卑不亢、有理有礼是谈判人员始终应保持的基本态度。无论谈判的结果如何，无论对手的地位高低，谈判人员都应当尊重对方、平等礼待对方，同时在谈判中体现出自尊与修养，以赢得对手的尊重。

虽然要选择完全符合以上条件的商务谈判人员有些难度，但是常识和经验告诉人们：在商务谈判中，那些训练有素的商务谈判人员总是比较有把握得胜而归。所以，选择商务谈判人员既要坚持“求其人之所长而不求其人为完人”的原则，又必须慎重、周密地考虑，并加以培养、选拔。

2.1.2　谈判团队的构成与分工

1. 谈判团队的构成

一般的商务谈判，所需的专业知识大体上可以概括为以下几个方面：一是有关技术方面的知识；二是有关价格、交货、支付条件、风险划分等商务方面的知识；三是有关合同权利、义务等法律方面的知识；四是语言翻译或记录方面的知识。

根据上述专业知识的需要，一个谈判团队应包括以下几类人员。

（1）谈判组长，又称首席代表、谈判领导人。谈判组长由具有丰富谈判经验、较强管理能力、协调能力、决策能力、应变能力和较高威信的人员担任，可由企业专门委派，或者从谈判团队中选择合适的人员兼任。

（2）技术人员。技术人员由熟悉生产技术、产品性能、产品标准和科技发展动态的工程师担任。在谈判中负责对有关生产技术、产品性能、质量标准、产品验收和技术服务等问题的谈判，也可为商务谈判中的价格决策做技术参谋和顾问。

（3）商务人员。商务人员由熟悉贸易惯例、了解交易行情、熟悉财务情况、了解价格形势、有价格谈判经验的贸易专家担任。商务人员要负责合同条款和合同价格条件的谈判，帮助谈判方确定合同文本，负责经济贸易的对外联络工作；还要熟悉成本情况、支付方式及金融知识，具有较强的财务核算能力。

（4）法律人员。法律人员一般为律师或掌握经济、法律专业知识的人员，通常由特聘律师、企业法律顾问或熟悉有关法律规定的人员担任。

（5）记录人员。记录工作由具有熟练的文字汇录能力、较好的总结归纳能力和超强的记忆力的人员完成，也可以由谈判团队中的某人兼任记录人员。

（6）翻译人员。涉外商务谈判还需要翻译人员。翻译人员由精通外语、熟悉业务、善于与人配合的专职或兼职翻译担任，主要负责语言与文字翻译工作，沟通双方意图，配合谈判运用语言策略。在涉外商务谈判中，翻译人员的水平会直接影响谈判双方的有效沟通和磋商。

谈判组织中主谈人的选择

2. 谈判人员的职责

（1）谈判组长：管理谈判团队成员，协调谈判团队成员意见；调控谈判进程与策略，在授权范围内决定谈判过程中的重要事项；向上级汇报谈判进展情况，贯彻执行上级决策方案；审核合同，获得授权可代表企业签约；谈判总结汇报。

（2）技术人员：负责有关商品的技术性能、质量指标、商品的原料与生产工艺、商品包装、货物验收等条款的谈判；配合商务人员对谈判标的价格进行分析。

（3）商务人员：负责交易价格、运输、保险、交货条件的谈判；拟订合同文本；配合谈判组长做好对外联络工作；负责货款、运输费、保险费的支付条款的谈判；分析、计算谈判条件变化所带来的收益变动；为主谈人提供财务方面的建议。

（4）法律人员：负责谈判中合同条款的法律解释；确认对方经济组织及谈判代表的合法资格；检查法律文件的真实性和完整性；审查合同条款，对合同的合法性、完整性、公正性负责。

（5）记录人员：准确、完整、及时地记录谈判内容。

（6）翻译人员：准确地传递谈判双方的沟通信息；提醒己方谈判人员不妥的谈话内容；恰当地缓解谈判气氛。

上面提到的是在谈判桌上直接参与谈判的人员，通常被称为幕前的谈判当事人。其实，一场大型谈判还涉及很多幕后人员，为整个谈判进行各种辅助服务或参考咨询。例如，后勤人员，负责布置谈判场所、接待、联络、供餐、送客等服务。

3. 谈判团队的最佳规模

一个成功的谈判团队到底有多少人比较合适？有没有一个适当的规模要求？在具体确定谈判团队的规模时，需要考虑三个主要因素：第一，谈判团队的工作效率；第二，有效的管理幅度；第三，谈判所需专业知识的范围。

对于谈判团队的规模，国内外谈判专家普遍认为，谈判团队的理想规模以4人左右为宜。例如，英国的比尔·斯科特在《贸易洽谈技巧》中指出："从有利于控制谈判小组这一方面考虑，4个人应是最佳人数，其中首席谈判代表1人，主谈3人。"同时，他还认为"参加谈判的人数上限为8人。一个谈判团队由两个小组组成，因而每个小组应为4人"。

从管理学的角度来看，这很有道理。规模适当的谈判团队拥有最佳的管理幅度，这样工作效率就会比较高；规模适当的谈判团队能够满足谈判所需的知识范围，也便于谈判团队成员的调换。当然，参加谈判的人员也不是一成不变的，要随谈判的实际情况和各阶段内容的变化及时变更和补充。

4. 谈判团队的构成原则

（1）知识互补。知识互补包含两层意思。一是谈判人员具备自己专长的知识，都是处理不同问题的专家，在知识方面相互补充，形成整体的优势。例如，如果谈判人员分别精通商业、外贸、金融、法律和专业技术等知识，就会组成一支知识全面而又各自精通一门专业的谈判团队。二是谈判人员书本知识与工作经验的知识互补。谈判团队中既有高学历的青年学者，也有具有丰富实践经验的谈判老手。高学历人员可以发挥理论知识和专业技术特长，有实践经验的人员可以发挥见多识广、成熟老练的优势，这样知识与经验互补能提高谈判团队的整体战斗力。

（2）性格协调。谈判团队中的谈判人员性格要互补协调，将不同性格的人的优势发挥出来，互相弥补其不足，从而发挥出团队的最大优势。性格活泼开朗的人，善于表达、反应敏捷、处事果断，但是性情可能比较急躁，看待问题也可能不够深刻，甚至会疏忽大意；性格稳重沉静的人办事认真细致、说话比较谨慎、原则性比较强、看问题比较深刻、善于观察和思考、理性思维比较明显，但是他们不够热情、不善于表达、反应相对比较迟钝、处理问题不够果断、灵活性比较差。如果这两类性格的人组合在一起分别担任不同的角色，就可以发挥出各自的性格特长，优势互补，协调合作。

（3）分工合作。谈判团队中的每个人都要有明确的分工，每个人都有自己的特殊任务，不能工作越位，角色混淆。遇到争论不能七嘴八舌、争先恐后发言，要有主角和配角、中心和外围、幕前和幕后之分。谈判团队要分工明确，纪律严明。当然，分工明确的同时要注意大家都要为一个共同的目标而通力合作，协同作战。

5．谈判人员的配合

（1）主谈人与辅谈人的配合。在谈判团队中，要确定不同情况下的主谈人和辅谈人的位置、责任与配合关系。主谈人是谈判的某一阶段或针对某方面议题的主要发言人。除主谈人外的团队成员处于配合位置，称为辅谈人或助手。主谈人的责任是将己方确定的谈判目标和谈判策略在谈判中予以实现；辅谈人的责任是配合主谈人，起到参谋和支持的作用。主谈人和辅谈人的密切配合是非常重要的，一般在主谈人表明了己方的意见、观点后，辅谈人必须与之一致，并积极支持和配合。当主谈人需要修改已表述的观点而无法开口时，辅谈人可作为过错的承担者，维护主谈人的声誉。辅谈人还可以作为“难言之言”的代言人，帮助主谈人渡过难关等。

问题与思考：一个理想的主谈人应具备什么样的能力？

（2）幕前人员与幕后人员的配合。在比较重要的谈判中，为了确保谈判成功，可组织幕后配合的人员。幕后人员不直接参与谈判，而是为幕前人员出谋划策或准备各种必需的资料和证据。幕后人员有时是负责该项谈判业务的主管领导，可以指导和监督幕前人员按既定目标和准则行事，以维护己方利益；有时是具有专业水平的各种参谋。但是幕后人员不宜过多，不能干扰幕前人员的工作。

小链接

甲、乙双方进行谈判。为顺利拿下此场谈判，甲方专门请来了一位有名的性格分析专家在一旁观察，分析对方每个成员的个性特征。

在双方会晤结束时，甲方的负责人请乙方代表分别给他签名留念。这些签名将提供给那位性格分析专家进行笔迹分析，以便更全面地了解对方。

晚上，甲方宴请乙方，在宴会上和之后的娱乐活动中，甲方采取一个盯住一个的做法，即派出自己的谈判问题研究分析人员，一个人盯住乙方的一个谈判代表，深入了解乙方的详细情况。

在乙方的谈判代表都休息后，甲方全体人员连夜开会。此时性格分析专家已写出了关于乙方每一个谈判代表的性格分析报告；其他人也都将他们各自了解到的情况写成了报告。在情况汇总后，他们开始有针对性地研究新的谈判策略，对每一个细节都做了详尽的安排。

经过一夜的性格分析和策略准备，第二天，甲方在谈判桌上轻松地实现了谈判目标。

（3）不同性格人员的配合。不同性格的人在谈判中的配合是很重要的。在配备谈判人员时，要充分考虑不同类型性格的人的特点。例如，稳重型性格的人一般担任负责人比较合适，活泼型性格的人充当调和者，暴躁型性格的人主要充当“黑脸”，忧郁型性格的人做记录员比较合适。在配备各种类型的谈判人员时，还要看对方人员的性格。例如，若对方人员中多数属暴躁型性格，己方则应适当增加稳重型性格的人的比例，以收到“以柔克刚”的效果；若对方人员活泼型性格的人较多，己方需增加暴躁型和稳重型性格的人，做到双管齐下；若对方忧郁型性格的人占多数，则己方需增加暴躁型和活泼型性格的人，使对方在压力面前自动让步，当然在这一点上要注意把握分寸。

小链接

专做古画生意的张先生来到早就摸清底细的古镇小学校长家里。老校长是名门之后，家藏古画甚多。见了面，老校长拿出了 56 幅古画。张先生一一细品，凭感觉断定其中有真有假，但老校长说要买就一起拿走，不然就一张也不卖。张先生对这批古画爱不释手，决心在自己力所能及的条件下一定要买到手。

张先生开始报价 5000 元，老校长说这是在开玩笑。张先生报价 1 万元，老校长说张先生把他当“叫花子”。一直报到 3.8 万元，老校长还是没松口。天渐渐晚了，张先生渐渐坚持不住了。

正在这时，忽然老校长的老伴儿从里屋出来，指着老校长的鼻子骂道：“两个儿子要结婚，房子和彩礼从哪里来？三万八还不卖？”

于是，老校长一方的弱点暴露无遗，形势急转直下。张先生打开密码箱，用 3.8 万元买下了这批古画。

2.1.3 谈判人员的组织与管理

1. 谈判团队负责人对谈判团队的管理

谈判团队负责人对谈判团队的管理包括：组建谈判团队，并就谈判过程中的人员变动与领导进行协调；管理谈判团队，协调谈判团队各成员的心理状态和精神状态，处理好成员间的人际关系，增强团队凝聚力，团结一致、共同努力、实现谈判目标；组织制订谈判执行计划，确定谈判各阶段的目标和战略，并根据谈判过程中的实际情况灵活调整；主管己方谈判策略的实施，对具体的让步时间、幅度，谈判节奏的掌握，决策的时机和方案做出决策安排；负责向上级或有关的利益各方汇报谈判进展情况，获得上级的指示，执行上级的决策，圆满完成谈判使命。

2. 高层领导对谈判过程的宏观管理

（1）确定谈判的基本方针和要求。在谈判开始前，高层领导应向谈判负责人和其他人员指出明确的谈判方针和要求，拟订谈判方案，使谈判人员有明确的方向和目标。具体来讲，必须使谈判人员明确：这次谈判的使命和责任是什么？谈判的成功或失败将会给企业带来怎样的影响？谈判的必达目标是什么？满意目标是什么？谈判的期限是什么？谈判中哪些可以由谈判团队根据实际情况自行裁决？权限范围有多大？哪些问题必须请示上级才可以决定？以上诸问题要做到每个谈判人员心中有数、目标明确。

（2）在谈判过程中对谈判人员进行指导和调控。高层领导应与谈判人员保持密切联系，随时给予谈判人员指导和调控。谈判的情况在不断发展变化，谈判桌上有些重要决策需要高层领导批准。有时谈判外部形势发生变化、企业决策有重大调整，高层领导要及时给予谈判人员指导或建议，发挥出指挥谈判团队的作用。一般来说，在遇到下述情况时，高层领导就有关问题与谈判人员进行联系是十分必要的。

在谈判桌上出现重大变化，与预料的情况差异很大，交易条件变化已超出授权界限时，高层领导需要做出策略调整，确定新的目标和策略；在企业本部或谈判团队获得某些重要的新信息，需要对谈判目标、策略做重大调整时，高层领导应及时根据新信息做出决定，授权谈判团队执行；在谈判人员发生变动时，尤其是主谈人发生变动时，高层领导要任命新的主谈人，并明确调整后的分工与职责。

（3）关键时刻适当干预谈判。当谈判陷入僵局时，高层领导可以主动出面干预，如可以会见对方高层领导或谈判人员，表达友好合作的意愿、调解矛盾，以创造条件使谈判走出僵局、顺利实现既定目标。

3. 确定谈判团队的规模和人员选派的依据

（1）依据项目的大小和重要程度来确定谈判团队的阵容。在确定谈判团队阵容时，应着重考虑项目的大小、难易程度和重要性等因素，以决定选派的人数。如果是一对一谈判，那么对于参与谈判的人来讲要求很高。谈判人员应将自己训练成多方面的专家，一旦谈判项目需一人上阵，就可发挥作用。但是当项目很大时，应考虑选派一个团队进行谈判。至于谈判阵容及参加人员的多少及构成，可根据项目不同而定。在通常情况下，有关商品交易的谈判可由主管该项目的业务人员参加，如果是重要的交易就应由总经理作为主谈人。有关技术引进的谈判，可由业务人员、技术人员、法律人员共同组成谈判团队，在统一领导下，分工负责、协同工作，以完成任务。

（2）依据对方的特点配备谈判人员。一般对方的谈判成员包括聘请的技术咨询顾问，主要负责审查欲购商品的质量、技术性能指标，并提出修改意见，以满足其特殊要求；聘请的法律顾问，主要负责洽谈商务条款，然后运筹出最佳方案提交雇主裁定。所以，己方配备的谈判人员必须与之匹配，聘请精通技术的工程技术人员和精通各种贸易、商务条款的专业人员，负责运筹技术、商务和法律方面的业务。对于专业化谈判团队的人员来讲，他们必须懂技术、精通国际贸易，并能用英语直接进行谈判。

（3）依据谈判的分工特点配备谈判人员。谈判团队的具体规模应为多大？在通常情况下，参加谈判的人数不宜过多。作为一个高效的谈判团队，其内部必须进行适当而严密的分工协作，内部的意见交流必须畅通无阻。要达到这种有效工作要求，谈判团队的规模过大是不行的。从管理幅度来看，一个领导者能有效地管理其下属人员的数量是有限的。在谈判中，既需要充分发挥个人的独创性和应变能力，又需要内部协调统一、一致对外。此外，从谈判经验来看，即使是涉及专业知识很广的大型项目谈判，在谈判的不同阶段牵涉到的主要知识种类也是有限的，这意味着谈判并不需配备具有各种专业知识的人同时参加，只要对谈判团队成员进行调整，就可以完成任务。有时也可以请某方面的专家、学者作为谈判团队的顾问，这样更能提高谈判的效率。

小链接

湖北某医药研究所研制出一种胃药冲剂，经专家鉴定已达到国际先进水平。当时，武汉某制药厂提出购买这项专利技术。对此，该医药研究所提出的条件是，如果对方提供一台制剂干燥设备，就可获得该药品的生产权。围绕这台价值 4 万元的设备，双方开始讨价还价。在谈判磋商过程中，制药厂的谈判人员犹豫不决，内部意见也不统一，最后导致谈判破裂。

珠海某制药厂获知此事，立即派人赶到湖北与医药研究所进行谈判，当即拍板成交。珠海这家制药厂以 40 万元转让费获得此项专利技术，取名“××得乐”。第二年，“××得乐”以强劲攻势打入包括武汉在内的全国各地医药二级站，实现年产值 2 亿元、利税 3500 万元的佳绩。经过几年的努力，珠海这家制药厂成为有名的上市公司。

从以上案例可以看出，谈判人员操作不当导致谈判的破裂，使得武汉这家制药厂与先进产品失之交臂。因此，谈判人员的素质及其协同能力对谈判结果有着重要的影响。

4．谈判的纪律要求

（1）严格遵守保密制度，不得泄露有关谈判的一切信息。

（2）必须绝对服从领导的工作安排，顾全大局。

（3）对于集体决定的事情，必须严格执行，个人的不同意见只能保留。

（4）严格执行请示报告制度，如实反映谈判情况。

（5）在谈判中各成员间必须相互支持，不得相互拆台或制造事端。

（6）讲究礼仪，谈吐文明，举止大方，行为规范。

2.1.4　筹备商务谈判活动

1．商务谈判场所的布置

（1）谈判室的布置。谈判室应当宽敞舒适，光线充足，空气流通，温度适宜，色调柔和。谈判室内网络接口及网线、白板或投影仪、空调、饮水机等常用设备齐全。一般不设录音录像设备，除非双方同意或有要求才能配备。一般来说，谈判的桌式应根据谈判的重要性、规模、双方关系的密切程度具体安排，并遵循相关的礼仪、礼节和国际惯例。商务谈判的正规场合通常用长方形条桌，规模小或双方人员比较熟悉的可以选择圆桌。

（2）休息室的布置。谈判室旁边或附近应设有休息室，供双方在谈判间隙休息之用。休息室应该布置得轻松、舒适。

2．商务谈判接待

（1）迎接。迎接规格根据对方前来人员的身份、地位、目的及双方的关系来确定，原则是“对等对口”。对等指的是身份相当、地位相称；对口指的是职责或业务范围相似。迎接人数应当比对方抵达人数略少，一般是谈判团队的主要成员。当来宾特别重要或与企业关系重大时，也可以破格迎送。在迎接、介绍、陪送过程中要注意礼仪礼节，无论男士、女士都要仪表大方，有礼貌、懂礼节。

（2）住宿。谈判东道主应当主动为对方安排住宿，一般在对方出发之前先征求对方对住宿方面的要求，然后根据对方的要求预先安排，并告知对方。

小链接

日本前首相田中角荣在20世纪70年代为恢复中日邦交正常化到达北京。他怀着等待中日间最高首脑会谈的紧张心情，在迎宾馆休息。迎宾馆内气温舒适，田中角荣的心情也十分舒畅，与随从的陪同人员谈笑风生。他的秘书仔细看了一下房间的温度计，是17.8℃。田中角荣习惯的17.8℃使得他心情舒畅，也为谈判的顺利进行创造了条件。

（3）宴请。宴请次数以一个谈判周期2～4次为宜，其中接风和送别一般是必需的，另外几次根据谈判的实际情况而定。宴请的形式可以是正式的晚宴或午宴、酒会或招待会等。宴请场所可选择环境幽雅、菜肴精美、服务优良的饭店或有一定档次的地方特色餐饮店。

宴请前应向客人发出邀请，告知客人宴请的主人、时间、地点、是否邀请配偶等。主人应提前到达宴会厅，衣着整洁大方，在门前迎候客人，热情引导客人就座。宴请的菜肴应符合客人的口味、民族习惯和健康要求，整桌菜要搭配得当、主次分明。

宴请中安排中餐的用餐位次是需要特别注意的问题。用餐位次主要有桌次和席次之分。桌次的排列为面门为尊、以右为敬、居中为重、远门为上。除桌次外，同桌中不同的位置也是有区别的，一般面门居中位置为主位；主人右侧的位置是主宾位；越近主位，位次越高；同等距离，右高左低。主客双方既可以分两侧而坐，也可以交错而坐。

当宴会开始时，主人应站立向全体宾客敬酒，并致以简短的祝酒词。敬酒顺序一般是根据身份自高而低逐个敬酒，如果对客人身份不能确定，那么可先敬主宾，然后从自己身边开始以顺时针方向依序敬酒。用餐时要注意礼仪、礼节。

西餐的位次一般是面门为上、居中为上、以右为尊、女士优先、距离定位、交叉排列。用餐时一定注意西餐的礼仪习惯。宴请时，双方应就彼此感兴趣的话题或轻松愉快的话题亲切交谈，注意回避个人隐私和对方避讳的问题。此外，为营造气氛还可以播放音乐。

一般宴会应控制在90分钟左右，最多不超过2小时。在宴会结束前，主人要征求客人的意见，以客人尽兴为宜。在宴会结束后，主人应将客人送至门口或送上车，礼貌道别。

（4）馈赠。赠送礼品的主要目的是表达情谊，因此礼品并非越贵重越好。礼品要因人而异，要知道受礼者的喜好，选择受礼者乐于接受的礼物，不犯忌。礼品包装要好，因为精美的包装使礼品更能表达出赠送者的尊重和诚意。在登门拜访客人时，主人应在见面之初赠送礼品；在接待客人时，主人应在临别之时赠送礼品。在公务交往中，赠送地点一般是工作地点或交往地点。如果是赠送私人礼品，就应当在私下赠送，最好是在家里或私下交往的场合。

小链接

2019年3月24日，法国总统马克龙向到访的中国国家主席习近平赠送1688年法国出版的首部《论语导读》法文版原著。马克龙介绍说，《论语》的早期翻译和导读曾对孟德斯鸠和伏尔泰的哲学思想以启发。这部《论语导读》原著目前仅存两本，一本送给习近平主席，另一本存放在法国国立吉美亚洲艺术博物馆。习近平说，这个礼物很珍贵，他要把它带回去收藏在中国国家图书馆。这部《论语导读》的作者是17世纪法国人弗朗索瓦·贝尼耶。24日的《巴黎人报》评论说，这本《论语导读》原著“非常珍贵”，法方把它作为国礼送给习近平主席，凸显了中欧交往历史的悠久。一部《论语》，见证着中法文化交流的源远流长，印证着文化亲近感是中法关系的独特优势。这样的礼物就很好地表达了赠礼的象征意义，达到了赠礼的目的。礼品也要突出纪念意义。这种纪念意义或是对赠礼方有纪念意义或是对受礼方有纪念意义，而带有民族特色的礼品又往往最具有纪念意义。对赠礼方有纪念意义的礼品，一般通过有赠礼方地域、民族、产业等特点、影响、形状的物品来体现。礼品的民族性是国际商务活动中选择礼品时的一个最好的切入口，越是具有民族特色和赠礼人自己的特点的礼品，越有其独特的纪念意义和礼品魅力。另外，礼品的选择还可以考虑对受礼人的纪念意义。

【任务演练】

构建虚拟企业，组建商务谈判团队

目标：通过构建虚拟企业，组建商务谈判团队，体验商务谈判的人员选择与准备过程，掌握商务谈判人员的职责与分工。

步骤：任务布置→任务实施→任务完成→任务考核。

内容与要求：

（1）按均衡原则，5～7名学生组成一个学习小组，推选出组长。组长负责小组的组织协调，并对组员的参与度进行考核。

（2）每个小组构建一个模拟企业，每两个模拟企业互为谈判对手。

（3）每个模拟企业进行企业构建及职务安排。

（4）每个模拟企业进行谈判角色分工，组建商务谈判团队。

（5）谈判双方根据模拟企业的业务范围，确定双方的谈判内容。

成果形式：填写构建模拟企业（组建谈判团队）决策方案表（见表2-1），完成实训报告。

表2-1　构建模拟企业（组建谈判团队）决策方案表

任　务	内　容
组员构成	
本企业名称	
本企业产品情况	
本企业经营范围	
本企业组织结构	
本企业职务分配	
谈判团队角色分工	组长： 主谈人： 辅谈人： 技术人员： 商务人员： 财务人员： 法律人员：
双方谈判内容或交易产品	

【综合案例】

谈判家与小贩

美国谈判大师荷伯·科恩曾与妻子去墨西哥城旅游。一天，他们正在马路上观光，妻子突然对他说道："我看到那边有什么东西在闪光！""唉，不，我们不去那儿。"荷伯解释道，"那是一个坑骗旅游者的商业区，我们来游玩并不是要到那儿去。我们来这里是领略一种不同的文化风俗，参观一些未见过的东西，接触一些尚未被污染的人性，亲身体会一下真实，遛遛这些人如潮涌的街道。如果你想进那商业区，那么你去吧，我在旅馆里等你。"

妻子走了，荷伯独自朝旅馆走去。当穿过人潮涌动的马路时，他看到在相距很远的地方有一个小贩。当走近时，荷伯看见那个小贩在大热天仍披着几件披肩毛毯，并呼叫道："1200 比索！"

"他在向谁讲话呢？"荷伯问自己，"绝对不是向我讲！首先，他怎么知道我是个旅游者呢？其次，他不会知道我在暗中注意他。"荷伯加快脚步，尽量装出没有看见那个小贩的样子，甚至用自己的语言说："朋友，我确实敬佩你的主动、勤奋和坚持不懈的精神。但是，我不想买披肩毛毯，请你到别处卖吧。你能听懂我的话吗？""是。"小贩答道，这说明他完全听懂了。荷伯继续向前走，却听到背后仍然有脚步声。

小贩一直跟着荷伯，好像他俩系在一条链条上了。他一次又一次叫道："800 比索！"荷伯有点生气，开始小跑。但是小贩紧跟着一步不落，而这时，他已将披肩毛毯降到 600 比索了。到了十字路口，因来往的车辆阻断了去路，荷伯不得不停住了脚步，小贩却仍在唱他的独角戏："600 比索？500 比索？好吧，400 比索！"

当车辆过尽后，荷伯迅速穿过马路，希望把小贩甩在路那边，但是荷伯还未来得及转过身，就听到小贩笨重的脚步声和说话声了："先生，400 比索！"

这时候，荷伯又热又累，身上一直冒汗。小贩紧跟着他使他很生气，荷伯气呼呼地冲着小贩从牙缝里挤出这句话："我告诉你，我不买！别跟着我了！"

小贩从荷伯的态度和声调中听懂了荷伯的话。"好吧，你胜利了。"小贩说道，"只对你，200 比索！""你说什么？"荷伯叫道。"200 比索！"小贩重复道。"给我一件，让我看看。"此时，荷伯对自己的话也吃了一惊，因为他压根儿没想过要买一件披肩毛毯。

又是一番讨价还价，小贩最终的要价是 170 比索。荷伯从小贩那里得知，在墨西哥城的历史上以最低价格买到一件披肩毛毯的人是一个来自加拿大温尼培格的人，他花了 175 比索。而荷伯买的这件只花了 170 比索，使他在墨西哥历史上创造了买披肩毛毯的新纪录。

那天天气很热，荷伯一直在冒汗。尽管如此，他还是把披肩毛毯披到了身上，感到很洋气。在回旅馆的路上，他一直欣赏着从商店橱窗里映出来的身影。

当荷伯回到旅馆房间时，妻子正躺在床上读杂志。

"嗨，看我弄到了什么？"他有点得意。"你弄到什么了？"妻子问道。"一件漂亮的披肩毛毯！""你花了多少钱？"妻子顺口问道。

"是这么回事，"他充满信心地说，"一个小贩要 1200 比索，而一个国际谈判家，就是周末有时间同你住在一个屋子的这个人，花 170 比索就买到了。"

妻子讪笑道："太有趣了。我买了同样一件，花了 150 比索，在壁橱里。"

问题：小贩为何能成功说服荷伯购买披肩毛毯？

【拓展阅读】

美国谈判大师卡洛斯认为理想的谈判者应具有的12种特质

（1）有能力和公司里的人商谈，并赢得他们的信任。

（2）愿意并且努力地做计划，能了解产品及一般的规则，同时还能找出其他可供选择的途径，勇于思索及核查所得到的资料。

（3）具有良好的商业判断力，能够洞悉问题的症结所在。

（4）有忍受冲突和面对暧昧字句的耐心。

（5）有组织冒险、争取更好的目标的能力。

（6）有智慧和耐心等待事情真相的揭晓。

（7）认识对方及其公司里的人，并和他们交往，以推动交易的进行。

（8）品格正直，并且能使交易双方都得到好处。

（9）能够敞开胸怀，听取各方面的意见。

（10）在商谈时具有洞悉对方的观察力，并且能够注意到可能影响双方的潜在因素。

（11）拥有丰富的学识、周全的计划及公司对他的信任。

（12）稳健，必须能够克制自己，不轻易放弃，并且不急于讨别人的喜欢。

学习任务2.2　调研商务谈判环境

【学习目标】

1．了解商务谈判环境调查内容。
2．理解商务谈判信息调查原则。
3．掌握商务谈判信息的调查方法。
4．能正确分析商务谈判的宏观环境与微观环境信息。

【任务描述】

任何企业的商务谈判活动都是在一定的谈判环境中进行的，并受到各种宏观与微观环境因素的影响和制约，调研商务谈判环境是谈判成功的一个关键步骤。

本任务要求学生了解商务谈判环境调查内容，会收集商务谈判的相关信息资料，掌握商务谈判信息的调查方法，能对收集的商务谈判信息进行正确的加工、整理与分析。

【引导案例】

如今，电视机对我们来说已经是非常平常的东西了。改革开放之初，日本电器敲开了中国的国门，中国从收音机时代进入了电视机时代。20世纪80年代初期，日本的日立、三洋等12英寸黑白电视机的价格在500元人民币以上，有电视机的家庭简直就是“大款”，那时候家里的12英寸黑白电视机都是大件了。即使是这样的电视机还不是谁想买就能买得到的，因为那时候的中国还在计划经济时代，东西都是凭票供应的。日本人看准了这个行情——中国没有电视机制造厂，却有着相当可观的市场需求量，他们觉得这是一个千载难逢的挣钱机会。于是，大量的黑白电视机和磁带录音机进入了中国改革开放初期的许多家庭。

【知识储备】

2.2.1　商务谈判环境调查内容

问题与思考：信息在商务谈判中的作用是什么？

1. 宏观环境

商务谈判宏观环境是影响商务谈判的大的外在影响因素，涉及政治环境、经济环境、科技环境、文化环境和自然环境等，如图 2-1 所示。

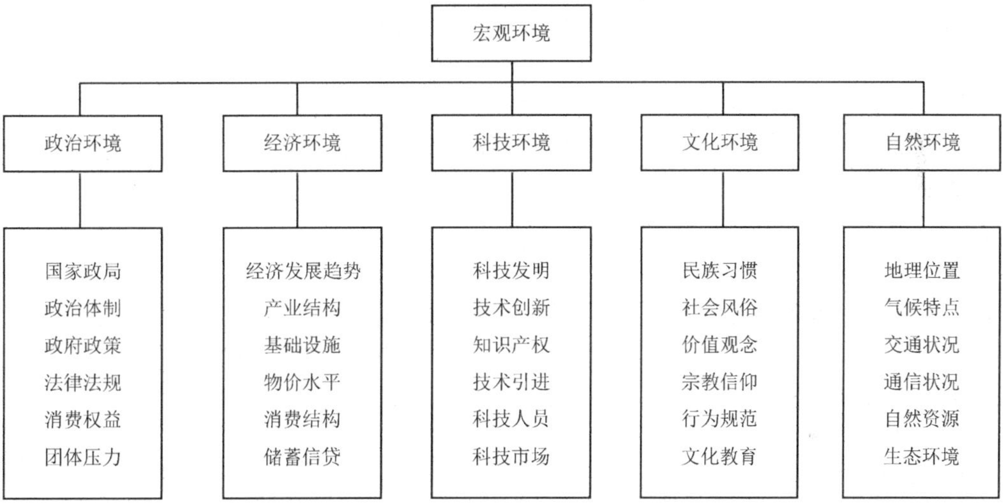

图 2-1　商务谈判宏观环境

（1）政治环境，包括国家政局、政治体制、政府政策（如人口政策、财政政策、货币政策、能源政策等）、法律法规、消费权益、团体压力等。商务谈判的政治环境关系到谈判项目的风险、合法性、安全性、履行的程度、权益的保护等。

小链接

中国某工程承包公司在加蓬承包了一项工程。在工程的主体建筑完工之后，该公司由于不需要大量的劳动力，便决定将当地的大批临时工解雇，谁知此举导致了被解雇工人持续 40 天的大罢工。该公司不得不同被解雇工人进行艰苦的谈判，被解雇工人的代表提出让中方按照当地的法律赔偿被解雇工人一大笔损失费。此时该公司人员才意识到他们对加蓬的法律太不了解了。根据加蓬的相关法律，一个临时工如果持续工作一周以上而未被解雇则自动转成长期工，而作为一个长期工，他有权获得足够维持两个妻子和三个孩子的工资，此外还有交通费和失业补贴等费用；一个非熟练工人如果连续工作一个月以上则自动转成熟练工，如果连续工作三个月以上则提升为技术工人，而工人的工资也应随着技术的提升而提高。该公司的管理人员按照在我国形成的对临时工、长期工、非熟练工、熟练工及技工的理解来处理加蓬的情况，结果为自己招来了如此大的麻烦。谈判结果可想而知，该公司不得不向被解雇的工人支付一大笔失业补贴，总数目相当于已向工人支付的工资数额，而且这笔费用属于意外支出，并未包括在工程的预算中，全部损失由公司自行支付。

（2）经济环境，是影响企业经济活动的主要环境因素，包括经济发展趋势、产业结构、基础设施、物价水平、消费结构、储蓄信贷等。商务谈判的经济环境关系到谈判项目的市场机会、利润水平、投资成本等。

小链接

中国某大型建筑公司于 2007 年 6 月从德国进口了一套价值 100 万欧元的机械设备。合同签订时的汇率为 1 欧元兑换 10 元人民币，这套设备按人民币计价为 1000 万元人民币。2008 年 6 月，当该建筑公司支付货款时，汇率已升为 1：11。这意味着，该公司现在需要为这套设备支付 1100 万元人民币，比签订合同时多付 100 万元人民币。

（3）科技环境，包括科技发明、技术创新、知识产权、技术引进、科技人员、科技市场等。当今科技发展日新月异，新技术、新发明的出现和普及会给某些企业带来机会，也会导致某些企业丧失技术优势，甚至面临淘汰。科技发展对企业的经济活动也有着重要的影响。

小链接

我国上海某企业在泰国同当地企业合资开办了一家药厂，虽然产销对路，但因流动资金不足而被迫停产。究其原因，按泰国市场习惯，药商都实行赊销办法，即生产厂家要等药商卖光产品才能收回货款，这就使药厂因资金周转期长、流动资金不足而停产。

（4）文化环境，包括民族习惯、社会风俗、价值观念、宗教信仰、行为规范、文化教育等。谈判者必须了解对方的文化和习俗，从而与对方形成良好沟通，在交往中建立良好关系，避免经济利益损失。

（5）自然环境，包括地理位置、气候特点、交通状况、通信状况、自然资源、生态环境等。自然环境是分析谈判项目的可行性及成本的重要考虑因素，同时也是异地谈判准备不可忽视的因素，而忽略自然环境可能导致谈判被动或失败，给公司带来损失。

小链接

经过激烈的竞争，某建筑公司终于承揽下一项建筑工程的施工任务，承诺一年交付使用。可没有想到的是该地区天气温润潮湿，经常下雨，工程进展缓慢，最后因不能按期交付使用而承担巨额赔偿。

2. 微观环境

微观环境是指与企业直接相联系的影响谈判的因素，包括谈判对手、竞争者、市场行情、企业自身等。

（1）谈判对手，包括谈判对手的资信、实力、需求、谈判期限、谈判代表、履约担保等。

资信对于组织来说，包括组织的历史、合法资格、银行信用、权威机构的评价等；资信对于个人来说，包括合法资格及个人信用。

实力，包括注册资本、固定资产、流动资金、资产负债、技术装备水平、经营范围、产销规模、销售渠道、行业地位、市场占有率、人员素质等。

需求，包括对方与己方谈判的目标、意图，对实现谈判目标的迫切程度、是否真诚等。

谈判期限，包括谈判起止时间、分段时间等。在谈判过程中，期限宽松，谈判往往从容、主动；时间紧迫，谈判往往仓促、被动。

谈判代表，包括对方谈判人员的构成、身份、地位、权限、性格、爱好、专长、经验、思维方式、谈判风格、惯用策略和技巧等。

履约担保，包括担保人是否具有担保资格与能力。

小链接

最初，法国汽车商是非洲汽车市场上的传统卖主。为了同法国人争夺非洲汽车市场，日本汽车商在非洲广泛地搜集情报，他们发现，法国公司一般不愿意向当地汽车进口商提供贷款，而且法国汽车零配件的交货期拖得很长，往往引起非洲汽车代理商的不满。于是，日本汽车商就针对法国公司的这两个薄弱环节下功夫。结果，日本汽车商仅仅通过向当地进口商提供比法国汽车商稍稍优惠的条件便在谈判中取得了主动权，轻而易举地抢占了法国汽车商的大片市场。在中东地区，日本汽车商也想方设法搜集情报，摸清了当地人的习俗和爱好，制造出当地人喜爱的汽车，逐渐占领了这个地区的汽车市场。

（2）竞争者，包括谈判竞争者的地理位置、规模、技术、产品质量、性能、成本、价格、服务措施、营销手段、市场占有率等。

（3）市场行情，包括同类或替代产品市场供求关系及动态、市场需求状况及价格变化趋势，以及主要生产厂商的供货能力、产品质量、特色、服务、销售价格等。

小链接

荷兰某精密仪器生产厂商与中国某企业拟签订某种精密仪器的购销合同。但双方在仪器的价格条款上还未达成一致，因此双方就此问题专门进行了谈判。谈判一开始，荷方代表就将其产品的性能、优势及目前在国际上的知名度做了一番细致介绍，同时说明还有许多国家的相关企业欲购买他们的产品。最后，荷方代表带着自信的微笑与口气对中方代表说："根据我方产品所具有的以上优势，我们认为一台仪器的售价应该为 4000 美元。"

中方代表听后十分生气。因为据中方人员掌握的有关资料，目前在国际上此种产品的最高售价仅为 3000 美元。于是，中方代表立刻毫不客气地将其掌握的目前国际上生产这种产品的十几家厂商的生产情况、技术水平及产品售价向荷方代表和盘托出。

荷方代表十分震惊，因为据他们所掌握的情况，中方是第一次进口这种具有世界先进技术水平的仪器，想必对有关情况还缺乏细致入微的了解，没想到中方人员准备得如此充分。荷方人员无话可说，立刻将价格调低到 3000 美元。

（4）企业自身，包括谈判信心的确立、自我需要的认定、满足对方需要的能力等。

谈判信心的确立。信心来自对自己实力及优势的了解，并对可能遇到的困难要有充分的思想准备。

自我需要的认定。满足需要是谈判的目的，只有清楚自我需要的各方面情况，才能制定出切实可行的谈判目标和谈判策略。

谈判者希望借助谈判满足己方的需要。例如，作为买方，应仔细分析：到底需要什么样的产品、服务？需要多少？要求达到怎样的质量标准？需在什么时间内购买？卖方必须满足哪些条件？等等。作为卖方，应仔细分析：自己愿意向买方出售哪些产品？是配套产品还是拆零产品？卖出的价格是多少？买方的支付方式和时间如何规定？等等。

各种需要的满足程度。己方的需要是多种多样的，各种需要程度也不一样。要搞清楚：哪些需要必须得到全部满足、哪些需要可以降低要求、哪些需要在必要时可以不考虑，这样才能抓住谈判的主要矛盾，保护己方的根本利益。

需要满足的可替代性。如果需要满足的可替代性大，那么谈判的回旋余地就大；如果需要满足的可替代性很小，那么己方讨价还价的余地就很小，很难得到预期结果。需要满足的可替代性包含两方面内容。一是谈判对手的可选择性的大小。如果对对方的依赖性很强，就会使己方陷入被动局面，常常被迫屈从对方的条件。分析谈判对手的可选择性要思考这些问题：如果不和他谈，那么，是否还有其他的选择对象，是否可以在将来再与他谈判？如果与其他对手谈判，那么得到的收益与损失是什么？只有弄清这些问题，才有助于增强自己的谈判力。二是谈判内容可替代性的大小。例如，如果价格需要得不到满足，那么是否可以用供货方式、提供服务等需要的满足来替代呢？如果眼前的需要满足不了，那么是否可以用长期合作的需要来替代呢？这种替代可能性的大小，要通过认真权衡利弊来确定。

满足对方需要的能力。谈判者不仅要了解己方要从对方得到哪些需要的满足，还必须了解己方能满足对方哪些需要。例如，己方满足对方需要的能力有多大？在众多的竞争者中，己方具有哪些优势、占据什么样的竞争地位？满足自身的需要是参加谈判的目的，满足他人需要的能力是参与谈判、与对方合作交易的资本，谈判者应该分析己方的实力，认清己方到底能满足对方哪些需要。

小链接

中国某公司与日本某公司谈判某项交易。在谈判开始后，双方人员做了介绍，并马上投入技术性谈判阶段。中方商务人员利用谈判休息时间，对日方技术人员表示赞赏：“您技术熟练、表述清楚，水平不一般，我们就欢迎这样的专家。”该技术人员很高兴，表示他在公司的地位很重要，知道的事也多。

中方商务人员顺势问道：“贵方主谈人是你的朋友吗？”

“那还用问，我们常在一起喝酒，这次与他一起来中国，就是为了帮助他。”他回答得很干脆。

中方商务人员又紧问一句：“为什么非要你来帮助他，没你就不行吗？”

日方技术人员迟疑了一下：“那倒不是，但这次希望他能成功，这样他回去就可晋升部长职务了。”

中方商务人员随口跟上：“这么讲我也得帮助他了，否则，我将不够朋友。”

通过这番谈话，中方断定对方主谈人为了晋升，一定会全力以赴得到谈判的良好结果。于是，中方在谈判中巧妙加大压力，谨慎向前推进，成功实现了目标，同时也给了日方某种满足。

2.2.2 商务谈判环境调查原则

同步案例：“谈判女杰”的智谋

1. 针对性原则

调查工作内容繁杂，需要耗费精力和时间，调查者应明确调查的目的，确定所收集信息的内容和范围，再通过恰当的途径、方法有针对性地采集，做到有的放矢。对收集到的信息，调查者按照调查目的进行归类、整理、分析。

2. 时效性原则

商务谈判信息只有被迅速、及时地收集起来，并传递给需要者，才能有效地发挥作用。

3. 准确性原则

在收集信息时，调查者不能主观臆断，应尊重客观现实并且对获取的信息尽可能地及时进行鉴别、分析，力求把误差降到最低。

小链接

某建设公司参加一个大型项目的建设投标，由于时间非常紧迫，要求计划部门用3小时估算出工程造价。通过计划、采购、技术三个部门的协作配合，工程预算书按时完成。经理根据此工程造价参加竞标。不久公布结果，该建设公司未能中标，询其原因是报价高得不可思议。经理大为恼火，追究计划部门失职责任。该部门认为工程估价过程仔细缜密，不可能出现这样大的问题。继续查找原因，真相大白：计算机取费程序出了问题，将最后一步税金的取费率扩大了10倍。这是大家怎么也没有想到的问题。不过，在交出该预算书之前如果仔细检查一遍，该失误就可以避免。

4. 经济性原则

在收集信息时要注意选择投入少而行之有效的调查方法和途径，力求以尽可能低的耗费收集到足以满足需要的信息。

5. 防伪性原则

收集商务谈判信息要注意防范对手散布的假信息，谨防落入对手的圈套。

小链接

苏州某公司听说南非是一个诱人的市场，便希望将自家的产品打入南非市场。为了摸清合作伙伴的情况，该公司决定组团到南非进行实地考察。到达南非后，他们立即被安排与南非公司的总经理会面，会面地点被安排在一个富丽堂皇的大饭店里。考察团在电梯门口遇到一位满面笑容的招待员，她将考察团引入一个装修豪华、设施现代化的房间。坐在皮椅上的总经理身材肥胖，手中夹着雪茄，脸上一副自信的表情，谈话时充满了激情。他侃侃而谈，包括公司的情况、经营策略及公司未来的打算。总经理的介绍和他周围所有的一切都深深打动了考察团。他们深信这是一个可靠的、财力雄厚的合作伙伴。回国后，考察团马上发去了第一批价值 100 多万美元的货物，然而，该批货物再也没有了音信。该公司只好再派人去调查，此时才发现他们掉进了一个精心设计的圈套里。那位肥胖的“总经理”原来是当地的一个演员，在电梯门口招呼他们的招待员才是真正的总经理，而陈设精良的接待室不过是临时租来的房间。待真相大白之后，他们再寻找这家公司才知道它已宣告破产。

2.2.3 商务谈判信息调查方法

1. 走访询问

调查者直接面对访问对象进行问答，既可以选择个别对象采访，也可以召集多人举行座谈；调查者还可以发放调查问卷，通过 QQ、电话、E-mail 等方式进行。走访知情人士能够获得详细、准确的信息。

2. 实地考察

调查者通过亲临现场进行实地考察获得真实可靠的信息。调查者可以到对方所在地，也可以通过参加各种商品交易会、展览会、订货会、联谊会、社交活动等方式获取相关信息的资料。

小链接

曾有一篇报道，题目是《一口“痰”吐掉一项合作》。这篇报道说的是某医疗器械厂与外商达成了引进“大输液管”生产线的协议，第二天就要签字了。可当这个厂的厂长陪同外商参观车间的时候，厂长习惯性地向墙角吐了一口痰，然后用鞋底去擦。这一幕让外商彻夜难眠，他让翻译给那位厂长送去一封信，内容如下：“恕我直言，一个厂长的卫生习惯可以反映一个工厂的管理素质。况且，我们今后要生产的是用来治病的输液皮管。贵国有句谚语‘人命关天’，请原谅我的不辞而别……”

3. 文献调查

调查者可以从公开出版的报纸、杂志、书籍中收集信息，也可以从未公开出版的内部刊物、文件、报告等各种资料中收集信息。例如，各国政府、国际组织、行业协会、消费者组织、质量监督机构定期发布的各类统计公报上包含了大量准确的宏观信息资料及部分规模企业相关信息资料；各银行组织、咨询公司的定期报告上包含了大量准确的微观信息资料，而且资料详尽，并提供了大量的原始数据。

4. 关注大众媒体

调查者通过收看电视、收听广播，以及浏览报纸、杂志、互联网等收集与即将开展的商务谈判密切相关的各种信息资料。

小链接

20世纪60年代初，我国大庆油田的情况在国外尚未公开，日本人对此虽然有所耳闻，但始终未了解实际情况。后来在1964年4月26日的《人民日报》上看到“大庆精神大庆人”的字句，于是日本人判断：中国大庆确有其事，但他们仍然弄不清楚大庆究竟在什么地方。在1966年7月的《中国画报》上有一张大庆工人艰苦创业的照片，根据照片上人物的衣着，日本人断定大庆油田是在冬季温度为-30℃的中国东北地区，大致在哈尔滨与齐齐哈尔之间。1966年10月，日本人又从《人民中国》杂志上看到石油工人王进喜的事迹，事迹中有这样一句话：“王进喜一到马家窑看到……”于是日本人立即找来旧地图：马家窑位于黑龙江海伦县东南的一个村子，在北安铁路上一个小车站东边10多千米处。这样他们就把大庆油田的位置弄清楚了。后来，日本人又从《中国画报》上发现了一张大庆炼油厂反应塔的照片，根据反应塔上扶手栏杆的粗细与反应塔的直径比例，得知反应塔的内径长为5米。加之《人民日报》刊登的国务院政府工作报告，他们进一步推算出大庆油田的炼油能力、规模、年产油量等信息。

日本人就是通过收集新闻资料中的一句话、一张照片、一条消息，加以综合分析，掌握了大庆油田的重要情报。随后，日本人立即集中相关专家和技术人员，全面设计出了适合大庆油田的设备，做好了充分的夺标准备。不久，中国政府向国际市场求购石油开采设备。日方以最快的速度和最符合中国需求的设备，一举中标，这令西方石油工业大国惊诧不已。

5．专家咨询

调查者通过向咨询公司、大学、研究机构、学会、协会、行业的专家咨询，获取信息资料。

同步案例：掌握情报，后发制人

2.2.4　商务谈判信息整理与分析

1．信息筛选

将收集的信息资料进行鉴别和分析，剔除那些与事实明显不符的信息、没有足够证据证明的信息、带有较强主观臆断色彩的信息等，保留那些可靠的信息。

2．信息分类

将原始资料按时间顺序、问题性质、反映问题的角度等指标分门别类地排列成序，以便更加明确地反映问题的各个侧面或整体面貌。

3．信息分析

将整理好的信息资料进行认真的研究分析，从表面现象探求其内在本质，由此问题推理到彼问题，由感性认识上升到理性认识。

4．信息结论

在信息的分析研究基础之上，对问题做出正确的判断和结论。

【任务演练】

模拟调研商务谈判环境

目标：通过构建虚拟企业，组建商务谈判团队，调研即将开展商务谈判的环境，掌握商务谈判环境信息调查的内容、原则和方法。

步骤：任务布置→任务实施→任务完成→任务考核。

内容与要求：

（1）将学习小组结对，分别扮演买方企业与卖方企业。

（2）每两个模拟企业互为谈判对手。

（3）分配买方调研任务和卖方调研任务。

（4）按照分配的任务完成谈判环境调研。

（5）整理调研资料，组织课堂交流和讨论。

成果形式：填写调研任务分配表（见表2-2），完成调研报告。

表2-2　调研任务分配表

任　务	内　容	信息描述
调查谈判对手相关信息		
调查对手所在地相关环境		
调查谈判竞争对手信息		
调查产品相关市场信息		
调查企业内部相关信息		
调研所采取的方法		
调查分工与方案设计		
撰写谈判调研报告		

【综合案例】

案例 1

美国商人与日本商人

一位美国商人前往东京参加一次为期 14 天的谈判。他少年得志，斗志昂扬，一心想大获全胜。在出发前，他做了大量准备工作，包括看了一大堆关于日本商人的精神、心理、文化传统方面的书。

在飞机着陆后，两位等候已久的日本商人把这位美国商人送上了一辆轿车。美国商人舒服地靠在轿车后面的丝绒座椅上，日本商人则僵硬地坐在两张折叠椅上。美国商人友好地说："过来一起坐吧，后面能坐下。"

日本商人回答："哦，不，您是重要人物，您需要好好休息。"

美国商人颇感得意。

轿车开着，日本商人问："您会讲日语吗？"

"不，不会，"美国商人回答，"不过，我带了一本日文字典。"

日本商人又问："您是不是一定要准时搭机回国？我们可以安排这辆轿车送您去机场。"

美国商人心想："日本商人考虑得真周到。"于是他顺手掏出回程机票交给日本商人，好让轿车准时去接他。实际上，这么一来，他已让日本商人知道他拥有多少时间，而他根本不知道日本商人这方面的情报。

日本商人没有立即开始谈判，而是盛情招待他。从皇宫、神庙，花道、茶道，到用英语讲授佛教的学习班，日本商人总是将日程表排得满满的。每当美国商人问及何时开始谈判时，日本商人总是回答："有时间，有时间。"

直到第 12 天才开始谈判，但早早地就结束了，因为谈判双方约定要去打高尔夫球。第 13 天，双方又开始谈判，又因为晚上有盛宴而早早结束。第 14 天早上，谈判重新开始，正谈到紧要关头，送美国商人去机场的那辆轿车到了。

双方在轿车中继续谈判。在到达机场前，协议达成。该协议被日本商人称为"偷袭珍珠港后的又一次胜利"。

日本商人之所以能够在谈判中获胜，是因为他们知道美国商人拥有多少时间，知道他无法空手而回，知道他无法向上级汇报这 14 天的经历，知道他不能改变归期。

问题：美国商人为什么会失败？请总结获取谈判对手相关信息的重要性。

案例 2

针对谈判对手特点的谈判

伊兴安公司是生产挖掘设备的中型企业，事情纠葛主要涉及两个人物：负责技术的副总经理汪涛和负责销售的副总经理刘志。

伊兴安公司已开始将一种"YCT 型"的新设备投入市场。"YCT 型"设备是由汪涛负责的那个部门研究开发的，刘志的工作则是把"YCT 型"设备同伊兴安公司生产的其他产品一起推销出去，并负责设备售出后的维修工作。

当"YCT 型"设备可以上市时，汪涛规定"YCT 型"设备的运转速度不得超过每小时

1000个单位。同时，汪涛的那个部门还在继续努力，以使“YCT型”设备的输出能力再提高一倍。然而，汪涛发现，一些客户在使用“YCT型”设备时超出了这种设备的额定工作能力很多。在这种负荷下，有些机器发生了故障。于是，汪涛就向刘志提出了责问。

刘志手下的推销员没有为这种超速运转提供担保，也没有向客户强调“YCT型”设备的运转速度不得超过每小时1000个单位。刘志认为，想在竞争中赢得优势，就必须充分发掘这种新机器的潜力，这不仅仅是为了推销“YCT型”设备，因为一旦有“YCT型”设备做开路先锋，他就能更好地推销伊兴安公司的所有产品。刘志还认为，机器的故障报修率还远没有达到不可容忍的程度，而且他愿意为此承担责任。

但汪涛从现实考虑，意识到一旦产品普遍发生故障，就会对公司的声誉造成极坏的影响，甚至还会损害汪涛的名声和他的事业。伊兴安公司的总经理意味深长地对汪涛说：“我希望两位自行解决问题。”这就是说，总经理希望通过谈判来解决这个问题。根据安排，两个部门的负责人要在一个星期后举行会谈。

汪涛要充分地利用这一个星期，回顾自己同销售部门的关系。汪涛知道，他们时有矛盾，而且他对此负有一部分责任。汪涛认为，销售部门固然是公司的一个不可缺少的组成部分，但他又觉得自己要比销售部门高出一筹。为了搞出“YCT型”设备这样高品质的产品，他付出了很大的努力，对此，销售部门知道些什么？

汪涛认真地考虑了这些情况，并不掩饰自己的感情，如他的自尊心和雄心。在这个行业中，他已经颇具名气，他不愿让推销部门为了完成销售指标而败坏他的名声。汪涛首先用足够的时间对自我和自身的内在情感做了反省，接着，他又分析了自己的谈判对手——刘志。

刘志是一个正直的人，他精力充沛、性格外向，很讨人喜欢。他是一个精明的销售负责人，而且雄心勃勃、胸怀大志。

汪涛还要做进一步的准备。他指导自己的副手小马去做一次调查研究。小马受命，尽力查清近年来伊兴安公司在某些特定领域的销售情况，如哪些人是最大的客户、与客户关系如何、客户报修率的增减等。

汪涛想，不管整个局势的现实究竟如何，不管达成什么协议，都绝不能只对某一个部门有利，必须使总经理相信，只有达成一项兼顾本公司短期和长期利益的协议，才是最好的解决办法。然而，汪涛必须扭转局势，因为现状是销售人员允许客户以更高的运转速度使用设备——对刘志有利，而对汪涛不利。

在小马完成调查研究之后，汪涛就把本部门的骨干召集起来，一起研究小马收集的那些资料。他们对这个问题进行“即兴讨论”。汪涛先写出计划草稿，然后同小马碰头密商。汪涛让小马试做刘志的代言人，提出他们认为可能做出的反驳。经过此番扎实的准备，汪涛就开始筹划对策了。他在等待谈判的到来。

问题：

（1）汪涛是怎么看待此次谈判的？为什么？

（2）汪涛做了哪些谈判的准备工作？

（3）你认为汪涛所做的准备工作有无漏洞？如果你是汪涛，那么你会怎么办？

【拓展阅读】

谈判对手资讯情况调查项目

——彼得·德鲁克

- 姓名
- 公司
- 你与谈判对手的关系如何
- 谈判对手为其公司的效力时间
- 谈判对手对公司将来有何打算
- 谈判对手是否有计划脱离公司
- 谈判对手什么时间/什么情况下脱离
- 谈判对手的资历情况如何
- 对此次谈判，对方公司有何政策
- 对方补偿金是多少
- 倘若本次交易为了省钱，是否有激励措施
- 补偿金是以回扣形式还是直接反映在工资中
- 对方对什么敏感
- 来自对方工作处境的其他压力是什么
- 协议最终达成之前，对方必须向谁咨询
- 对方有多少权限，也就是说，在什么情况下他有权终止一项交易
- 在什么情况下，须经更高决策层授权
- 许可权的临界点
- 对方是如何被其上司发现并委以重任的
- 对方对你是什么态度
- 对方对你的公司是什么态度
- 对方对你的专案是什么态度
- 过去谁与对方合作过类似的专案
- 你如何与此人接触
- 其他人对对方有何看法
- 你对该谈判对手做如何评估

学习任务 2.3　制订商务谈判方案

【学习目标】

1. 了解制订商务谈判方案的程序。
2. 掌握商务谈判方案的主要内容。
3. 能按照基本要求制订完善的商务谈判方案。

4．了解模拟商务谈判活动的内容及技巧。

5．能做好模拟商务谈判的各项工作。

【任务描述】

商务谈判方案是谈判人员在谈判前预先对谈判目标、谈判策略等具体内容和步骤所做的安排与谋划，是谈判人员行动的方向和指南。

本任务要求学生在组建商务谈判团队、调研商务谈判环境的基础上，按照制订商务谈判方案的程序和基本要求，以及商务谈判方案的主要内容，确定谈判目标，制订开展商务谈判的方案。

【引导案例】

中国公司的谈判准备

中国 F 公司与法国 G 公司商谈一条计算机生产线的技术转让交易。G 公司把其报价如期交给了 F 公司。报价包括配线设备、检测试验主设备、技术指导、人员培训、工程设计等方面的费用。双方约定在接到报价后两周内在北京开始谈判。

F 公司接到报价后即着手准备。F 公司主谈人在拿到报价资料后，将有关技术部分交专家组去分析并提出了相关要求，而商务部分由主谈人负责分析，并约定时间开会讨论。专家组对技术资料反映的技术先进性、适用性、完整性进行了分析，对不清楚的部分列出了清单，与国际市场的状况进行了对比，对 G 公司产品系列、企业经营状态做了分析，并形成书面意见。

F 公司主谈人则将配线设备、检测试验主设备列出清单，标上报价，列出对照价（分析价）、交易目标价、分几步实现的阶段价，形成一份设备价格方案表。他又照此法，将技术内容列出清单，分出各项价格并形成一份技术价格方案表；将技术指导和人员培训费分列出人员专业、人数、时间、单价、比较价、目标价等，并制成技术服务价格方案表；针对工程设计，列出分工内容、工作量估计、分列单项价、比较价、目标价等，并制出工程设计价格方案表。所有价格方案表均以对应形式列出：G 公司报价及可能的降价幅度；F 公司的还价及可能对应的还价水平，并附上理由。

开会时，主谈人与专家组交换各自的准备情况，同时分析两家公司的有利因素与不利因素（企业面临的政治、经济大气候，市场竞争，各自的需求，参加谈判人员的情况等）。经过讨论，主谈人与专家组意见略有分歧：主谈人认为这是第一次采购，G 公司第一次进入中国市场，应有利于压价，谈判目标可以高些；专家组认为 G 公司技术不错，我方又急需，少压价既能成交也可以接受。这个分歧可能直接影响谈判条件及谈判策略。于是，主谈人决定请示领导。

主谈人、专家组一起向项目委托谈判单位的领导汇报整体思路及分歧。在领导的指导下，大家进一步分析利弊后，达成共识，形成了统一的谈判预案，并确定了一套具有针对性的谈判方案和谈判策略。而且，在进行谈判之前，F 公司还对谈判议程、谈判时间、谈判地点、谈判场所等进行了精心的部署和安排。

由于准备工作充分，F 公司最终取得了满意的结果。

【知识储备】

2.3.1　制订商务谈判方案的程序

1．分析商务谈判环境

分析商务谈判环境包括分析宏观环境因素、谈判对手、市场行情、竞争者、己方与竞争者优劣势比较、己方与谈判对手谈判实力比较等。

2．制订商务谈判方案

根据对商务谈判环境的分析，围绕谈判双方寻求的利益，按照相关内容制订商务谈判方案。

3．模拟商务谈判

根据商务谈判方案，围绕谈判主题展开模拟演练，将谈判过程一一演绎，找出既定商务谈判方案的漏洞与缺陷，在讨论、分析后采取措施来调整、完善商务谈判方案。

4．商务谈判方案报批

将完善后的商务谈判方案报主管领导审批，听取主管领导的意见，并依照主管领导的意见进行调整。

5．商务谈判信息反馈

依据商务谈判方案形成谈判通则议程，并将其发送给谈判对手，听取谈判对手意见。

6．确定商务谈判方案

根据谈判对手的意见，对谈判方案再做修改，修改后的谈判方案经主管领导审批通过即可实施。

2.3.2　制订商务谈判方案的基本要求

1．商务谈判方案要简明扼要

商务谈判方案要用简单明了、高度概括的文字加以表述，尽量使谈判人员容易记住其主要内容与基本原则，在谈判中能灵活根据方案要求与谈判对手周旋。

2．商务谈判方案要具体

商务谈判方案要与谈判的具体内容相结合，以谈判的具体内容为基础，体现具体谈判特征，而不能过于空泛和抽象，因为只有内容具体才便于在谈判中操作运用。

3．商务谈判方案要灵活

商务谈判过程中各种情况都有可能发生变化，为了在复杂多变的形势中取得比较理想的结果，商务谈判方案必须具备一定的弹性，要考虑到一些意外事件的影响，并相应做粗略的安排，使谈判方案具有更强的适应性。

2.3.3 商务谈判方案的主要内容

1．商务谈判主题

商务谈判主题是指参加谈判的目的，是谈判活动的中心。不同类型的商务谈判的主题不同，一次谈判只为一个主题服务。商务谈判主题要简洁、明确、具体，最好能用一句话加以概括和描述。例如，“以合理的价格引进某项技术”“以最优惠的条件签订某产品购销协议”。当然，商务谈判主题也不是一成不变的，随着准备工作的开展、讨论分析的深化，商务谈判主题也将被不断提炼。

2．商务谈判目标

商务谈判目标是商务谈判主题的具体化，体现了谈判的基本目的，指明了谈判的期望水平。例如，最优价格是多少、获得什么样的效益、商品的质量如何、取得了什么样的服务等。一般来说，商务谈判目标具有一定的弹性，谈判者通常把追求的各种目标划分为以下三个层次。

（1）最优目标，是指对谈判者最有利或最高的一种期望目标。它在满足某方实际需求利益的同时，可能带来额外的利益。然而在实际的商务谈判活动中，某方的最优目标一般只是单方面的理想点，在很大程度上是可望而不可即的。因为谈判过程就是一个博弈过程，没有哪一个谈判者会心甘情愿地拱手把全部利益让给他人。最优目标的设定很多时候是一种策略上的选择。

（2）最低目标，是商务谈判的底线，是己方最基本的需求，毫无讨价还价的余地，是宁愿谈判破裂也不肯放弃的目标。

（3）可接受目标，介于最优目标与最低目标之间，是己方根据各种主观因素和客观因素，进行全面评估、通盘考虑、科学论证后确定的目标。可接受目标代表一个区间，即己方努力争取或做出让步的范围。

商务谈判目标的确定是一项非常关键的工作，在确定目标时，必须进行严谨的分析，做到合情合理，不能偏离实际情况。商务谈判目标的确定一般要考虑以下因素：谈判性质及领域、谈判对象及环境、谈判项目所涉及的业务指标的要求、各种条件变化的可能性及对谈判的影响、与谈判密切相关的事项和问题等。

谈判的目的与目标的区别

3．商务谈判期限

商务谈判期限是指从谈判开始到结束的时间。商务谈判期限的规定要具体明确，同时要具备一定的伸缩性，能够适应谈判过程中情况的变化。但是，谈判双方由于各自的实际情况和需求不一致，因此所制订的商务谈判期限也会出现不一致。在通常情况下，商务谈判期限较短的一方将在谈判中处于劣势。

问题与思考：为什么要重视谈判地点的选择？

4．商务谈判地点和场所

商务谈判是在特定的空间环境中进行的。商务谈判地点的选择应慎重，因为商务谈判地点会对谈判产生不同的作用，影响谈判过程中战略、策略及技巧的运用。同时，商务谈判的地点对谈判人员的精神、心情也有一定的影响。商务谈判地点的选择有三种情况：己方国家或公司所在地、对方国家或公司所在地、谈判双方之外的第三方所在地。不同的谈判地点均有各自的优势和劣势，谈判者应该注意趋利避害、克服困难，促使谈判获得成功。

商务谈判场所的选择也有一定的技巧。一般正式的商务谈判往往选择在会议室举行，气氛严肃、认真，适合对大量具体的细节问题和有争议的问题进行讨论。此外，休闲娱乐场所往往会成为谈判的场所，如酒店、茶馆、高尔夫球场、咖啡屋等。在这样的场所中，双方比较轻松、愉快，可以讨论议题，也可以诉说友情，或者讨论其他问题，而这样的交流可以增进双方的了解，建立友谊，从而促使谈判成功。在商务谈判中，谈判场所的选择往往“别有用意”。

小链接

两家日本公司初次合作，为了表明合作的诚意将谈判地点选在有一座狗的雕塑的车站附近。关于这座狗的雕塑有一个美丽的传说：东京大学教授上野秀次郎收养了一只纯种秋田犬，取名“八公”。“八公”备受上野教授的宠爱，与教授形影不离。每天早晨“八公”都会送教授去涉谷车站，待下午五点半去接教授回家，风雨无阻。但是有一天，上野教授在大学演讲时脑出血不幸离世。教授去世后，被桥本收养的“八公”却数次逃走，流浪于野外，流浪于过去的家和车站。每天下午五点半，“八公”都来车站等候、凝视……从夏季到秋季。九年中，“八公”风雨无阻，直到在大雪中死去。后来人们把它称为“忠犬八公”，把它当成了“忠诚和信用”的象征，并在这个传说发生的地方为它塑了像。因此，许多人为了表示自己的忠诚和信用，就把这儿当成了约会的地点。当两家公司的谈判人员来到这里时，彼此都心领神会。大家开诚布公，顺利签约。

5．商务谈判人员

商务谈判人员的素质、能力及谈判团队的构成直接影响谈判的成败得失，所以应根据对方谈判人员的情况，相应确定己方的谈判人员。

问题与思考：谈判前为什么要选择和制定谈判策略？

6．商务谈判策略

商务谈判策略是谈判者为了实现谈判目标而采取的途径和方法。在制定商务谈判策略时，应确定双方在谈判中的目标是什么；在交易的各项条款中，哪些条款是对方重视的、哪些是他们最想得到的、哪些是对方可能做出让步的、让步的幅度有多大等；确定在己方争取重要条款的时候，将会遇到对方哪些方面的阻碍、对方会提出什么样的交换条件、谈判气氛会怎样变化等；明确己方应营造怎样的谈判氛围、怎样创造有利于己方的谈判条件、可以在哪些条款上让步及怎么让步、对于对方不肯让步的条款己方应该采取什么对策等。

可供选择的商务谈判策略很多，如开局策略、报价策略、磋商策略、成交策略、让步策略、打破僵局策略、进攻策略、防守策略、语言策略等，要根据谈判过程中可能出现的情况，事先做好准备，做到心中有数，有的放矢。

小链接

一家中国企业为拓展北美市场，特意在美国设立了分公司，任命李经理为首席执行官，全权负责此区域的销售与生产。一天，李经理拜访一家当地有名的百货店，希望对方能够销售自己企业的最新产品。李经理与百货店的采购经理事先电话约定于中午11点见面。当天，李经理按时到达采购经理的办公室。秘书却说，采购经理临时有事外出了。已到午餐时间，李经理本想先出去吃饭，再回来等候，但那位秘书传话，采购经理随时都有可能回来。因这次谈判非常重要，李经理自然不敢怠慢，无奈，只好耐心等待了。

下午2点，那位采购经理才回公司。此时，李经理早已饿得斗志尽失，精神状态处于劣势。当正式开始谈判时，对方拼命压价，李经理无心应战，只想早点结束谈判。最终结果是这家中国企业在此次谈判中付出了很大的代价。

7．商务谈判议程

问题与思考：谈判前为什么要拟定商务谈判议程？

商务谈判议程是指有关商务谈判事项的议事程序。

1）谈判议题

凡是与商务谈判有关的需要双方展开讨论的问题均是谈判议题。确定谈判议题须明确己方要提出的问题、要与对方讨论哪些问题。要把所涉及的全部问题进行比较和分析，分清主次、重点与非重点。同时，还要预测对方会提出什么问题，并考虑相应的对策。

确定谈判议题顺序按先易后难、先难后易、混合型等几种安排方式，不同的安排方式有不同的效果，要根据谈判性质来确定。

（1）先易后难，即先讨论容易解决的问题，以创造良好的洽谈气氛，为讨论困难问题打好基础。

（2）先难后易，即先集中精力和时间讨论重要的问题，待重要的问题解决之后，再以主带次，推动其他问题的解决。

（3）混合型，即不分主次、先后，把所有要解决的问题都提出来进行讨论，在经过一段时间后进行归纳，先将统一的意见予以明确，再对尚未解决的问题进行讨论，以求达成一致意见。

2）时间安排

时间安排即确定谈判在何时举行、为时多久。倘若是分阶段的谈判，还需确定分为几个阶段、每个阶段所花的时间大约是多少等。时间安排是商务谈判议程中的重要环节，如果时间安排仓促，致使准备不充分，匆忙上阵，心浮气躁，就很难沉着冷静地在谈判中实施各种策略；如果时间安排滞后，就会浪费时间和精力，而随着时间的推移，各种环境因素也会发生变化，甚至会错过一些重要的机遇。

小链接

美国一家公司的商务代表杰特到法国进行一场贸易谈判，受到法国人的热烈欢迎。法国人开着小车到机场迎接，又把他安排在一家豪华宾馆。杰特有一种宾至如归的感觉，觉得法国人的服务很棒。在安排好了以后，法国人似乎无意地问："您是不是要准时搭飞机回国去呢？到时我们仍然安排这辆轿车送您去机场。"杰特表示时间紧急，必须按时赶回去，并告诉了对方自己回程的日期，以便让对方尽早安排。法国人当即巧妙地掌握了杰特谈判的最后期限。接下来，法方先安排杰特游览法国的风景区，丝毫不提谈判的事。直到第7天，法方才安排谈判，但也只是泛泛地谈一些无关紧要的问题。第8天重开谈判，其结果是草草收场，无任何建树。第9天仍没有实质性进展。第10天，双方正谈判到关键问题，来接杰特去机场的小车来了。法方建议剩下的问题在车上谈。杰特进退维谷，如果不尽快做出决定，就会白跑一趟。为了不至于一无所获，杰特只好答应法方的一切条件。

3）通则议程和细则议程

在实际商务谈判活动中，制定商务谈判议程往往要形成两个文件：通则议程和细则议程。

通则议程是谈判双方共同遵守使用的日程安排，一般要经过双方协商同意后方能正式生效。在通则议程中，通常应确定以下内容：谈判总体时间及分段时间安排、双方谈判讨论的中心议题及问题讨论的顺序、谈判中各种人员的安排、谈判地点及招待事宜等。

细则议程是己方商务谈判策略的具体安排，只供己方人员使用，具有保密性。其内容一般包括以下几个方面：谈判中统一口径，如发言的观点、文件资料的说明；对谈判过程中可能出现的各种情况的对策安排；己方发言的策略，包括何时提出问题、提什么问题、向何人提问、谁来提出问题、谁来补充、谁来回答对方问题、谁来反驳对方提问、在什么情况下要求暂时停止谈判等；谈判人员更换的预先安排；己方谈判时间的策略安排、谈判时间期限等。

同步案例：雅贵商厦的优势

8. 商务谈判风险

商务谈判风险可能来自政治冲突，原料涨价，运输损失，产品交货、验收、支付的争议及赔偿等方面。因此，要估计谈判涉及经济活动的各相关方面可能对己方存在的威胁与风险，并提出对策。

9. 商务谈判费用

具体来讲，就是预估商务谈判活动可能发生的相关费用，可通过修改谈判方案部分内容（如娱乐、宴请、礼物等项目）平衡预算，从而将商务谈判费用控制在合理范围。

10. 联络汇报

联络汇报应包括商务谈判过程中谈判负责人汇报请示的具体领导、联系方式、时间，以及向企业索取资料的联系人、联系方式等。

11．应急预案

具体来讲，就是对商务谈判中可能发生的意外情况做出估计，制订出应急方案。

小链接

著名的《戴维营和平协议》就是一个由于耐心持久而促成的成功谈判的经典案例。这个谈判的成功，应归功于卡特总统的耐心和意志。卡特总统最大的特点就是持久和耐心。有人曾评论说，如果你同卡特总统一起待上 10 分钟，你就像服了镇静剂一样。

为了促成埃及和以色列的和平谈判，卡特总统精心地将谈判地点选择在戴维营，那是一个没有时髦男女出没，甚至普通人也不去的地方。尽管那里环境幽静、风景优美、生活设施配套完善，但卡特总统仅为 14 人安排了两辆自行车的娱乐设备。晚上休息，住宿的人可以任选三部乏味的电影中的任何一部观看。住到第 6 天，每个人都把这些电影看过两次了，他们厌烦得近乎发疯。但是每天早上 8 点钟，萨达特和贝京都会准时听到卡特总统的敲门声和那句熟悉的单调话语："你好，我是卡特，再把那个乏味的题目讨论上一天吧。"

正是由于卡特总统的耐心、坚韧、不动摇，到第 13 天，萨达特和贝京都忍耐不住了，再也不想为谈判中的一些问题争论不休了，因此有了著名的《戴维营和平协议》。

2.3.4　模拟商务谈判

问题与思考：为什么要进行模拟谈判活动？

模拟商务谈判即将谈判团队成员一分为二，一部分人扮演谈判对手一方的谈判人员，并以谈判对手的立场、观点和作风来与另一方谈判人员交锋，预演谈判的过程。模拟商务谈判除了发现问题、弥补漏洞，以便完善谈判方案，还有利于锻炼谈判人员，保证正式谈判的顺利进行。在通常情况下，模拟商务谈判主要采取以下几种方式。

1．全景模拟

全景模拟又称戏剧模拟，按照假设的谈判过程，在己方人员里选出某些人扮演谈判对手的角色，并从谈判对手的立场、观点、风格出发与己方的谈判人员演习双方交锋时对方可能提出的问题、制造的麻烦及己方的答复、策略、技巧等。处在对方位置上进行分析思考，有助于己方制定更加完善的策略，也有利于谈判人员选择自己适宜充当的谈判角色。这样一旦发现角色扮演不理想，就要及时更换，以避免因角色不合适而加大谈判的风险。

2．讨论模拟

讨论模拟又称沙龙式模拟，首先召开谈判人员和其他相关人员参加的讨论会，根据阅历和经验，对即将开展的谈判中谋求的利益、双方的目标、可能采取的策略等发表自己的意见，组织者如实记录，上报决策者；然后集中一些谈判中可能发生的情况和对方提出的问题，做进一步的讨论，由谈判人员予以解答。这种方式的关键在于集体思考，发挥创造性思维，产生有效的谈判策略和技巧，重新完善谈判方案，提高谈判的成功率。

3．列表模拟

对一些小型、常规性的商务谈判，承担主要任务的主谈人可以采用列表模拟法。表格当中己方和对方的谈判目标、策略、人员、问题一一对应，并列出己方应对的措施。

模拟谈判时应注意的问题

4．模拟商务谈判的总结

模拟商务谈判的目的在于使谈判人员熟悉谈判过程，提高谈判能力；发现问题，提出对策，完善谈判方案；适时总结经验教训等。模拟商务谈判的总结主要包括下面几点。

（1）对方的立场、观点、目标、风格等。

（2）对方的反对意见及解决办法。

（3）己方的有利条件及运用状况。

（4）己方的不足及改进措施（包括人员调整）。

（5）谈判所需情报资料的完善程度。

（6）双方各自的妥协条件及可共同接受的条件。

（7）谈判破裂的界限等。

同步案例：中欧、沃顿商院 EMBA 对抗模拟谈判

【任务演练】

模拟制订商务谈判方案

目标：通过构建虚拟企业，组建商务谈判团队，在商务谈判环境调研的基础上，制订商务谈判方案，掌握商务谈判方案的内容。

步骤：任务布置→任务实施→任务完成→任务考核。

内容与要求：

（1）将学习小组结对，分别扮演买方企业与卖方企业。

（2）每两个模拟企业互为谈判对手。

（3）分配买方任务和卖方任务。

（4）按照分配的任务完成商务谈判方案的制订。

（5）整理资料，组织课堂交流和讨论。

成果形式：填写任务表（见表 2-3、表 2-4），以小组为单位提交商务谈判方案。

表 2-3　模拟商务谈判准备任务表

项　　目	内　　容
联系谈判对手	
交通方式	
集中时间、地点	
谈判资料	
资金管理	
组员形象仪表	
出行纪律	

表 2-4　模拟商务谈判方案任务表

<table>
<tr><td colspan="4">买方（销售商）/卖方（供应商）</td></tr>
<tr><td>商务谈判时间</td><td colspan="3"></td></tr>
<tr><td rowspan="3">商务谈判目标</td><td>最优目标</td><td colspan="2"></td></tr>
<tr><td>可接受目标</td><td colspan="2"></td></tr>
<tr><td>最低目标</td><td colspan="2"></td></tr>
<tr><td rowspan="2">商务谈判人员</td><td>己方</td><td>姓名：</td><td>职责：</td></tr>
<tr><td>对方</td><td>姓名：</td><td>职责：</td></tr>
<tr><td>商务谈判策略</td><td colspan="3"></td></tr>
<tr><td rowspan="2">商务谈判议程</td><td>通则议程</td><td colspan="2"></td></tr>
<tr><td>细则议程</td><td colspan="2"></td></tr>
<tr><td>商务谈判风险</td><td colspan="3"></td></tr>
<tr><td rowspan="7">商务谈判费用</td><td>费用项目</td><td>金额</td><td>合计</td></tr>
<tr><td></td><td></td><td></td></tr>
<tr><td></td><td></td><td></td></tr>
<tr><td></td><td></td><td></td></tr>
<tr><td></td><td></td><td></td></tr>
<tr><td></td><td></td><td></td></tr>
<tr><td></td><td></td><td></td></tr>
<tr><td rowspan="5">联络汇报</td><td>联络人</td><td>联络方式</td><td>联络时间</td></tr>
<tr><td></td><td></td><td></td></tr>
<tr><td></td><td></td><td></td></tr>
<tr><td></td><td></td><td></td></tr>
<tr><td></td><td></td><td></td></tr>
</table>

【综合案例】

案例 1

关于引进 K 公司矿用汽车的谈判方案

5 年前我公司曾经引进 K 公司的矿用汽车，经试用其性能良好。为适应我矿山技术改造的需要，打算通过谈判再次引进 K 公司矿用汽车及有关部件的生产技术。K 公司代表于 4 月 3 日应邀来京洽谈。

具体内容如下。

1. 谈判主题

以适当价格谈成 29 台矿用汽车及有关部件生产技术的引进。

2. 目标设定

1）技术要求

（1）矿用汽车车架运行 15 000 小时不准开裂。

（2）在气温为 40℃条件下，矿用汽车发动机停止运转 8 小时以上，在接入 220V 电源后，发动机能在 30 分钟内启动。

（3）矿用汽车的出动率在 85%以上。

2）试用期考核指标

（1）一台矿用汽车试用 10 个月（包括一个严冬）。

（2）出动率在 85%以上。

（3）车辆运行 3750 小时，行程 31 250 千米。

（4）车辆装载达 31 2550m^3。

3）技术转让内容和技术转让深度

（1）利用购买 29 台车为筹码，K 公司无偿（不作价）地转让车架、厢斗、举升缸、转向缸、总装调试等技术。

（2）技术文件包括图纸、工艺卡片、技术标准、零件目录手册、专用工具、专用工装、维修手册等。

4）价格

（1）××年购买 K 公司矿用汽车，每台为 23 万美元；5 年后的今天如果仍能以每台 23 万美元成交，那么定为价格下限。

（2）5 年时间按国际市场价格浮动 10%计算，今年成交的可能价格为 25 万美元，此价格为上限。小组成员在心理上要做好充分准备，争取以价格下限成交，不急于求成；与此同时，即使在非常困难的情况下，也要坚持不能超过价格上限达成协议。

3. 谈判程序

第一阶段：就车架、厢斗、举升缸、转向缸、总装调试等技术附件展开洽谈。

第二阶段：商订合同条文。

第三阶段：价格洽谈。

4. 日程安排（进度）

4 月 5 日上午 9:00—12:00、下午 15:00—18:00 为第一阶段。

4 月 6 日上午 9:00—12:00 为第二阶段。

4 月 6 日晚上 19:00—21:00 为第三阶段。

5. 谈判地点

第一、二阶段的谈判安排在公司 18 楼洽谈室。

第三阶段的谈判安排在××饭店二楼咖啡厅。

6. 谈判小组分工

主谈人：

辅谈人：

翻译人员：

其他成员：

问题：此方案是否完善？如不完整，还有什么不足？

案例 2

A 出口公司的谈判方案制订

A 出口公司向国外客户推销产品的发盘（报价）得到回音，一场涉外贸易谈判即将开始。

A出口公司在派出谈判团队之前，制订了一个谈判方案。这个方案的内容及制订依据如下。

1. 谈判目标

贸易谈判的目标，一般是通过预期利润和价格标准来体现的，当然还必须考虑交易过程中的其他各种条件和风险因素。

A出口公司事先制订的谈判方案所反映的价格标准，是在科学地分析了己方的价格构成基础上完成的。A出口公司原先报价的预期利润幅度为销售额的35%。这个幅度的大致内容包括：商业性开支为15%，利润为12.5%，风险为5%，谈判机动幅度为2.5%。由此可见，A出口公司谈判利润的目标设定为销售额的32.5%。因此，A出口公司谈判方案中对谈判目标的表述如下：在报价的有效期内，如无意外风险因素，拟以32.5%的预期利润率成交。

2. 各项主要交易条件的最低接受程度

A出口公司谈判方案的有关内容如下。

（1）价格标准。只要在报价的有效期内成交，利润最大减让就为5%。

（2）支付方式。签约后支付总货款的10%作为预付款，交货后支付90%。若对方提出在保证期后付清余款的要求，建议出具银行担保书代替；如果不增加己方商业费用，那么对方的任何支付方式均可接受。

（3）交货。签约后两个月内交货，迟交一周，罚金为总货款的1%。同时，在不增加额外罚金的情况下，己方可以同意对方提前交货的要求。

（4）保证期。尽可能把保证期减至一年。如果能保证在保证期内没有太大风险，那么己方可以答应对方延长保证期的要求。

A出口公司的各项主要交易条件最低接受程度的内容，是基于己方利益对各项可能影响谈判利润的因素综合分析后做出的，是用来实现谈判目标进行讨价还价的一个范围，其作用在于保证己方的风险系数降到最低。

3. 谈判期限

谈判期限应该在事先有所安排。谈判的效率问题应当成为评价现代谈判成败的一个标准，而谈判的期限直接体现谈判的效率。因此，谈判方案应将谈判期限包括其中。A出口公司在该谈判方案中，对谈判期限做了如下安排。

报价的有效期是一个月，延长有效期的费用，第一个月约增加0.5%，以后每个月约增加1%。如果超过了三个月，就应重新报价。该谈判的最长宽限期是两个月。

4. 谈判团队的组成分工

谈判是谈判主体间一系列的行为过程，谈判行为人的素质和能力直接决定着谈判的成败得失。因此，在谈判方案中，对谈判团队的组成和谈判人员的分工做出恰当安排是十分必要的。A出口公司的该项内容安排如下。

1）谈判团队的组成

谈判负责人：L先生，出口销售部门经理。

主谈人：S先生，系统工程师。

法律顾问：R先生。

2）谈判人员的分工

L先生负责联系出口信贷担保机构，并负责从出口信贷担保机构经理手中取得必要的文件（银行担保书）。

S 先生除了负责所有工程和生产方面的谈判，还负责向生产经理索取各种有关的数据与资料。

R 先生负责谈判中的一切法律事宜。

5. 通信方式及汇报制度

在谈判中，谈判人员随时都可能遇到某些意外情况，需要与决策人不断联络。以谈判主体、决策人的需求而论，只有随时了解谈判过程中的形势、熟悉谈判的进展，才能做出正确的决策。因此，谈判方案中应预先拟订好这种沟通渠道及请示、汇报的程序。对此，A 出口公司的谈判方案规定如下。

L 先生负责向国内总经理汇报谈判工作，而总经理负责征询公司其他部门专家的意见。如果总经理不在，就由 B 先生代为处理。在出国两周之内，如果在谈判方案的范围内成交，就不必汇报；如果在出国两周以后，就需要汇报谈判进度。

问题：请你介绍 A 出口公司谈判方案的内容、制订依据和过程。此方案是否科学合理？如果不合理，那么有什么不足？

【拓展阅读】

商务谈判目标的估量

商务谈判目标的估量，是指谈判人员对所确立的谈判目标在客观上对企业经济利益和其他利益（如新市场区域的开拓、知名度）的影响及所谈交易在企业经营活动中的地位所做的分析、估价和衡量。表 2-5 所示为对某次商务谈判中谈判目标的估量。

表 2-5 对某次商务谈判中谈判目标的估量

谈判目标影响企业利益的因素	项目估量分	估　分	评　议
该谈判项目是否与本企业经营目标一致	10	10	一致
该谈判项目的交易是不是本企业业务活动的主流	10	8	属于企业目前的主要业务活动
该谈判项目的交易对本企业现有市场占有率的影响	10	7	这笔交易的达成可在一定程度上扩大本企业现有市场占有率
该谈判项目的交易机会是不是目前最有利的	10	5	经调查，近期做这笔交易的有利机会还有一个
该谈判项目谈判目标的达成对降低企业经营成本的影响	10	8	有利于降低企业经营成本
预计价格目标达成的利润率是否符合经营目标利润率	10	10	预计达成的利润率符合经营目标利润率
达成谈判的交易是否会提高企业知名度	10	6	能在一定范围内提高企业知名度
总计	70	54	
总估分占项目估量总分的比例	54÷70×100%≈77.14%		

如果比例大于 50%，那么这个谈判目标的确立有利于增加本企业利益；反之，必须修正，重新确定谈判目标或放弃谈判目标。

巩固提高
（综合练习 2）

参考答案

项目 3 实战商务谈判

学习任务 3.1 营造商务谈判气氛

【学习目标】

1．了解商务谈判开局的主要任务。

2．掌握商务谈判开局气氛营造的方法和技巧。

3．掌握商务谈判探测与摸底的方法和技巧。

4．掌握商务谈判过程的礼仪。

5．能营造恰当的商务谈判开局气氛并摸清对方的情况。

【任务描述】

商务谈判开局是谈判双方正式初步接触，就谈判的非实质性问题进行交谈的过程。在这个阶段中，谈判双方按照既定的谈判方案，逐步向对方展示己方的立场、观点和要求，并根据对方的信息探测对方的实力和特点，为下一阶段的磋商做好准备。商务谈判开局是实质性商务谈判的起点，在很大程度上影响整个谈判的走向和发展趋势。

商务谈判开局的主要任务是营造谈判气氛、进行开场陈述和谈判摸底。

本任务要求学生在构建虚拟企业与谈判团队的基础上，掌握商务谈判开局的技巧，选择开局方式，构建良好的开局，并掌握商务谈判过程的礼仪。

【引导案例】

良好的会谈氛围

2019 年 12 月 25 日上午，国务院总理李克强在都江堰豪生酒店同日本首相安倍晋三举行会谈。

李克强表示，第八次中日韩领导人会议取得圆满成功，共同展望和规划三国合作未来发展，对外发出了维护多边主义和自由贸易、维护地区和平与稳定的积极信息。中国愿同包括日方在内的各方加强沟通协调，推动明年如期签署《区域全面经济伙伴关系协定（RCEP）》，加快推进中日韩自贸区协定谈判，这既有利于促进区域经济一体化进程，也有利于推进世界贸易组织改革。

安倍晋三表示，祝贺中方主持的第八次中日韩领导人会议取得成功。三国合作过去的20年成果丰硕，有力增进了三国人民的福祉。去年李克强总理访日，日中关系重回正常发展轨道。日中两国对地区和世界的和平稳定与发展繁荣负有重要责任。双方要密切高层交往，加强沟通对话，共同开创日中关系新时代。两国经贸合作空间广阔，日方愿同中方加强在应对老龄化、金融、旅游、环保、减灾、医疗等领域合作。日中在科技创新、第三方市场等领域合作取得积极进展，愿继续合力推进。日方赞赏中方进一步扩大服务业市场开放，愿积极参与开放进程。日方愿与相关国家共同努力，推动尽快签署高水平的RCEP，推进中日韩自贸区谈判进程。

会谈后，李克强与安倍晋三共同参观了都江堰水利工程。

（https://www.sohu.com/a/362827295_160386）

【知识储备】

3.1.1 商务谈判开局气氛营造

谈判气氛是通过谈判人员的姿态、目光、动作、语言而建立起来的洽谈氛围。谈判气氛的营造服务于谈判的目标和策略，服务于谈判各阶段的任务。谈判气氛会随着形势的变化而变化。

1. 谈判气氛的类型

一般来说，每一次商务谈判都有独特的谈判气氛，大体有以下几种类型。

1）平静、严肃、严谨的谈判气氛

这种谈判气氛表现为，谈判双方见面时并不热情，握手一触即弃，入座并不相让，喝茶并不互请；讲话时，语言主动，句子简练，音质清晰，语速适中；谈判双方目光对视，面带微笑只一闪而过；谈判双方自信而检点，平静如水而不声张；谈判双方进入谈判场所速度适中，默默缓缓而行；谈判双方已不是谈判生手，也不是初次见面，而是处于一定的形势和受到一定条件的制约，因此在谈判中相互提防；谈判双方不会刻意去营造良好的谈判气氛，保持相当的冷静，因此无论是传递有声语言还是无声语言，所表达的信息都是相对准确的。在大多数情况下，商务谈判都是在这种气氛中开始的。

2）热烈、积极、友好的谈判气氛

在热烈、积极、友好的谈判气氛下，谈判双方态度诚恳、真挚，彼此适应对方需要。具体来讲，见面时话题活跃，目光和善；见面互相让座，欣然落座，互相问候；口气轻松，情感愉快，常有幽默感；谈判双方显得精力充沛，兴致勃勃；谈判人员服装整洁，举止大方，双方为谈判的成功充满热情，充满信心，把谈判成功看成友谊的象征。这样一种谈判气氛无疑对谈判的开展起到一种积极促进作用。这种谈判气氛常见于谈判双方已经很了解，或者曾经有过愉快的合作。多数谈判人员都希望在这种气氛下进行谈判。

3）松弛、缓慢、拖沓的谈判气氛

在这种类型的谈判气氛下，谈判双方已感厌倦，谈判人员姗姗来迟、衣冠不整、精神不振。谈判双方相见时握手例行公事、不紧不松；面部表情麻木、眼视他方；或入座时左顾右盼，显出一种可谈可不谈的无所谓的态度。谈判双方对谈判目标不表示信心，对对方的谈话不认真倾听，以轻视的口吻发问，甚至不断转换话题，处于一种打持久战的气氛之中。彼此都认为双方的共同点太少，对谈判不抱有希望。这种类型谈判气氛常见于持续性、阶段性的谈判。

4）冷峻、对立、紧张的谈判气氛

在这种谈判气氛下，谈判双方见面不关心、不热情；目光不相遇，相见不抬头，相近不握手；企图以衣着、言语等方面压倒对方；交谈时语带双关，甚至带讥讽口吻。谈判双方带有明显的戒备、不信任的心理状态，处于对立情绪之中，整个开局呈剑拔弩张的局面。这种谈判气氛给整个开局蒙上了一层阴影。这种类型谈判气氛常见于贸易纠纷谈判。

问题与思考：谈判气氛的营造应服从什么？

2. 营造商务谈判开局气氛考虑的因素

1）谈判双方的关系

（1）谈判双方有过业务往来且关系很好，谈判人员的态度应该比较热情、放松、亲切，谈判气氛应该是热烈、积极、友好、愉快的。

（2）谈判双方有过业务往来但关系一般，谈判人员的态度应该随和自然，谈判气氛应该是比较友好、坦诚、和谐的。

（3）谈判双方有过业务往来但己方对对方印象不好，谈判人员的态度应该礼貌而冷峻，谈判气氛应该是严肃、凝重、低调的。

（4）谈判双方没有业务往来，谈判人员的态度应该不卑不亢，沉稳不失热情，自信但不傲气，谈判气氛应该是真诚、友好、热情的。

2）谈判双方的实力

（1）谈判双方实力相当，己方人员在语言和姿态上要做到轻松又不失严谨、热情又不失沉稳、礼貌又不失自信，力求创造一种轻松、友好、和谐的氛围，不要激起对方的对立情绪或强化对方的戒备心理。

（2）己方实力强于对方，己方人员在语言和姿态上既要表现得礼貌友好，又要显示出己方的气势，创造一种矜持、友好的气氛。这样既起到威慑作用，又不会将对方吓跑。

（3）己方实力弱于对方，己方人员在语言和姿态上既要表现出友好、合作的态度，又要充满自信、举止沉稳大方，以使对方不轻视己方，创造一种平等、友好的气氛。在这种情况下，己方不要被对方的气势压制住，从而影响己方后面的谈判。

3）谈判主题

对于双方感兴趣、乐于协商的谈判主题，谈判气氛应是友好、和谐、愉快的；对于一方兴趣不大，或无所谓的谈判主题，谈判气氛应是友好、自然、轻松的；对于一方刻意回避、较为抵触的谈判主题，谈判气氛应是严肃、冷峻、对立的。

4）双方谈判人员个人之间的关系

如果双方谈判人员有过交往接触，并且在工作和生活中结下了一定的友谊，那么开局气氛会是轻松、愉快、和谐的。反之，如果双方谈判人员有过不愉快的经历，那么开局气氛会较为冷淡，甚至对立。

总之，商务谈判的开局气氛受一些条件因素的影响，是多种多样的。商务谈判的开局气氛要根据谈判双方的关系、谈判的实力及谈判主题等情况灵活营造，其形成是谈判双方共同作用的结果。

同步案例：苏果超市与乳品供应商谈判开局气氛营造

3. 营造商务谈判开局气氛的技巧

1）自然气氛的营造

在自然气氛下，平淡、融洽成为谈判主导因素，谈判双方情绪平稳，谈判气氛既不热烈也不消沉。在实际谈判中，很多谈判是在这种气氛下开始的，一般不需要刻意营造。但如果需要营造自然气氛，那么谈判者要注意自己的行为、礼仪，多听、多记、多观察，不要过早与谈判对手发生问题争议，还要提前准备，询问自然、回答自然，对于需要回避的问题要采取适当的方式。

小链接

东南亚某个国家的华人企业想要成为日本一家电子公司在当地的代理商，但双方经过几次磋商均未达成协议。在最后一次谈判中，华人企业的代表发现日方代表喝茶及取放茶杯的姿势十分特别，于是说道："从您喝茶的姿势来看，您十分精通茶道，能否为我们介绍一下？"这句话正好点中了日方代表的兴趣所在，于是日方代表滔滔不绝地讲了起来。结果，后面的谈判进行得十分顺利，那家华人企业顺利地拿到了期盼已久的代理权。

2）高调气氛的营造

在高调气氛下，愉快、向上的因素成为谈判主导因素，谈判双方情绪积极、态度主动且热情，谈判情势比较热烈。当己方占有较大优势，谈判情势对己方比较有利时，或者己方希望尽早达成协议与对方签订合同时，己方应努力营造高调的开局气氛。

（1）引情法：以积极主动的态度、热情诚挚的语言、轻松愉悦的心情去引发对方积极的情感，使得谈判开局气氛亲切、愉快。具体方法可以是宣布喜庆事件、攀亲认友、寻找彼此的共同点或相似点、回顾美好的往事等。

小链接

江苏仪征化纤工业公司总经理任传俊主持了一次和德国吉玛公司的索赔谈判，对手是理扬·奈德总经理。由于引进的圆盘反应器有问题，中方提出了 1100 万马克（原德国货币单位）的索赔要求，而德方只认可 300 万马克。这是一次马拉松式的谈判。在某一次谈判开始前，任传俊提议陪理扬·奈德到扬州游览。

在花木扶疏、景色宜人的大明寺，任传俊对德方代表团介绍道：“这里纪念的是一位为了信仰，六渡扶桑，双目失明，终于达到理想境界的高僧鉴真。今天，中日两国人民都没有忘记他。你们不是常常奇怪日本人对华投资为什么比较容易吗？其中很重要的原因是日本人了解中国人的心理，知道中国人重感情、重友谊。”接着，他对理扬·奈德笑道：“你我是多年打交道的朋友，除彼此经济上的利益外，就没有一点个人之间的感情吗？”

旅行车从扬州开回仪征，直接开到谈判室外，谈判继续进行。任传俊开门见山地说：“问题既然出在贵公司，那么为索赔花费太多的时间就是不必要的，反正要赔偿……”

理扬·奈德耸耸肩膀：“我公司在贵国中标才花了 1 亿多美元，我无法赔偿过多，我总不能赔着本干……”

任传俊紧跟一句：“据我得到的消息，正是因为贵公司在世界上最大的化纤基地中标，才得以连续在世界其他国家 15 次中标，这笔账怎么算呢？”理扬·奈德语塞。

任传俊诚恳地说：“我们是老朋友了，打开天窗说亮话，你究竟能赔多少？我们是重友谊的，总不能让你被董事长敲掉了饭碗。而你也要为我想想，我总得对这里的 1 万多名建设者有一个交代。”

谈判结束了，德方赔偿 800 万马克。理扬·奈德事后说：“我付了钱，可我心里痛快，因为对方比我精明，比我更具备战略眼光。”

（2）称赞法：通过称赞对方来削弱对方的心理防线，从而诱发对方的谈判热情、调动对方的情绪，营造高调气氛。运用称赞法要注意选择恰当的目标和主题、恰当的时机和方式，不要过于夸张。

小链接

中国某进出口公司的业务经理王先生与英国某公司负责人就某建筑机械设备问题进行谈判。王先生一进办公室就微笑着说：“在这个城市有你这个姓氏的真不多。下飞机后我查阅资料发现，在这个城市乃至整个英国这个姓氏都不多，而且这个姓氏的人彼此之间存在着较近的血缘关系，我想这个姓氏在历史上一定是贵族姓氏。”那位负责人眼睛一亮，饶有兴趣地开始介绍自己姓氏的历史起源和特殊含义。一场愉快的外贸谈判开始了。

（3）幽默法：利用幽默的方式消除对方的戒备心理，使对方积极参与谈判，从而营造高调的谈判气氛。运用幽默法要注意幽默的内容要高雅，态度要友善，要分清对象，分清场合。

小链接

刘经理与王厂长约好中午12点在生态园吃饭和谈判。可是过了约定时间1小时，王厂长才赶到，他抱歉地说："对不起，我来晚了，让你饿了这么久。"刘经理则答道："没关系，我已经饱餐了美食的香气和绿色的空气。"

刘经理用夸张的幽默手法表达了自己的不满，比起"你来得这么晚，让我先吃完午餐"要巧妙得多，同时也使王厂长在刘经理的幽默中更感愧疚。

（4）感化法：利用一些谈判过程中的非正式接触的机会，如欢迎宴会、礼节性拜访，影响对方的态度和情感，有助于在谈判时营造高调气氛。

小链接

美国的柯达公司创始人伊斯曼捐巨款在罗彻斯特建造一座音乐堂、一座纪念馆和一座戏院。为承接这批建筑物内的座椅，许多制造商展开了激烈的竞争。但是，找伊斯曼谈生意的商人没有一个不是乘兴而来、败兴而归的，他们都一无所获。在这样的情况下，优美座位公司的经理亚当森没有放弃，仍然前来会见伊斯曼，希望能够得到这笔价值9万美元的生意。在引见亚当森前，伊斯曼的秘书对亚当森说："我知道这笔订单对您的重要性，您急于想得到它，所以给您一个小小的忠告——伊斯曼先生是一个非常严厉的大忙人，如果您占用了他5分钟以上的时间，您就完了。您进去后一定要抓紧时间，快快地讲。"

亚当森微笑着点头称是。亚当森被引进伊斯曼的办公室后，看见伊斯曼正埋头于桌上的一堆文件。亚当森并没有急于谈话，而是静静地站在那里仔细地打量起这间办公室来。过了一会儿，伊斯曼抬起头来，发现了亚当森，便问道："先生有何见教？"秘书在对亚当森做了简单的介绍后，便退了出去。这时，亚当森也没有谈生意，而是说："伊斯曼先生，在我们等您的时候，我仔细地观察了您这间办公室。这间办公室装修得太漂亮了，我本人长期从事室内木工装修，但也从来没见过装修得这么精致的办公室。"伊斯曼回答说："哎呀！您不说我差不多都忘了这件事。这间办公室是我亲自设计的，当初刚建好的时候，我喜欢极了。可惜后来一忙，我就没有机会仔细欣赏一下这个房间了。"亚当森走到墙边，用手在木板上擦了一下，说："我想这是英国的橡木，是吗？意大利的橡木质地不是这样的。""太对了！"伊斯曼高兴得站起身来回答说："那是从英国进口的橡木，是我的一位专门研究室内橡木的朋友专程去英国为我订的货。"

伊斯曼心情好极了，他不由自主地带着亚当森参观起了办公室。他把办公室内所有的装饰一件件地向亚当森介绍，从木质谈到比例，从比例谈到颜色，从颜色谈到手艺，从手艺谈到价格，然后详细介绍了他设计的经过。亚当森则微笑着聆听，饶有兴致。

亚当森看到伊斯曼谈兴正浓，便不失时机地询问起他的经历。伊斯曼陷入了深深的回忆中，他向亚当森讲述了自己苦难的青少年时代的生活，他和母亲如何在贫困中挣扎的情景、自己发明柯达相机的经过，以及自己打算为社会进行巨额捐赠……在这期间，亚当森不时由衷地赞扬他的功德心。

本来伊斯曼有自己的原则，和别人谈话一般不超过5分钟，结果他却和亚当森谈了一个小时，又一个小时，一直谈到中午还意犹未尽。他对亚当森说："我家有几把椅子，是上次在日本买的，买后放在了走廊里，由于日晒，都脱了漆。我想自己把它们重新漆好，所以我昨天上街买了油漆，打算今天漆。您有兴趣看看我的油漆表演吗？不如到我家里和我一起吃午饭，顺便看看我的手艺。”吃过午饭后，伊斯曼便动手，把椅子一一漆好，并深感自豪。直到亚当森告别的时候，两人都未谈及生意。最后，亚当森理所当然地得到了大批的订单，而且和伊斯曼结下了终生的友谊。

3）低调气氛的营造

在低调气氛下，不快或消极因素构成谈判主导因素，谈判气氛十分低沉、严肃，谈判一方情绪低落、态度冷淡。这种气氛通常在己方有讨价还价的砝码，但并不占绝对优势，而且己方施压有可能对方会做出一定的让步时采用。

（1）压抑法：以沉重、抑郁的心情，冷峻、严肃的语言诱导对方产生消极情感，致使谈判气氛低沉、严肃。

（2）沉默法：以沉默的方式达到向对方施加心理压力的目的，使谈判气氛降温。沉默并不是一言不发，而是己方尽量避免对谈判实质问题的讨论。沉默要有恰当的理由，要沉默有度、适时出击、掌握主动。

（3）消磨法：从生理和心理上消磨对方的精力，降低对方的热情，削弱对方的自信和锐气，达到控制对方并迫使其让步的目的。

小链接

日本航空公司（以下简称“日航”）决定向美国麦道公司购买 10 架新型麦道客机，遂派出代表团前往美国谈判。日航代表刚到美国，麦道公司就来电表示，约定第 2 天在麦道公司会议室举行谈判。第 2 天，3 位日航代表带着一副疲态，慢吞吞地走进会议室。谈判开始，日方代表不紧不慢地喝着咖啡，好像是在缓解时差的不适。而麦道公司的代表个个肃穆、威严，他们看到日方代表的疲惫之态，认为这是最佳的可乘之机，遂抓住时机，开门见山地把谈判引入了正题。麦道公司代表显然做好了充分的准备。谈判开始，他们就相继打开 3 台放映机，拿出一系列的图表、数据、辅助资料，给对方以咄咄逼人的态势。从早上 9 点到中午 11 点半，麦道公司的谈判代表侃侃而谈，自认为本公司的谈判准备工作天衣无缝，一定会让日方代表无话可说。两个多小时的讲解完毕，麦道公司代表脸上露出得意的微笑。可是日航代表却一直默默无语。

麦道公司的领队不解地问：“你们难道不明白？你们不明白什么？”

日航领队笑笑说：“一切。”

麦道公司的主谈人迫切地问：“‘一切’是什么意思？你们能否具体说一下从哪里开始不明白的？”

日航另一位谈判代表略带歉意地说：“对不起，从您拉上窗帘的那一刻。”日航领队随之点点头，表示同意。

麦道公司的主谈人十分生气，脸上青一阵、红一阵，之前所有的得意全都不见了——自己准备的心血和侃侃而谈全都白费。他泄气地倚在门旁，松了松领带，有气无力地说：“那么，你们希望我们再做些什么呢？”

日航领队抱歉地说：“很简单，你们可以再讲一遍吗？”

麦道公司别无选择，只好照办。当初的热情和信心此时已消失得无影无踪，他们机械地重复着那两个半小时的介绍。

（4）指责法：对对方的某项错误或礼仪失误严加指责，使其感到内疚，从而达到通过营造低调开局气氛，迫使对方让步的目的。

小链接

巴西一家公司到美国去采购成套设备，巴西谈判小组成员因为上街购物耽误了时间，当他们到达谈判地点时，比预定时间晚了40多分钟。美方代表对此极为不满，花了很长时间来指责巴西代表不遵守时间、没有信用，如果这样下去的话，那么以后很难合作，因为浪费时间就是浪费资源和金钱。对此，巴西代表感到理亏，只好不停地向美方道歉。在谈判开始以后，美方似乎还对巴西代表来迟一事耿耿于怀，一时间弄得巴西代表手足无措，说话处处被动，无心与美方代表讨价还价，对美方提出的许多要求也没静下心来认真思考，就急忙地签订了合同。等到合同签订以后，巴西代表平静下来时才发现吃了大亏，上了美国人的当，但为时已晚。

4. 选择恰当的开局方式

1）协商式开局

协商式开局又叫一致式开局，是指以协商、肯定的语言进行陈述，使对方对己方产生好感，创造双方对谈判的理解充满“一致性”的感觉，从而使双方在友好、愉快的气氛中展开谈判工作。

协商式开局比较适用于谈判双方实力比较接近、过去没有商务往来的经历、都希望有一个好的开端的情况。要多用外交礼节性语言、中性话题，使谈判双方在平等、合作的气氛中开局。例如，谈判一方以协商的口吻来征求谈判对手的意见，然后对谈判对手的意见表示赞同或认可，双方达成共识。要表示充分尊重对方意见的态度，语言要友好礼貌，但又不刻意奉承。姿态上应该是不卑不亢、沉稳中不失热情、自信但不自傲，把握好分寸，顺利打开局面。

在具体运用这种开局方式时，谈判一方可以将答案设计成问句来询问谈判对手；也可以对谈判对手的意见进行补充，从而使己方的意见变成谈判对手的意见；还可以以协商的口吻征求谈判对手的意见，按谈判对手的意见表示态度，开展谈判。

同步案例：协商一致的会谈

2）坦诚式开局

坦诚式开局是指谈判一方以开诚布公的方式向谈判对手陈述己方的观点或意愿，尽快打开谈判局面。坦诚式开局比较适合谈判双方过去有过商务往来，而且关系很好，互相了解较深，可以将这种友好关系作为谈判基础的情况。在陈述中可以真诚、热情地畅谈谈判双方过去的友好合作关系，适当地称赞对方在商务往来中的良好信誉。由于谈判双方关系比较密切，可以省去一些礼节性的外交辞令，坦率地陈述己方的观点及对对方的期望，使对方产生信任感。

坦诚式开局有时也可用于己方实力不如对方的情况。己方实力弱于对方，这是双方都了解的事实，因此没有必要掩盖。坦率地表明己方存在的弱点，使对方理智地考虑谈判目标。这种坦诚也表达出实力较弱一方不惧怕谈判对手的压力，充满自信和实事求是的精神。这比大唱高调掩饰己方的弱点要好得多。

同步案例：一次坦诚的会谈

3）保留式开局

保留式开局又称慎重式开局，是指以严谨、凝重的语言进行陈述，表达出己方对谈判的高度重视和鲜明的态度，目的在于使对方放弃某些不适当的意图，以达到把握谈判的目的。

这种开局方式适用于谈判双方过去有过商务往来，但对方曾有过不太令人满意的表现，己方要通过严谨、慎重的态度引起对方对某些问题的重视。例如，谈判一方可以对过去双方业务关系中对方的不妥之处表示遗憾，并希望通过本次合作改变这种状况。具体来讲，可以用一些礼貌性的提问来考察对方的态度、想法，注意与对方保持一定的距离，不急于拉近关系。这种策略也适用于己方对谈判对手的某些情况存在疑问，需要经过简短的接触摸底。当然，慎重并不等于没有谈判诚意，也不等于冷漠和猜疑，这种开局方式正是为了寻求更有效的谈判成果而使用的。

4）进攻式开局

进攻式开局是指通过语言或行为来表达己方强硬的姿态，从而获得谈判对手必要的尊重，并借以制造心理优势，使谈判顺利进行下去。这种进攻式开局方式只在特殊情况下使用。例如，谈判对手居高临下，以某种气势压人，有某种不尊重己方的倾向。如果任这种情况发展下去，那么对己方是不利的，因此要变被动为主动，不被谈判对手的气势压倒，采取以攻为守的策略，捍卫己方的尊严和正当权益，使双方站在平等的地位上进行谈判。运用进攻式开局方式，必须注意有理、有利、有节，不能使谈判一开始就陷入僵局，要切中问题要害、对事不对人，既表现出己方的自尊、自信和认真的态度，又不能咄咄逼人，使谈判气氛过于紧张。一旦问题表达清楚，谈判对手也有所改观，就应及时调节气氛，使双方重新建立起一种友好、轻松的谈判气氛。

小链接

日本一家著名的汽车公司在美国刚刚“登陆”时，急需找一家美国代理商来为其销售产品，以弥补他们不了解美国市场的不足。当该日本公司准备与美国的一家公司就此问题进行谈判时，该日本公司的谈判代表因路上塞车迟到了。美国公司的代表抓住这件事紧紧不放，想要以此为手段获取更多的优惠条件。日本公司的代表发现“无路可退”，于是站起来说：“我们十分抱歉耽误了你们的时间，但是这绝非我们的本意。我们对美国的交通状况了解不足，从而导致了这个不愉快的结果。我们希望不要再为这个无所谓的问题耽误宝贵的时间。如果因为这件事而怀疑我们合作的诚意，那么我们只好结束这次谈判。我认为，我们所提出的优惠代理条件在美国是不会找不到合作伙伴的。”日本公司代表的一席话让美国公司代表哑口无言。美国公司也不想失去赚钱机会，于是谈判顺利进行。

3.1.2 商务谈判开场陈述与倡议

1. 开场陈述的内容与注意事项

1）开场陈述的内容

所谓开场陈述是指在开始阶段双方就谈判的内容，陈述各自的观点、立场及建议。它的任务是让双方能把谈判所涉及的内容全部提示出来，同时，使双方了解彼此对当次谈判内容的立场与观点，并在此基础上就一些分歧分别发表建设性意见或倡议。

（1）表明己方意图。

在开场陈述过程中，表明己方意图主要包括以下内容：己方认为谈判应解决的主要问题及讨论顺序；己方希望通过谈判取得的利益；己方对对方某些问题的事先考虑；己方在当次谈判中的立场、观点、原则；己方的商业信誉度；己方对合作可能出现的良好前景或可能发生的障碍所做出的推测。

小链接

我国某出口公司的一位经理在同马来西亚商人洽谈大米出口交易时，开局是这样表达的："诸位先生，我们已约定先让我向几位介绍一下我方对这笔大米交易的看法。我方对这笔出口交易很感兴趣，希望贵方能够现汇支付。不瞒贵方说，我方已收到贵国其他几位买家的递盘。因此，现在的问题就是时间，我们希望贵方能认真考虑我方的要求，尽快决定这笔交易的取舍。当然，我们双方是老朋友了，彼此有着很愉快的合作经历，希望这次洽谈会进一步加深双方的友谊。这就是我方的基本想法。我把话讲清楚了吗？"

（2）了解对方意图。

在开场陈述过程中，了解对方意图主要包括以下内容：考察对方是否真诚、值得信赖，能否遵守诺言；了解对方的合作诚意，以及对方的真实需要；设法了解对方的优势和劣势，是否可以加以利用；设法了解和分析对方在谈判中必须坚持的原则，以及可以做出让步的方面。

小链接

一家日本商社到中国山东采购大蒜。谈判前日方代表了解到从山东到日本的货轮每个月只有一班，而这个月的货轮刚刚驶离港。日方代表认为这是一个非常好的机会，如果他们采购的大蒜能够比其他商社的提前上市，那么对于他们占领市场将非常有利。于是，最初接触的时候，日方代表一直在跟中方代表讨论价格和包装的问题，而对运输问题闭口不谈。直到谈判进展到一定程度时，日方代表才表示希望中方能够负责发货，并且保证当月25日将货运到日本港口。如果想要按照日方规定的时间将货运到日本港口，就必须从其他港口转运，这势必增加运输成本。但是，考虑到前面谈判取得的进展，中方最后做出了妥协。

由此可见，开场陈述并非就一个具体的议题进行实质性谈判，往往与预备会议密不可分。因此，许多谈判者将开场陈述放在预备会议上，或者免去预备会议，将预备会议的有关任务并入开场陈述之中。开场陈述的方式一般有两种：一种是由一方提出书面方案发表意见，另一种是会晤时双方口头陈述。在开场陈述时，到底采用哪一种方式，不能一概而论，应根据具体的谈判环境而定。

2）开场陈述的注意事项

（1）开场陈述不是具体的而是原则性的，应简明扼要、准确易懂。

（2）对于开场陈述的时间，谈判双方要尽量均衡。

（3）开场陈述过程要措辞得体，语言应丰富、灵活。

（4）要善用语音、语调、语速、停顿等技巧创造良好的沟通效果。

（5）涉及价格、交货期、附加费用等要避免使用上下限数值。

（6）若陈述错误要及时纠正。

小链接

某房地产开发公司的一位经理在与一家单位洽谈拆迁补偿交易时的陈述："这个项目对我方很有吸引力，我方打算把土地上原有的建筑拆掉盖起新的大卖场。我方已经同相关部门打过交道，相信他们会同意的。现在关键的问题是时间——我们双方要以最快的速度在这个问题上达成协议。为此，我方准备简化程序。以前我方与贵方从未打过交道，不过据朋友讲，贵方一向是很合作的。我是否说清楚了？"

2. 倡议

开场陈述已经明示了谈判双方的利益与合作的愿望，接下来就需要对存在的交易障碍或问题提出协调解决的方案，即倡议。在倡议阶段，谈判双方提出各种设想和解决问题的方案，一方从另一方的倡议中得到启发，达成共识，使成交前景渐趋明朗。提建议应注意以下几点。

（1）提建议要直截了当、简单明了。当一个建议提出后，谈判双方往往会陷入对该建议的讨论。因此，提出新建议要直截了当、简单明了，把注意力吸引到新的建议上，忌拐弯抹角、含含糊糊。例如，"为了保证交货期，是否可以找铁路方面疏通一下""为减少对质量的争议，我们建立交货双方检验制度怎么样"。

（2）建议要具有可行性。建议的目的是使对方从中有所启发，引导双方进入实质性谈判。因此，建议必须具有可行性，否则就失去了建议的意义。

（3）谈判双方互提建议。如果对方对己方的某个建议纠缠不休，而未提出自己的建议，那么己方应设法引导对方提出其设想。谈判双方只有通力合作，充分发挥各自的创造潜力提出各种设想，然后在各种设想的基础上寻求最佳方案，才有可能使谈判顺利进行下去。例如，"你们看，是不是还有其他的思路，我们一起讨论讨论""我们讨论以下哪种方案可行，好吗"。

同步案例：关于设备买卖谈判的开局陈述

不要过多地为自己的建议辩护，也不要直接地抨击对方提出的建议。这是因为建议的提出和下一步最佳方案的确定需要谈判双方共同商讨，如果过多地为自己辩护或激烈地抨击对方的建议，则会引起对方的反感或增加对方的敌意，这样会给共同确定最佳方案制造障碍。谈判双方应把前面大家提出的所有想法统统列出来，探讨一下每种设想的可行性。

3.1.3 商务谈判探测与摸底

探测与摸底即探测对方的谈判意图、谈判诚意和摸清对方的情况，掌握对方通过谈判所要达到的目标、真正关心的首要利益，以及谈判对手的性格、爱好、能力、权限，对方企业的经营、技术水平、行业地位、信誉、人员素质、产品质量等信息。商务谈判探测与摸底是在开场陈述与倡议的过程中完成的，因时间有限，要注意把握以下关键环节。

1. 细心倾听

“细心倾听”要求谈判人员认真、仔细、全神贯注地倾听对方的阐述，注意对方的措辞，留意对方选择的表达方式，以及对方采用的语气、声调等。在听的时候，不要把精力放在寻找对策上，而要从中感受对方的情绪，发现对方的谈判线索，洞察对方一言一语中隐藏的动机、目的和需求；要认真分析鉴别对方的发言，做好记录；不要轻视对方，也不要急于反驳，更不要使自己陷入争论。

总之，要认真倾听对方的开场陈述，归纳并弄懂对方阐述的内容，思考和分析对方阐述的关键问题。

小链接

一家美国汽车公司想要选用一种布料装饰汽车内部。有三家公司提供样品供汽车公司选用。汽车公司董事会在经过研究后，请三家公司一起来公司做最后的说明，然后决定与谁签约。其中一家公司的业务代表患有严重的喉炎，无法流利地讲话，只能由该公司的董事长代为说明。在介绍了产品的优点、特点后，汽车公司有关人员纷纷表示意见，董事长代为回答。而患有喉炎的业务代表则以微笑、点头等各种动作来表达谢意。结果，他博得了大家的好感。

在会谈结束后，这位不能说话的业务代表居然获得了总金额为 160 万美元的订单，这是他有生以来获得的最大的一笔订单。

业务员不能说话，但是其肢体语言，如点头、微笑、鞠躬答谢，表达了他的谦恭与感谢，反而避免了侃侃而谈可能带来的消极后果。同时，董事长代为讲话，在某种程度上形成一种暗示，好像这笔生意已经非他莫属。

2. 巧妙询问

如果在对方阐述的时候己方有什么不清楚的地方，就可以向对方提问，但是要注意提问的方式、方法，以及提问的时间。首先，当对方阐述告一段落时进行提问，不要随意打断对方的发言；其次，提问时态度要诚恳，句式尽量简短；最后，提出问题后要认真观察对方，专心等待对方作答。

3. 察言观色

在商务谈判时，除了要了解对方的意图，还必须细心观察对方的行为举止，认真体会对方的动作、手势、面部表情等身体语言。这些信息往往传递着非常重要的信息，而捕捉和解读这些信息可以更深入地了解谈判对手的性格、态度、经验和能力。也就是说，要从无声信息中窥探对方的真实意图。

4．善于回答

通常，在谈判中一方应当针对对方提出的问题，实事求是地正面回答。但是，对所有的问题都正面作答，并不一定是最好的答复。

5．求同存异

即使对方阐述的内容与己方意见差距较大，也不要立即与对方争执，而应当先让对方把话说完，在认同对方之后再巧妙地转移话题，从侧面进行反驳；或者先强调这场谈判对于双方的共同利益，然后表示己方愿意为双方的合作做出努力，并希望对方也同样能够珍惜这次合作的机会，以此来增加对方对于合作的意愿。这样再讨论差距的问题，对方会比较容易接受。

6．归纳推理

在倾听、询问、察看的基础上，理解与思考对方所要解决的关键问题，概括总结对方的发言要点，以帮助己方全面了解对方的谈判目标与利益取向，真正做到心中有数。归纳推理时切忌将己方的观点强加于对方，以免使谈判误入歧途。

对敌方探测摸底的防御

同步案例：供应商的旁敲侧击

3.1.4 商务谈判过程礼仪

1．仪表

谈判人员的仪表要整洁、美观、庄重，举止要沉稳、文明、大方，显示出可信和自信。在比较正式的谈判场合，男士必须着西装、打领带；女士必须穿制式套裙、化淡妆，而长发女士必须把头发盘起来。

小链接

某公司的老总到国外宣传推广自己的企业。来宾都是国际著名投资公司的管理人员，场面很正式。但听众们发现台上的老总虽然西装革履，裤脚下却露出一截“棉毛裤的边”，而且老总的黑皮鞋里是一双白色袜子。来宾们因此产生了疑问：这样一个公司老总能管好他的企业吗？这个公司的品质能保证吗？后来，合作也就不了了之。

2．迎接

主方人员应准确掌握谈判日程安排的时间，先于客方人员到达谈判地点，在大楼门口迎候；也可指定专人在大楼门口接引客方人员，主方人员只在谈判室门口迎接。

小链接

某天，小李在机场门口笑容可掬地准备迎接日本客户。当客户一行人走出机场的时候，小李按习惯开始清点人数：“1、2、3、4……”小李一边用手指点还一边念念有词。接下来的几天，小李对客户的食宿安排都很周到，但客户的反应却有点不对劲。小李百思不得其解。

在商务场合，商务人员应正确使用手势语言，以免传达错误信息。清点人数可以数数，但应在心里默默进行。用手指点客户既不符合商务礼仪，也不符合职业道德。

3．见面、落座

双方见面后，首先由主谈人介绍各自成员，互相握手、问候、致意，然后由客方先行进入谈判室或宾主双方同时进入谈判室，在既定的位置入座。入座之前调整好椅子，从椅子的左边入座。坐下后，身体应尽量保持端正，不要跷二郎腿，也不要扭动身体发出声响。主方人员待客方人员落座后再坐下。

小链接

被吉尼斯世界纪录列为全世界最伟大的推销员的乔伊吉拉德是一位颇受欢迎的人物。他对职业着装的研究非常到位，他提出：不要吝啬，要买你付得起的最好服装，质料好的衣服会使你更帅气，也更耐穿；上班、宴会、谈判、休闲等各种不同的职场着装要有不同的选择搭配；你不能穿着牛仔裤去见银行总裁，也不能穿着西装去玩足球；粗俗的领带、过大的皮带、劣质的扣子、过重的首饰都会影响一个人的职业形象，同时还会分散别人对你本身的注意力；皮鞋与衣服一定要搭配好，而且不同场合要选择不同的鞋子。

4．谈判

重要的谈判，在正式开始前，会举行简单的仪式：双方进行简短致辞，互赠纪念品，安排合影后再入座。合影位置排列：通常主方主谈人居中，其右侧是客方主谈人，客方其余代表依次排列，主方其余代表一般站在两端。

在双方谈判人员入座后谈判正式开始，这时非正式谈判人员应全部离开谈判室。在谈判过程中，双方谈判人员要关闭所有的通信工具（或调到静音），不要随便进出。此外，主方应提供茶水、咖啡等饮料，服务人员添茶续水要小心，不要影响谈判进行。

5．送客

在谈判结束后，主方人员应将客方人员送到电梯或送到大楼门口上车，握手告别，目送客方汽车开动后再离开。

小链接

经过长期洽谈，中国南方某城市的一家公司终于同美国的一家跨国公司谈妥了一笔大生意。双方在达成合约之后，决定正式为此而举行一场签约仪式。因为当时双方的洽谈在中国举行，故此签约仪式便由该中国公司负责。在仪式正式举行的那一天，为国旗摆放的事，美国这家跨国公司差一点在正式签字前“临场变卦”。对此，中国公司工作人员大感意外。原来，中国公司的工作人员在签字桌上摆放中美两国国旗时，误以中国的传统做法“以左为上”代替了目前所通行的国际惯例“以右为尊”，将中国国旗摆到了签字桌的右侧，而将美国国旗摆到签字桌的左侧。结果让美国公司人员恼火不已，他们甚至因此而拒绝进入签字厅。

【任务演练】

模拟商务谈判开局

目标：按照制订的商务谈判方案，模拟商务谈判开局，选择开局方式，营造良好的开局气氛，掌握商务谈判开局的技巧，掌握商务谈判过程礼仪。

步骤：任务布置→任务实施→任务完成→任务考核。

内容与要求：

（1）将学习小组结对，分别扮演买方企业与卖方企业。

（2）每两个模拟企业互为谈判对手，分配买方任务和卖方任务。

（3）主方模拟迎接客方谈判代表，见面时相互介绍、问候、握手，进入谈判室，就座、致意等。

（4）买卖双方模拟营造和谐、愉快、融洽的谈判气氛。

（5）买卖双方模拟开场陈述与倡议。期间相互观察、问答，进行探测与摸底，同时注意对己方意图的保密。

成果形式：填写任务表（见表 3-1），完成模拟商务谈判开局过程。

表 3-1 模拟商务谈判开局任务表

角色扮演	任务	内容
主方谈判小组	迎接： 机场迎接 车站迎接 公司门口迎接	
	见面礼仪： 介绍的礼仪 名片的礼仪 着装的礼仪 座次的礼仪	
	谈判气氛的营造	
	开场陈述	
客方谈判小组	见面礼仪： 介绍的礼仪 名片的礼仪 着装的礼仪 座次的礼仪	
	谈判气氛的营造	
	开场陈述	

【综合案例】

开 诚 布 公

克里斯蒂娜是意大利一家国有公司的总经理。在她刚刚接手这家公司时，公司正处于濒临破产的边缘，几乎每年都要亏损 1 亿欧元。克里斯蒂娜上任伊始发现问题远比她想象的要严重得多。原来公司年年亏损的一个主要原因就是，这是一家国有公司，公司里的员工生产积极性非常差，不仅编制冗余，而且公司内部千丝万缕的关系非常复杂，而过多的公司员工不仅不能够创造出更多的生产效益，反而成为公司的累赘。为了解决这个根本矛盾，克里斯蒂娜决定对公司进行裁员。但是按照意大利的法律，要解雇国有公司的正式员工必须得到工会的同意与批准，否则将因为触犯法律而不能够实施。由于工会代表的是大多数职员的根本利益，以至于许多年以来，工会与公司的关系都相当糟糕。而克里斯蒂娜又从来没有同工会打过交道，同工会的谈判将会面临巨大的压力与不可预测的困难。

为了促使谈判取得成功，让工会与公司达成裁减员工的协议的最终目的，克里斯蒂娜决定改变过去的谈判方式，采用开诚布公的方式与工会进行交流和交涉。首先，克里斯蒂娜给每个公司员工的家庭都送了一份资料，把公司的想法和目的告诉这些员工及他们的家庭，并且详细叙述了公司之所以这样做的必要性和苦衷，同时也让工会领导知道自己是非常尊重他们的。然后，克里斯蒂娜还精心制订了一个公司负责向提前退休员工支付一笔数额不菲的解雇费的基本方案。与此同时，克里斯蒂娜还派人通知公司员工，如果不采取行动，公司每年都会面临巨额亏损，那么在不久的将来公司的裁员幅度会更大。

克里斯蒂娜的这种做法使得公司员工和工会基本上对公司的现状和困难，以及造成目前局面的根本原因有了一个大体上的了解，并让他们自己先权衡一下利弊，替公司想想：公司究竟应该怎么做？裁员的方式是否可行与必要？如果不裁员而是按照现在的局面发展，那么会造成什么样的结果？等等。

之后，在双方的直接谈判过程中，克里斯蒂娜再次采取直截了当的方式——内心怎么想就怎么说、公司有什么实际情况就实事求是地告诉员工和工会，与员工和工会进行晓之以理、动之以情的磋商，权衡利弊以图解决问题。这样反而使大家消除了疑虑和不满，心悦诚服地表示同意与公司进行配合，结果当然是谈判双方顺利地达成了协议，两年之内将15 000名员工削减到了9000名。公司裁员的最终结果不仅使公司减轻了巨大的负担、提高了生产效益，而且还在很大程度上改善了劳资双方多年的紧张关系。

问题：克里斯蒂娜采取了什么样的谈判方式？这种方式有什么特点？

【拓展阅读】

商务谈判的走、站、坐礼仪

男女的行走姿态有着不同的要求。

男士走路的姿态：两眼平视前方，闭口、挺胸、收腹直腰。行走间上身不动、两肩不摇、步态稳健，以显示出持重、果敢的男子汉风度。

女士走路的姿态：头部端正，目光平和，直视前方。上身自然挺直、收腹，两腿并拢，走成直线。步态要自如、匀称、轻柔，以显示出女子的端庄和典雅。

正确的站立姿势：两脚脚跟着地，两脚呈45°站立，略窄于肩宽。腰背挺直、自然挺胸，两臂自然下垂（女士也可将双手交叉于腹前）。

坐时，上身端正、立腰，双肩平正放松，双臂自然弯曲，双手可掌心向下放置于腿上或轻放于两侧的扶手上，女士还可以两手掌相握、掌心向下、置于腿上或桌子上。入座后，女士双腿要自然并拢或并拢并倾向一边，男士的双腿可略分开，以一拳为宜。

习惯动作看个性

摇头晃脑：日常生活中常见有人用摇头或点头以示自己对某事或某物的看法，这种人特别自信，以至于唯我独尊。他们在社交场合很会表现自己，对事业一往无前的精神常受人赞叹。

边说边笑：与这种人交谈会非常轻松愉快。这种人大都性格开朗，对生活从不苛刻，很注意“知足常乐”，富有人情味。感情专一，对友情、亲情特别珍惜。人缘较好，喜爱平静的生活。

掰手指节：这种人习惯于把自己的手指掰得咯嗒咯嗒地响。他们通常精力旺盛，非常健谈，喜欢钻牛角尖；对事业、工作环境比较挑剔，如果是他们喜欢干的事，就会不计任何代价而踏实努力地去干。

腿脚抖动：这类人总是喜欢用脚或脚尖使整个腿部抖动。其最明显的表现是自私，很少考虑别人，凡事从利己出发，对别人很吝啬，对自己却很知足。但是很善于思考，他们能经常提出一些意想不到的问题。

拍打头部：这个动作多数时候的意义是表示懊悔和自我谴责。这种人不太注重感情，而且对人苛刻，但对事业有一种开拓进取的精神。他们一般心直口快，为人真诚，富有同情心，愿意帮助他人，但守不住秘密。

摆弄饰物：有这种习惯的人多数是女性，而且一般都比较内向，不轻易使感情外露。他们的另一个特点是做事认真踏实，大凡座谈会、晚会或舞会散场后，收拾打扫会场的总是他们。

耸肩摊手：习惯于这种动作的人，通常是摊开双手、耸耸肩膀，表示自己无所谓的样子。他们大都为人热情、诚恳、富有想象力，会创造生活，也会享受生活。他们追求的最大幸福是生活在和睦、舒畅的环境中。

抹嘴捏鼻：习惯于抹嘴捏鼻的人大都喜欢捉弄别人，却又不敢“敢做敢当”，爱好哗众取宠。这种人最终是被人支配的人，别人要他做什么他就可能做什么，购物时常拿不定主意。

常常低头：慎重派。讨厌过分激烈、轻浮的事，非常勤劳，交朋友也很慎重。

摸弄头发：这是一类情绪化的、常常感到郁闷焦躁的人。他们对流行很敏感，但忽冷忽热。

手握手臂：这是保守派非理性的人，因为不习惯拒绝别人的要求，有招致吃亏的可能。

靠着物体：这种人有着冷酷的性格，有责任感和韧性，属独自奋斗型。

到处张望：这种人是具有社交性格的乐天派，有顺应性，对什么事都有兴趣，对人有明显的好恶感。

并腿后仰：这种人大多小心谨慎、思虑细致全面但缺乏信心和魅力。

腰部挺直：经常挺直腰部站立、行走或坐下的人往往有较强的自信心及自制和自律的能力，但为人可能比较刻板。

学习任务 3.2　进行商务谈判磋商

【学习目标】

1. 了解影响报价的主要因素，掌握报价技巧。
2. 掌握价格解释与价格评论的方法和技巧。
3. 掌握讨价还价与让步的策略和技巧。
4. 掌握僵局处理的策略和技巧。
5. 掌握谈判语言技巧及巧妙回复、拒绝的艺术。
6. 能灵活运用各种策略和技巧与谈判对手磋商。

【任务描述】

商务谈判磋商阶段是在谈判开局之后进入的报价、讨价还价的谈判阶段。由于在准备和开局阶段，谈判各方都对谈判对手的意图有了一定程度的了解，因此在这个阶段，谈判各方可以根据己方获得的信息与谈判对手就交易的各项条件进行磋商。磋商过程表现为谈判各方不断冲突、较量和博弈。这是谈判过程中耗时最长、困难最多、直接影响谈判结果的最重要的阶段，对谈判者有着较高的要求。

本任务要求学生在良好的商务谈判开局的基础上，经过报价、讨价还价和让步，打破僵局，掌握磋商阶段的策略和技巧，能运用谈判语言的技巧与谈判对手商谈，努力向达成一致意见的方向过渡和发展。

【引导案例】

皆大欢喜

某公司业务员陈红去石材店采购板材，相中了橱窗里陈列的“将军红”大理石板材，于是她走进商店询问价格。老板心里知道，进价是每平方米 180 元，但没有告诉她售价，只是给她倒了一杯茶。

陈红开始为买“将军红”打埋伏，说她想要“黑珍珠”石材。“这里有很漂亮的黑色大理石。”老板边说边请她看样品。看了看样品，陈红又改口说想要更厚一点的，老板说他也有这样的大理石。

至此，陈红决定为那批“将军红”与老板讨价还价，她再次问了价钱，老板说 300 元。“这太贵了。”在此之前，陈红曾经做过市场调查，她知道市场上“将军红”的价格一般都在 220 元左右，但是从质地上看，这家店的板材略好一些。于是，陈红开始还价，她出价 100 元。“260 元。”老板说。“谢谢！”陈红边说边朝门口走去。老板怕失去这桩生意，最终以 210 元的价格卖给了陈红一批石材。最后，双方皆大欢喜。

在商务谈判的过程中，不能单一地为了己方的目的而坚持，更多的是双方的相互让步和协商，而商务谈判磋商阶段就是谈判双方协商、让步的过程。

【知识储备】

3.2.1 商务谈判报价

商务谈判报价通常是指谈判者要求的总称，包括价格、交货期、付款方式、数量、质量、保证条件等。商务谈判报价直接影响谈判结果，事关谈判者最终获利的大小，是关系到谈判能否取得胜利的关键因素之一。报价是否得当对实现己方既定的经济利益有着重要的作用，因此需要解决报价的标准、方式等问题。

1. 报价标准

对于商务谈判报价，要把握报价标准，即应在综合考虑影响报价的因素的基础上，认真确定报价标准。影响报价的因素，既有内部因素又有外部因素。

1）影响报价的内部因素

（1）产品的生产成本或经营成本。产品结构、性能越复杂，对制造技术和工艺要求越高、越精细，成本、价值及其价格就会越高，产品合计成本和估算价值就越困难。此外，可以参照的同类产品越少，价格标准的伸缩性也就越大。

（2）产品成交的条件。产品成交的条件包括：品质条件、付款方式、数量、交货期、包装、运输、交货地点等。例如，在商务谈判中，大宗交易或一揽子交易，要比小笔生意或单一买卖更能减少价格在谈判中的阻力。在大宗交易中，万元的价格差额可能算不了什么；而在小笔生意中，蝇头小利也会斤斤计较。在一揽子交易中，货物质量不等，价格高低不同，交易者往往忽略价格核算的精确性。

（3）产品和企业的声誉。人们对名牌产品的价格或对著名企业的报价往往有信任感，都不愿意与轻视合同、不守信誉的企业打交道。

（4）附带条件和服务。谈判标的物附带的条件和服务，如免费维修、安装调试、质量认证、供应配件等，能为客户带来很多实际利益和安全感。人们往往愿意“多花钱、买放心、买便利”。

（5）商品经营策略。商品经营策略是指企业为筹划和管理商品而采取的手段和谋略。通俗地讲，商品经营策略是指企业对商品销售所赋予的期望，是达到单纯的盈利，也是实现品牌效应，还是拓展商品市场等。

（6）期望利益获得的程度和让步程度。由于谈判者的利益需求不同，他们对价格的理解也就各不相同。就像在日常生活中，一件款式新颖的时装，即使价格较高，年轻人也可以接受，而老年人可能偏重考虑面料质地，并据此判断价格。

例如，某公司从国外进口一批设备，由于需求不同，谈判结果可能有三种：一是国外厂商追求的是盈利的最大化，该公司追求的是填补国内空白，那么谈判结果可能是高价；二是国外厂商追求的是开拓我国市场，该公司追求的是盈利的最大化，那么谈判结果可能是低价；三是双方都追求盈利的最大化，那么谈判结果可能是妥协后的中间价，或者谈判失败。这就是由于谈判双方需求不同而造成的对利益的追求不一样，因此最终的谈判价格也不一样。

2）影响报价的外部因素

（1）产品的货源情况。旺季畅销，淡季滞销。畅销时供不应求，则价格上涨；滞销时供过于求，为减少积压和加速资金周转，只能低价促销。

（2）市场供求状况。市场供求状况是确定报价标准的主要依据，如果报价偏离市场行情太远，谈判成功的可能性就很小。这也说明，谈判者必须掌握市场信息，了解市场的供求状况及趋势，从而了解商品的价格水平和未来走向。只有这样，才能取得报价优势。

（3）竞争者情况。如果己方有很多竞争者，就必须把报价压到至少能受到邀请而继续谈判的程度，否则会连谈判的机会都没有，也就更谈不上其他什么了。

（4）谈判对手的心理状况及可能的讨价还价幅度也在一定程度上影响着报价。

通常，谈判人员会在综合分析上述因素后确定报价。

小链接

有一位农夫想要为他的小女儿买一匹小马。他居住的小城里共有两匹小马出售。从各方面来看，这两匹小马都一样。

第一位商人告诉农夫，他的小马售价为500美元，想要的话可以立即牵走。

第二位商人则为他的小马索价750美元。

但第二位商人告诉农夫，在农夫做任何决定前，他可以让农夫的女儿先试骑一个月。他除了将小马带到农夫家，还自备小马一个月所需的草料，并且派出他自己的驯马师，一周一次，到农夫家去教农夫的小女儿如何喂养及照顾小马。他还告诉农夫，小马十分温驯，但最好让农夫的小女儿每天都能骑着小马，相互熟悉，因为小马也是有感情的。最后他说，在第30天结束时，他会到农夫家，或是将小马取回，将马房清扫干净，或是农夫付750美元，将小马留下。

最后的结果是，农夫的小女儿舍不得那匹小马啦！

两匹小马没有差别，不同的是提供的服务价值不同。今天，我们看到市场上有所谓最低价、跳楼价、出血价，这些就是没有服务、不含税收的价格，甚至有非标、假冒伪劣掺杂其中，而正规的售价是产品制造符合相关标准、开正规发票、享有正常期限售后保修服务，甚至还有超值增值服务的。

假定你买第一匹小马，付钱，牵马，走人。至于买回后，即使有问题你也只好认倒霉。而且，你还得冒着小马把你女儿摔下的危险，你得教会她骑马，有可能你还需要寻找懂得御马的人来帮忙。另外，你还得学会伺候马。也许这一切额外花250美元还不止，还会弄得你担惊受怕。

而买第二匹小马呢，你多投入了250美元，得到的是省心、放心、安心，没有任何心理负担。商家已经事先想到了买马人和骑马人的难题，并提出非常好的解决方法。这就是服务的价值。

卓越的服务总能从客户的角度出发，讲究人性化，这往往是超值的。因为对于卖家来说很小的问题，对于买方或使用者来说可能就是一道逾不过的难关。举例说，有时候一个小零件就能使整个产品无法使用。提供服务这种附加价值对买卖双方来说是双赢的事情。

2．报价原则

报价的高低对整个谈判进程会产生实质性影响，而要成功地进行报价，谈判人员必须把握好以下原则。

如何界定报价目标

（1）确定底线。这里指在报价之前确定一个价格底线。确定价格底线是指最低（或最高）可以接纳的最终谈判价格。有了明确的价格底线，谈判人员就能够心中有数，避免盲目报价。

（2）留有空间。一般来说，一方报价之后，另一方立即接受的例子极为少见。通常是一方报价后，另一方要还价。一般来讲，除特殊情况外，卖方的价格一经报价，就不能再提高了；同样，一经报价，买方的报价也是不能降低的。因此，卖方要报出最高价，而买方则要报出最低价。

（3）合理适度。谈判一方向另一方报价时，不仅要考虑报价所获利益，还要考虑该报价被对方接受的可能性，即报价成功的概率。报价的高低必须是合情合理的，能找出合适的理由为之辩护。若一方的价高（低）到讲不出道理的地步，另一方必然会认为这个对手缺少诚意，或终止谈判扬长而去；或以其人之道，还治其人之身，相应地来个“漫天杀（抬）价”；或提出质问，使对手丧失信誉。

（4）灵活变通。己方报价必须考虑到当时的谈判环境和与对方的关系状况，灵活应变。如果对方为了自己的利益而向己方施加压力，那么己方必须以高价（低价）反击对方，以保护己方的利益。如果双方关系比较友好，特别是有过较长的合作关系，报价就应当稳妥一点，因为报价过高（过低）会有损于双方的关系。如果己方有许多竞争对手，就必须把要价压低（抬高）到至少能受到邀请而继续谈判的程度。

问题与思考：商务谈判中的开价要高于实价，为什么？

小链接

在南方某届秋季广交会，我国大豆的报价定为人民币800元/吨，比当时的国际市场行情高了200元人民币。结果大多数客户都弄不明白中方的意图，连还价的基础都不存在了，只好转身而去。一场广交会下来，除个别客户考虑到长远关系买了几百吨外，大多数客户未能成交。大宗农副产品的特征是外观简单，没有款式型号之分，只有等级或规格之分，单笔成交量大，价格透明度高，媒体会定期公布国际市场行情。对于这样的产品，报价只能以国际市场价格为依据，不能虚高。

3．报价方式

（1）西欧式报价。西欧式报价模式：事先报出一个有较大回旋余地的价格，而后根据谈判双方实力对比情况与该笔交易的国际市场竞争等因素，通过不同程度的优惠政策，如价格折扣、数量折扣、支付条款上的优惠（延长其支付期限或提供信贷等），慢慢软化谈判对手的立场和条件，最终实现成交的目的。这种报价方式若能稳住对方，一般会有较理想的结果。

应对这种报价方式，谈判者可以要求对方出示依据，或者己方出示依据。

（2）日本式报价。日本式报价的一般模式：报价时先报出最低价格，以吸引买方的谈判兴趣。但是，这种最低价格是以对卖方最有利的结算条件为前提的，而且这种最低报价相应的交易条件很难全部满足买方的需求。例如，当卖方报出一套技术设备的最低价格时，可能附带不派出专家或技术人员指导、缩短免费维修期限、由卖方选择计价货币和运输方式等条件。若买方要求变动有关交易条件，卖方就会趁机提高价格。此种报价方式的最终成交价格往往高于起初的报价。在面临众多的竞争者时，日本式报价是一种较有吸引力的报价方式。

应对这种报价方式，不要为小利所迷惑，要根据己方经验、市场行情、调查结果进行对比和计算，以保护己方的利益。

与西欧式报价相比，日本式报价虽有利于初始的竞争，但就买方的购买心理来讲，一般人总是较习惯于物品价格由高到低，逐渐降价。

同步案例：一则关于“狮子大开口”的寓言

4. 报价先后

在商务谈判中，报价的先后在某种程度上对谈判结果会产生实质性的影响。就一般情况而言，先报价有利也有弊。

谈判者一般都希望谈判尽可能按己方意图进行，因此要以实际的步骤来树立己方在谈判中的影响。先报价的一方，就为以后的讨价还价树立了一个界碑，实际上等于为谈判划定了一个框架或基准线，最终谈判将在这个范围内达成。例如，卖方报价某种材料每吨1000美元，那么双方磋商结果的最终成交价一定不会超过1000美元。另外，先报价如果出乎对方的预料和期望值，就会使对方失去信心。例如，面对卖方报价1000美元一吨的货物，买方能承受的价格只有400美元，与卖方报价相去甚远，即使经过磋商也很难达成协议，因此只好改变原部署，要么提价，要么放弃交易。总之，先报价在整个谈判中会持续地发挥作用，因此先报价比后报价的影响要大得多。

先报价的弊端也是很明显的。一方面，对方在了解先报价一方的报价后，可以对其原有的想法做出最后的调整。由于先报价，对方可根据该报价对其交易起点有所了解，因此对方可以修改预先准备的报价，获得本来得不到的好处。在上例中，卖方报价1000美元一吨的材料，若买方预先准备的报价是1100美元，在这种情况下，买方会马上修改其原来准备的报价，且肯定会低于1000美元，那么对买方来讲，后报价至少可以使其获得100美元的好处。另一方面，先报价后，对方还会试图在磋商过程中迫使先报价一方按照对方的路子谈下去。其常用的做法是：采取一切手段，调动一切积极因素，集中力量，攻击先报价一方的报价，逼迫先报价一方一步一步地降价，而并不透露他们究竟肯出多高的价格。

既然先报价有利也有弊，那么己方究竟应先于对方报价，还是让对方先报价呢？也就是说，在什么时候、什么情况下己方先报价利大于弊呢？一般来说，通过分析比较谈判双方的谈判实力，可以根据不同的情况采取不同的策略。

（1）如果预期谈判将会出现你争我斗、各不相让的气氛，那么“先下手为强”的策略就比较适用。通过先报价来规定谈判过程的起点，并以此来影响此后的谈判过程，从一开始就占据主动地位。

（2）如果己方的谈判实力强于对方，或者说与对方相比，己方在谈判中处于相对有利的地位，那么，己方先报价是有利的。尤其是在对方对本次交易的市场行情不太熟悉的情况下，先报价的好处更大，因为这样可以为谈判界定一个基准线。同时，由于己方了解行情，还会适当掌握成交的条件，无疑对己方利大于弊。

（3）如果己方的谈判实力弱于对方，那么应该让对方先报价。因为这样可以通过对方的报价观察对方，扩大己方的思路和视野，然后对己方的策略做相应的调整。

（4）如果双方的谈判实力旗鼓相当，那么在谈判中一定会竞争得十分激烈，应该争取先报价，以争取更大的影响。

（5）如果对方是老客户，同己方有较长时间的业务往来，而且双方合作一向比较愉快，那么，无论哪方先报价对双方来说都可以。

（6）就一般惯例而言，发起谈判的人应带头报价。

（7）如果谈判双方都是谈判行家，那么谁先报价都可以；如果对方是谈判行家，而自己不是谈判行家，那么让对方先报价可能较为有利。

（8）如果对方是外行，那么暂且不论自己是不是外行，己方先报价可能较为有利，因为这样可以对对方起一定的引导或支配作用。

（9）按照惯例，一般由卖方先报价。卖方先报价不是为了扩大影响，而是投石问路，用报价的方法直接刺探买方的反应思路。

同步案例：
报价的先后

5. 报价技巧

（1）加法报价。在商务谈判中，有时卖方怕报价太高吓跑买方，就把价格分解成若干层次渐进提出，而若干层次的报价最后加起来仍等于当初想一次性报出的高价。例如，文具商向画家推销一套笔、墨、纸、砚，如果文具商一次报高价，那么画家可能根本不会买。但文具商可以先报笔价，要价很低；成交之后再谈墨价，要价也不高；待笔、墨卖了之后，接着谈纸价、砚价，可稍抬高价格。画家已经买了笔、墨，自然想配套，不忍放弃纸和砚，那么在谈判中便很难在价格方面获得优惠了。

采用加法报价的商品多半是具有系列组合性和配套性。买方一旦买了组件 1，就无法割舍组件 2 和组件 3 了。针对这种情况，买方在谈判前就要考虑商品的系列化特点，谈判中及时发现卖方加法报价的企图，挫败这种“诱招”。

（2）除法报价。除法报价是一种价格分解术，以商品的数量或使用时间等为除数，以商品价格为被除数，得出一种数字很小的价格，使买方对本来不低的价格产生一种便宜、价优的感觉。例如，保险公司为动员液化石油气用户购买保险，宣传说：每天只交 1 元保险费，若遇到事故，则可得到高达 1 万元的保险赔偿金。相反，如果说每年交 365 元保险费，那么效果就差多了。因为人们觉得“365”是个不小的数字，而用除法报价法说成每天交 1 元，人们在心理上就容易接受了。

（3）组合报价。报价不仅要考虑主要商品的价格，还要考虑其配件等辅助商品的价格。许多厂商采用组合报价，对主要商品报低价，但对辅助商品报高价，并能因此增加盈利。例如，某些设备报价相对较低，但专用耗材的价格却较高。

（4）差别报价。差别报价是指在商务谈判中针对买方的性质、购买数量、交易时间、支付方式等方面的不同，采取不同的报价。例如，对老客户或有大批量需求的客户，为巩固良好的关系或建立稳定的交易联系，可适当实行价格折扣；对新客户，有时为开拓新市场，也可给予适当让利；需求旺季报价高，需求淡季报价低；一次性付款的报价低，分期付款的报价高。

（5）浮动报价。一些长期项目或有后续费用发生的项目，考虑未来可能发生的费用，报价时可在基本价格确定后留有一定的浮动空间。例如，大型工程的工期一般短则一两年，长则五六年，甚至十年以上，在施工期间有许多事先无法预知的费用产生，对此，可以报出可确定的工程造价，后续发生的施工临时费用按双方认可的方式核算。

（6）对比报价。在报价时，将本商品的价格与另一种可比商品的价格进行对比，以突出相同使用价值的商品的不同价格；将本商品与另一种相同价格的商品进行对比，以突出相同价格的商品的更高使用价值，这样往往可以增强报价的可信度和说服力，一般有很好的效果。

（7）数字陷阱。数字陷阱是指卖方抛出自己制作的商品成本构成计算表（其项目繁多，计算复杂）给买方，用于支持卖方总要价的合理性。卖方通常会在分类成本中"掺水分"，以加大总成本，为卖方的高价提供所谓的证明与依据。数字陷阱一般是在商品交易内容多，成本构成繁杂，成本计算方法无法统一标准，或是买方攻势太盛的情形下使用。

（8）心理报价。普通商品，采用尾数报价会给人价格计算精确、相对低廉的感觉，有利于买方接受。而特殊商品，如名贵西服、珠宝、豪华轿车等，采用整数报价会给人高贵、气派的感觉。心理报价迎合了买方心理。

小链接

有位性急的手表批发商经常到农村推销商品。有一回，他懒得多费口舌去讨价还价，心想："都是老主顾了，就照和上回的成交价差不多的价格出手得了。"

他驱车来到目的地，走进路边的一家商店。一进门，他就对店主说："这次，咱们俩少费点时间，干脆按我的要价来吧，怎么样？"

店主不知道他葫芦里卖的什么药，不置可否。

他以为这是同意的表示，就说："那好！价格绝对让你满意，绝对不掺水分，你只要说进多少就行，趁今天天气好，咱们省下时间钓鱼去。"

他的报价果然好得出奇，比头回的成交价还低了不少。他想，对方肯定会很高兴，便一厢情愿地问："照这个价，你打算进多少？"

可是店主回答："一只也不进。"这可把他弄晕了，忙问："一只也不进？你在开玩笑吧？这个价格可是比上回低了一大截啊！你说实话，要多少？"

店主说："你们这些人，嘴里说价钱绝对优惠，实际比你心里的底数不知道要高出多少呢！告诉你吧，任你说出大天来，我也是一只也不进！"

整整一个下午，两人都在讨价还价，直到日落西山才成交。成交价比手表批发商原来所说的"绝对令你满意"的价格又低了一截。这趟生意下来，他几乎没挣到钱。

6. 报价应注意的问题

在报价时，一般应注意以下几个问题。

（1）要坚定而果断地提出报价，没有保留，毫不犹豫，这样才能给对方留下认真而诚实的印象。欲言又止、吞吞吐吐必然会导致对方对己方的不信任。

（2）报价必须非常明确、清楚，必要时要向对方提供书面的开价单，或一边讲一边写出来，让对方看清楚，使对方准确地了解己方的期望。含混不清易使对方产生误解。

（3）报价必须合情合理。强调报价高于期望值，并不是说可以漫天要价、毫无道理、不加节制，而是报价必须合乎情理，能够讲得通。如果报价脱离现实，就是在自找麻烦。

（4）不要对所报价格做过多的解释、说明和辩解，也没有必要为那些合乎情理的事情进行解释和说明，因为对方肯定会对有关问题提出质询。如果在对方询问之前，己方主动地加以说明，就会使对方意识到己方最关心的问题是什么，而这种问题对方有可能尚未考虑过。有时过多地说明和辩解会使对方从中找到破绽或突破口。

问题与思考：如果对方在谈判一开始就提出不合理报价该如何应对？

以上是对一般情况的分析，在注意以上几个问题的同时，还要考虑当时的谈判环境和双方的关系状况，稳妥报价。

小链接

一位工会职员针对制造厂的会员要求增加工资一事向厂方提交了一份书面要求。一周后，厂方约他谈新的劳资合同。令他吃惊的是，一开始厂方就花很长时间向他详细介绍销售及成本情况，反常的开头叫他措手不及。为了争取时间考虑对策，他便拿起会议材料看了起来。最上面一份是他的书面要求。一看之下他才明白，原来是在打字时出了差错，将要求增加工资“1200 元”打成了“2100 元”。难怪厂方小题大做了。他心里有了底，谈判下来，最后以增资 1500 元达成协议，比期望值高了 300 元。看来，他原来的要求太低了。

3.2.2 价格解释与价格评论

1. 价格解释

价格解释是指报价方就其报价的依据、计算方式等所做的介绍、说明或解答。价格解释对于交易双方都有重要作用。报价方可以利用价格解释充分表明所报价格的真实性和合理性，增强其说服力，迫使对方接受报价或缩小讨价的期望值；而对方可以通过报价方价格解释分析讨价还价的余地，进而确定价格评论应针对的要害。

通常一方报价完毕之后，另一方会要求报价方进行价格解释。在解释时，一般采取不问不答、有问必答、避虚就实、能言不书的原则。

（1）不问不答。这是指对方不主动问的问题报价方不要回答。其实，对于对方未问到的一切问题，报价方都不要进行解释或答复，以免造成言多必失的结果。

（2）有问必答。这是指对对方提出的所有有关问题，都要一一做出回答，并且要很流畅、很痛快地予以回答。经验告诉人们，既然要回答问题，就不能吞吞吐吐、欲言又止，这样极易引起对方的怀疑，甚至会提醒对方注意，从而穷追不舍。

（3）避虚就实。这是指对报价中比较实质的部分应多讲一些，因为实质的部分经得起对方推敲；对于比较虚的部分，或者说水分含量较大的部分，应该少讲一些，甚至不讲，因为这正是可得的利润空间，极富弹性，对方会想方设法挤出这里的水分，获得利益。

（4）能言不书。这是指能用口头表达和解释的就不要用文字表达，因为当表达中有误时，口述和笔写的东西对报价方的影响是截然不同的。有些国家的商业习惯是只承认纸上的信息而不重视口头信息，因此要格外慎重。

小链接

某厂家向一家公司的经理推销自家生产的专利产品，希望由该公司总经销。其他方面都没有问题，但是双方在价格问题上始终谈不拢，一次、两次、三次，都因价格问题而使谈判失败。

第四次，厂家改变了策略。双方刚一见面，那家公司的经理就说："价格不降，我们不能接受，即使再谈也没有用。"厂家代表马上说："经理先生，今天我不是来同您谈价格的，我是有一个问题要向您请教。"经理愉快地答应了。待坐定后，厂家代表说："听说您是厂长出身，曾经挽救过两个濒临倒闭的企业。您能不能给我们一些点拨？我们的产品正如您所说——价格偏高，所以销售第一站在您这里就受阻了。再这样下去，工厂非倒闭不可。您有经营即将倒闭的企业的经验，您能不能告诉我，如何才能降低我们的产品的成本，以达到您所要求的价格而我们又略有盈余呢？"

于是，厂家代表与公司经理逐项算账，从原材料的型号、价格、用量，到生产工艺、劳务开支等，进行了详细核算，并对生产工艺进行了多方改进，结果价格却只是微微降了一些。当然，对公司经理所付出的劳动，厂家代表报以真诚的感谢，送上一份礼品以示谢意，同时表示一定接受该经理的意见，在工艺上进行改进，以减少生产成本。之后，当厂家代表再谈到总经销价格时，公司经理没有任何犹豫就接受了，并说："看来这个价格的确不能再降了，你们做了努力，我们也试一试吧。"

2. 价格评论

价格评论是指对交易一方所报价格及其解释的评析和论述。价格评论对于交易双方而言都有很大的影响，从接受报价方来看，其可针对报价方价格解释中的不实之处，指出其报价的不合理之处，从而在讨价还价之前先挤一挤"水分"，为之后的价格谈判创造有利条件；从报价方来看，价格评论其实是对报价及其解释的反馈，可据此了解对方的需求、交易欲望，以及最关切的问题，有利于进一步的价格解释并对讨价还价有所准备。

价格评论的原则为"针锋相对，以理服人"。具体包括以下技巧。

（1）既要猛烈，又要掌握节奏。猛烈，指准中求狠，即切中要害、猛烈攻击、着力渲染，报价方不承诺降价，接受报价方就不松口。掌握节奏，就是接受报价方在评论时不要一下子把所有问题都摆出来，而是要一个问题接一个问题地发问、评论，把报价方一步一步地逼向被动，使其不调价就下不了台。

（2）重在说理，以理服人。对于接受报价方的价格评论，报价方往往会以种种理由辩解，而不会轻易接受。因为接受就意味着必须降价（提价），并有损己方的声誉。所以，接受报价方必须以"价格分析材料""报价方解释中的漏洞"等为依据，充分说理，以理服人。同时，既然是说理，那么评论中虽攻击猛烈，但态度、语气切忌粗暴，而应心平气和。只有在报价方死不认账、"无理搅三分"时才可以严厉的口吻对其施加压力。

（3）既要自由发言，又要逻辑严密。在价格谈判中，虽然接受报价方的谈判人员都可以针对报价方的报价及解释发表意见、加以评论，但是，鉴于报价方也在窥测接受报价方的意图、摸接受报价方的"底牌"，因此绝不能每个人想怎么评论就怎么评论，而是要事先精心谋划，然后在主谈人的暗示下，其他人员适时、适度发言。这样，既显示出接受报价方内部立场的一致，向报价方施加心理压力，又不给报价方可乘之机。

（4）评论中再侦察，侦察后再评论。在接受报价方进行价格评论时，报价方以进一步的解释予以辩解，这是正常的现象。对此，接受报价方应注意倾听，通过报价方的辩解，侦察反应，了解更多的情况，便于调整进一步评论的方向和策略，以利于谈判的发展。

在价格评论中，报价方的应对策略应当是沉着解答。不论接受报价方如何评论、怎样提问，甚至发难，报价方都要保持沉着，始终以有理、有利、有节为原则，并注意运用答问技巧，不乱方寸。“智者千虑，必有一失”，对于接受报价方抓住的明显矛盾之处，报价方也不能“死要面子”，而是要适当表现出“高姿态”，显示交易诚意，化解冲突。

价格评论常用技巧的运用

小链接

中国某制铝公司为扩大生产规模，欲引进意大利 BF 公司的先进技术设备，于是派代表前往意大利谈判。意方派出了公司总裁、副总裁和两名高级工程师组成的谈判团与中方进行谈判。

谈判一开始，意方企图采用先报价、报高价的谈判手法，为谈判划定一个框框，因此抛出了一个高于世界市场上最高价格的价码。中方主谈人是公司的总经理，既精通技术，也精通谈判之道。等到意方报价、吹嘘完毕以后，他很有礼貌地说：“我们中国人是最讲究实际的，请你们把图纸拿出来看看吧！”等到意方把图纸摊开来，中方主谈人不慌不忙地在图纸上比比画画、指指点点，中肯而又内行地分析出哪些地方不够合理、哪些地方不如某国的先进……眼看意方代表面面相觑、无法下台，中方主谈人又很精明地给了他们一个台阶：“贵公司先进的液压系统是对世界铝业的重大贡献……”接着他又颇有意味地说：“我们在 20 年前就研究过。”意方的谈判代表被深深地折服了，其主谈人由衷地说：“了不起！了不起！你们需要什么，我们就提供什么，一切从优考虑！”

这一仗打得非常漂亮，中方以极为优惠的价格引进了一套世界先进水平的铝加工设备，为国家省下了一大笔外汇。

3.2.3 商务谈判讨价还价

1. 讨价

讨价是指一方在先报价并进行价格解释之后，另一方如认为离己方的期望目标太远，或者不符合己方的期望目标，则在价格评论的基础上要求报价方改变报价的行为。在商务谈判中，讨价要求有时具有目的的双重性：一是迫使报价方降低报价；二是误导报价方的判断，改变报价方的期望值，为还价做好准备。

1）讨价的方法

讨价一般分为三个阶段，在不同的阶段采用不同的讨价方法。

第一阶段，由于讨价刚开始，对报价方价格的具体情况尚欠了解，因此讨价的方法是全面讨价，即要求报价方从总体上调整报价。

第二阶段，讨价进入具体阶段。这时的讨价方法是针对性讨价，即在报价方报价的基础上，找出明显不合理的、虚头、水分大的项目，并针对这些不合理的部分要求调整报价。

第三阶段，是讨价的最后阶段，讨价方法又是全面讨价。因为经过针对性讨价，含水分大的项目已经降下价来，这时只能从总体上要求报价方调整价格。

讨价方在给出讨价表示并得到报价方反应之后，必须对此进行策略性分析。若首次讨价就能得到报价方调整报价的反应，这就说明其报价中的策略性虚报部分可能较大，价格中所含的虚头、水分较多，或者也可能表明报价方急于促成交易的心理。但是一般来说，报价方开始都会固守已方的价格立场，不会轻易降价。另外，即使报价方做出调整报价的反应，讨价方也要分析其让步是否具有实质性内容。只要没有实质性改善，讨价方就应继续抓住报价中的实质性内容或关键的谬误不放，同时，依据报价方谈判代表的权限、成交的决心继续实施讨价策略，进一步改变报价方的期望。

2）讨价的态度

讨价应本着尊重报价方的态度进行，采用说理的方式，启示、诱导其调整价格，为还价做好准备。如果讨价方在讨价还价阶段采取强硬态度“硬压”，就会使谈判过早进入僵局，从而给谈判结果带来不利影响。所以，讨价方在这个过程中应营造平和的气氛，并做充分说明，以求最大的效果。此外，讨价方应配合并鼓励报价方的任何方式的调价。报价方常以“算错了”“内部调整”“与制造厂商量”为托词，对价格做部分调整。不过，此时的调价幅度不会很大，但作为讨价方，不论报价方的理由有逻辑还是没有逻辑、为调价找什么借口，讨价方都应该欢迎，给报价方“台阶”，鼓励报价方降价，而不应揭穿或取笑报价方。

2. 还价

还价是针对一方的报价，另一方所给出的反应性报价的行为。还价以讨价为基础。在一方先报价以后，另一方一般不会全盘接受，而是要根据该报价，在经过一次或几次讨价之后，估计其保留价格和策略性虚报部分，推测报价方可能妥协的范围；然后，根据己方的既定策略，提出己方可接受的价格，反馈给报价方。如果说报价划定了讨价还价范围的一个边界，那么还价将划定与其对立的另一条边界。双方将在这两条边界所规定的区间内展开激烈的讨价还价。

问题与思考：讨价与还价一样吗？

1）还价方式

（1）根据分析的对象不同分：按分析比价还价，是指不了解所谈产品本身的价值，而以其相近的同类产品的价格或竞争者产品的价格作为参考进行还价；按分析成本还价，是指能计算出所谈产品的成本，然后以此为基础加上一定百分比的利润作为依据进行还价。

（2）根据谈判中每次还价项目的多少分：单项还价，是指以所报价格的最小项目还价，即指对主要设备或商品逐项、逐个进行还价，对技术费、培训费、技术咨询费、工程设计费、包装费、运输费逐项还价；分组还价，是指把谈判对象划分成若干项目，并按每个项目报价中所含“水分”的多少分成几个档次，然后逐一还价；总体还价，又叫一揽子还价，是指不分报价中各部分所含“水分”的差异，均按同一个百分比还价。

2）还价起点

确定还价起点，就是解决以什么数额（或条件）作为第一个还价的问题。还价可以分多次进行，但第一次对还价方来说至关重要，第一次还价确定的还价起点涉及还价方接受报价的基本态度、诚意和最初标准，也是探测报价方对还价最初反应的试金石。因此，应设置合理的还价起点，合理的还价起点能使维系双方交易命运的绳索紧而不断；而且，合理的还价起点使报价方跟着还价方走，进入还价方所设计的“剧情”。一般来说，确定还价起点，要根据交易物的客观价格、交易双方的价格差距及还价的策略来进行。

（1）交易物的客观价格通常是由生产或经营成本和适度的利润构成的。首先，第一次还价应略高于至少应等于其生产或经营成本，若在成本线以下，其后果可想而知；其次，还价方还应适当考虑报价方的利润，否则报价方则不可能接受还价。例如，卖方对其产品报价200万元，其生产成本为100万元，利润率最低为20%。那么该产品的客观价格可能在120万元左右。这时还价方可考虑将第一次还价定在100万元或110万元左右。假如定在80万元，那么卖方是绝对难以接受的。

（2）明确报价方报价与还价方预算成本价的差距，可以使还价方确立还价的次数、策略，进而推断出第一次还价的数字。在正常情况下，双方价格差距较大，若幅度一定，则还价次数就会增多，而要减少还价次数，并使还价处于成交预算价以内，就要增大还价幅度。这需要还价方依据成本及价格差距的具体情况，确定还价起点的具体数额。

（3）还价方不论采用何种策略，对还价的起点都有影响。如果是“横向铺开”，即在各项条件或分块还价，则还价的余地较大，那么还价起点可根据策略和资料适当低一点；如果是“纵向深入”，即在同一条件和总额上还价，则还价可以根据所确定的百分比一步一步深入，那么还价起点可适当高一些。

总之，还价起点不可凭主观想象或某个因素来确定，而应该综合考虑，以确保还价起点的成功确定。

3）还价次数

在价格谈判中，一方面，报价方很快接受还价方的第一次还价是不可能的；另一方面，讨价还价不可能无休止地进行。这就存在一个还价次数是多少才合适的问题。

一般来说，还价次数取决于由谈判双方价格差距产生的余地及讨价还价的难易程度。如果价格差距大，报价“水分”大，还价过松，那么，尽管受到报价方的抵抗与攻击的压力小一些，但还价方手中的余地小了，还价的机会也会少。反之，如果价格差距小，报价“水分”小，还价过紧，那么，虽然会减少还价次数，但会遭到报价方的强烈抵抗与猛烈攻击，同样影响谈判的顺利进行。由此可见，研究还价次数的关键问题不是机械地得出几次为好，而是如何正确地利用有限的次数达到预期的目标。

因此，在讨价还价的对阵中，还价方应注意以下几点。

（1）要在报价方能够容忍的范围内，尽可能地加大还价幅度，以减少还价次数。

（2）在时间和难度的权衡中，选择对己方有利的因素，发挥优势，确定还价次数。

（3）利用还价次数制造合理的“还价台阶”，即可调的价格档次，步步为营。

（4）不到谈判最后结束时，还价都必须留有余地，保留进一步还价的权利。

4）还价时间

价格谈判，你来我往，循环反复，其中也有时间，即“火候”问题。选择还价的时间应考虑到次序、条件、节奏及时间等。

（1）在次序上，一般是报价在先，还价在后，报价方让步在先，还价方还价让步在后。掌握还价的次序，有利于取得主动，使双方向成交价靠拢。

（2）在条件上，应以报价条件改善的状况为还价的前提，如卖方改善后的价格是否合理、是否进入了己方的成交区内。“目标不达，还价不止”，这是还价时间选择的最根本因素。

（3）在节奏上，还价应有张有弛，切不可无的放矢，“狂轰滥炸”。在首次讨价还价后，二次还价必须在报价方对首次还价做出明确的反应，经过论战，并且重新报出改善价之后。这样才能确保首次还价的目的能够实现。二次还价也可能有新的收获，还价方还可在“艰难时期”过后，以“最终价”压向报价方，逼迫其接价。然后，根据具体情况，还价方再考虑进一步还价的可能性。

（4）在时间上，还价也有讲究，因为时间的早晚对谈判心理有一定影响。以两天完成的谈判为例，第一天上午，在报价方阐述基本立场后，还价方通过反复提问、讨论后，可考虑第一次还价，这样在上午结束前，既可听到报价方对还价的反应，又可以逼迫报价方在下午再出价。第二次还价可根据情况放在第二天上午 10 点左右，这样还价方既可以有一段磋商时间，又可在临近中午表示己方的诚意及退让的难度。如果仍有余地，还可在临近最后期限的下午与晚上再行还价，以使报价方在“危急关头”权衡利弊，做出最后让步。

小链接

某位刚参加工作的业务员很长时间都没有一点业绩，为此他十分焦虑。终于有一天，有个客户打电话给他，希望能够购买他的产品，并询问了产品价格等问题。他的产品的报价是 10 万元每台，这是企业规定的。业务员如实向他的第一个客户进行了说明。客户考虑了一下，还价每台 8.5 万元。当时业务员正沉浸在终于有业绩的喜悦中，因为考虑到企业给他们的底价是每台 8 万元，所以 8.5 万元成交也是可行的，于是毫不犹豫地同意了。可是，当他同意对方的价格之后，客户并没有表现出成交的意愿，而是说要再跟单位商量一下。之后，该客户便再无音讯。

5）还价策略

（1）投石问路。针对报价方的报价，不急于还价，而是提出与价格有关的假设条件让报价方回答，以搜集对还价有利的情报和寻找还价机会，所投之“石”通常如下。

假如我们订货的数量加倍或减半呢？

假如我们与你签订长期订货合同呢？

假如我们以现金支付或分期付款呢？

假如我们按 FOB 或 CFR 或 CIF 的价格条件成交呢？

假如工程由我们自己提供材料和工具呢？

假如我们成套购买或仅购买主机或零部件呢？

假如把货物的品质提高标准呢？

假如我们自己提货呢？

还价方可通过以上的提问和报价方的回答，了解交易物的生产成本、设备折旧费的分摊、生产经营能力、价格政策乃至谈判的策略，进而提出有利的还价。

如何应对对方所投之“石”

小链接

某食品加工厂为了购买某种山野菜与某县土产公司进行谈判。在谈判过程中，食品加工厂的报价是每千克山野菜 15 元。为了试探对方的价格“底牌”，土产公司的代表采用了投石问路的技巧，开口报价每千克山野菜 22 元，并摆出一副非此价不谈的架势。对此，急需山野菜的食品加工厂的代表急了：“市场的情况你们都清楚，怎么能指望将山野菜卖到每千克 18 元呢？”食品加工厂的代表在情急之中暴露了价格“底牌”，于是土产公司的代表紧追不放。“那么，你是希望以每千克 18 元的价格与我们成交？”这时，食品加工厂的代表才恍然大悟，只得无奈地应道：“可以考虑。”最后，双方真的以每千克 18 元的价格成交，这个结果比土产公司原定的成交价格要高出 3 元。如果土产公司的代表不是巧妙地运用投石问路的技巧揭开食品加工厂的“底牌”，就很难找到一个如此合适的价位与其成交。

（2）小处入手。对于大型项目、成套设备和较复杂的交易，还价方可采取分批还价的方式。一般可选择差距小的部分先还价，其好处是，还价相对容易被接受、引发谈判的激情、树立谈判的信心、了解谈判对手风格。如果谈判出现僵持局面，那么不妨可以考虑在“小处”适当做一些让步，然后在大项目、大金额的部分进行猛攻。例如，对方报价主机价格为 50 万元，技术费为 10 万元，零配件价格为 5 万元，还价可先从零配件或技术费入手，若谈判顺利，再谈主机价格，并且还价收紧，这样有利于向对方施加压力，巩固谈判成果，取得价格谈判的主动权。

小链接

一位供货商在与某厂采购经理的谈判中想提高产品的价格，但他并没有直接探询对方的反应，而是聊了一些看似不着边际的话。

“我们想提高产品的质量，因此想知道你们厂对我们的产品有什么意见，最好能帮助我们提供一些数据，我们好及时改进。”

“你们的产品质量还不错，至于数据嘛，我可以在谈判后替你收集一些。不过据实验人员反应，你们产品的各项检测指标均优于我们曾用过的产品。”

“非常感谢！据说你们厂这两年的效益非常好，规模越来越大，产品几乎没有任何积压。”

“可不是，几十条生产线昼夜不停，产品、原料都供不应求，可忙坏我了。”

供货商听到这里，露出一丝不易察觉的微笑。因为供货商已经探测到了对己方非常有利的信息：己方提供的产品在该厂的信誉非常好，该厂的库存原料已经供不应求，存料马上就要用光。

（3）利用竞争。在一些价格构成比较复杂的商品或大型劳务工程项目谈判中，还价方为了争取最有利的价格和成交条件，可充分利用或制造竞争的局面。例如，采用“货比三家”的技巧，使多个卖方主动做出价格解释证明其报价及交易条件的合理性。这比单纯还价要有利。再如，在工程项目承包中，采用招标的方法使各承包商为了战胜竞争者，除了提高工程质量，还尽量压低工程报价。

小链接

某饭店改建，需建造一个标准游泳池。该饭店采用招标方式，初步选定甲、乙、丙三个承包商。饭店负责人在得到三个承包商的标单后发现每个方案所提供的温水设备、过滤网、抽水设备、设计、装饰材料的价格均不相同，而由于技术性强，选择十分困难。饭店负责人最后邀请三个承包商于同一天同一时间到达饭店，并在他们相互认识并了解意图之后，依次进行了谈判。

谈判中，甲方告诉饭店负责人：他们建造的游泳池质量最好，乙方通常使用陈旧的抽水设备，丙方信誉不好；乙方告诉饭店负责人：甲方和丙方提供的都是塑料管道，而自己提供的是铜管道；丙方则告诉饭店负责人：甲方和乙方使用的过滤网品质低劣，报价太高……饭店负责人通过这种谈判，达到了以下目的：了解了有关建造游泳池的知识；积累了与承包商还价的经验；最后在要求修改工程预算和施工方案的基础上，选定了价格最低的承包商。利用竞争是行之有效的还价策略，还价方能在谈判中充分掌握主动。

（4）灵活应对。还价的方式很多，不可被报价方牵着鼻子走。例如，在谈判中，若价格一时降不下来，可根据具体情况，灵活运用其他交易条件（如改变支付方式、要求给予折扣及免费提供售后服务）。再如，可根据报价方的价格解释情况及时间、态度和己方收集的价格资料状况等，采用不同的还价方式：如果卖方价格解释清楚，买方手中比价材料丰富，卖方成交心切且有时间，那么可采用逐项还价方式；如果卖方解释不清，而买方掌握的价格资料少，卖方性急，时间紧，那么可根据价格差距档次分组还价，区别对待；如果卖方报价很粗，且态度强硬，或者双方处于长时间的相持状态，但均有成交的愿望，那么在卖方已做数次调价后，买方也可以分项还价或最后进行总体价格还价。

小链接

巴斯腾是澳洲的亿万富翁，也是一个谈判老手。一次，巴斯腾欲买下一家即将破产的公司，双方进行了艰难的谈判。巴斯腾抑制住想成交的欲望，始终冷静对待。在第三轮谈判时，巴斯腾甚至说：“我想买下你们的公司，但你们的报价我无论如何都不会接受。我可以把想购买你们公司的其他投标者告诉你们，你们去试试。如果成功，那么我祝贺你们；如果没有其他的选择，那么还可以找我。”说完，巴斯腾礼貌地结束了这轮谈判。后来，这家公司还是卖给了巴斯腾，且基本上达到了巴斯腾的要价。

（5）吹毛求疵。挑毛病，关键在于提出的问题恰到好处，也就是说，所提出的问题一定是对方确实存在的，而不能无中生有；要把握分寸，对提出的问题和要求不能过于苛刻。

小链接

美国谈判学家罗切斯特又一次去买冰箱，营业员指着罗切斯特要的那款冰箱说："249.5 美元一台。"接着罗切斯特上演了精彩的"吹毛求疵还价法"。

罗切斯特："这种型号的冰箱一共有几种颜色？"

营业员："共有 32 种颜色。"

罗切斯特："可以看看样品本吗？"

营业员："当然可以！"（说着，营业员马上拿来了样品本。）

罗切斯特："你们店里现货中有几种颜色？"

营业员："现有 20 种。请问您要哪一种？"

罗切斯特指着样品本上有而店里没有的颜色说："这颜色与我的厨房墙壁颜色相配！"

营业员："非常抱歉，这种颜色现在没有。"

罗切斯特："其他颜色同我的厨房颜色都不协调。颜色不好，价格还那么高，要是不能便宜一点儿，我只好到其他商店看看。"

营业员："您慢慢挑，价格可以商量。"

罗切斯特："这台冰箱还有点问题，你看这儿。"

营业员："我看不出什么。"

罗切斯特："什么？这一点毛病虽小，但冰箱外表有毛病通常不都要打点儿折扣吗？"

营业员："……"

罗切斯特又打开冰箱门，看了一会儿说："这冰箱附有制冰器吗？"

营业员："这个制冰器每天 24 小时为您制冰块，一小时才 2 美分电费。"

罗切斯特："这可太糟糕了，我的孩子有哮喘病，医生说他绝不能吃冰块，你能帮助我把它拆下来吗？"

营业员："制冰器是无法拆下来的，它和整个制冷系统连在一起。"

罗切斯特："这个制冰器不仅对我没用，反而要我花钱买下来，将来还得为它付电费，这太不合理了……不过价格可以再降低一点的话……"

结果，罗切斯特以相当低的价格——不到 200 美元买下了一台中意的冰箱。

3.2.4 商务谈判让步

讨价还价的过程就是让步的过程，在磋商中经过多轮议价，相互让步，才能最终实现交易目标。

1. 让步原则

（1）在最需要的时候让步。让步通常意味着妥协和某种利益的牺牲，做出让步的承诺就要失去一定的利益，因此不是迫不得已，不要轻易让步。

（2）让步要维护己方的利益。让步的根本目的是保证和维护己方的利益。具体来讲就是，通过让步从对方获得利益补偿，通过让步换取对方更大的让步，通过让步来实现既定利益。

（3）正确选择让步的时机。让步的时机能够影响谈判的效果。如果让步过早，就容易使对方认为是“顺带”得到的小让步，这将使对方得寸进尺；如果让步过晚，那么除非让步的价值非常大，否则将失去让步应有的作用。一般主要的让步应在成交期之前，以影响成交机会；而次要的、象征性的让步可以放在最后时刻，作为最后的“甜头”。

（4）把握“交换”让步的尺度。在商务谈判中，“交换”让步是一种习惯性的行为，但要注意：己方让步是为了等待和争取对方让步，而在对方让步前，己方绝对不要让步。

（5）让步要分清轻重缓急。让步是一种有分寸的行为，要分清轻重缓急。为了在谈判中争取主动，保留余地，一般不要先在原则问题、重大问题上让步，也不要先在对方还未迫切要求的事项上让步。

（6）要让对方感到让步的艰难。不要让对方轻易得到己方的让步，哪怕是微小的让步。

（7）要及时挽回失误。在商务谈判中，一旦出现让步失误，就应在协议尚未签订之前，采取巧妙的方式予以收回。值得注意的是，收回让步一定要坦诚承认，及时收回，不可拖延，以免造成更大的失误。

（8）严格控制让步的次数、频率和幅度。一般认为，让步的次数不宜过多，过多不仅意味着利益损失大，而且影响己方的信誉、诚意和效率；让步的频率也不可过快，过快容易激起对方的斗志；让步的幅度更不可过大，过大可能使对方感到己方报价的“水分”大，这样只能使对方进攻更猛烈。

小链接

甲与乙正为购买一套昂贵的立体声音响而进行讨价还价。该音响是市场上最新技术的成果。因为乙卖的是新产品，乙想看看顾客对这种新产品的反应，做出以上假设是想表明乙有对价格进行减价的权力。假如甲的预算支出是1500元，甲第一次出价是1000元，第二次是1400元，那么乙不会知道甲真的出价是多少。如果甲乙之间是互不信任的对立关系，乙会估计甲实际上能付1600元、1800元，甚至2000元。为什么？因为甲从1000元到1400元的上升幅度太大了。在别人看来，这是一位有钱的买主，其出价会超过1500元。假如甲发誓只有1500元，而且这是千真万确的，但是处在明显竞争的讨价还价当中，乙作为卖方是不会相信的。专家们的经验表明，减价行为的增额乃是真正权限的最精确的气压表。在这种情况下，甲怎样让乙知道他的最高出价是1500元呢？甲先出900元，乙拒绝了，接着出1200元，之后升到1350元，过一会儿又升到1425元，然后甲又不情愿地升到1435元。这样就很容易使乙相信甲只有1500元，因为甲不断地减小递增幅度。

2. 让步方式

在实际谈判中，让步方式没有固定的规定，会受到市场供求状况、谈判策略、谈判环境、生产经营等因素的影响和制约。所以，谈判者应根据实际情况，灵活选择各种有效的让步方式。西方学者对让步已有比较深入的研究，他们把常见的正确和错误的让步方式分为以下几种，如表3-2所示。

表3-2 让步方式分析

让步方式	含义	特点	优点	缺点	适用情况
坚定型让步	在最后阶段一步让出全部可让利益	开始寸步不让，最后时刻一次让步到位，态度果断	开始向对方传递己方的坚定信号，最后会因险胜而特别珍惜，给对方强硬又大方的印象	可能对方会认为己方传递出缺乏诚意的信息，风险大，可能使谈判破裂	适用于对谈判结果依赖性小，在谈判中占有优势的一方
等额型让步	等额地让出可让利益	态度谨慎、稳重，让步次数和速度均衡	不会让对方轻易占便宜，便于议价，遇到性情急躁或时间紧迫的对手时有利	易使人产生疲劳厌倦感，时间长，效率低，谈判成本高	适用于缺乏谈判知识、谈判经验不足的情况下的谈判
递增型让步	让步幅度越来越大	态度软弱，为维持谈判关系牺牲利益	不会导致谈判破裂	对方会态度强硬，要求越来越高，己方损失严重	适用于己方急于谈判成功，且处于绝对劣势，原则上不采用
挤压型让步	让步由大到小逐渐下降，最后让出较小的利益	自然，符合谈判中议价的规律	易于接受，有利于促成谈判和局、阻止对方获取超限利益	比较乏味，使对方感觉不良好	商务谈判中普遍采用
竞争型让步	先是较大让步，然后让步幅度减小，最后让出很小利益	表示出强烈的妥协意愿，但让步是有限的	表现出谈判诚意，也表示出在后期阶段让步已不可能	在谈判前期提高了对方的期望，易造成对方得寸进尺	适用于竞争性较强的谈判
憨厚型让步	让步幅度开始时很大，然后大幅下降，后期有所反弹	初期让出大部分利益，给人以软弱、老实之感；第二期让出利益很小；第三期原地不动	可能换得对方的较大回报，第三期打消对方较大期望，第四期又让出小利，以显示谈判诚意	开始表现会让对方感到软弱，对方会得寸进尺，第三期拒绝对方以后也可能导致谈判僵局	适用于己方处于谈判劣势，但又希望谈判成功的情况
冒险型让步	前两期让出所有可让利益，三期赔利相让，四期讨回赔利相让部分	风格果断、诡诈、冒险	开始具有很大吸引力，第三期更有诱惑力	开始时会导致对方期望增大，有可能损害己方利益，第四期可能导致谈判破裂	适用于陷于僵局或危难性的谈判，要求谈判人经验丰富
诚恳型让步	一开始就让出全部可让利益	态度诚恳、坦率	以诚相待，一开始就亮出底牌，给对方以信任感，谈判成本低、效率高	让步操之过急，会提高对方期望，可能损失己方本来应得的利益，也可能由于对方不理解而导致僵局	适用于己方处于谈判劣势或谈判各方的关系比较友好的谈判

3. 让步梯度

在磋商过程中，为了达到预期目的，控制谈判进程，谈判者可以根据实际情况灵活采用不同的让步梯度设计，如表3-3所示。

表3-3 让步梯度设计

单位：元

让步方式	预定让步	第一次让步	第二次让步	第三次让步	第四次让步
一次到位让步	60	0	0	0	60
等额让步	60	15	15	15	15
递增让步	60	8	13	17	22
小幅度递减让步	60	22	17	13	8
中幅度递减让步	60	26	20	12	2
大幅度递减让步	60	49	10	0	1
大幅度递减但略有反弹让步	60	50	10	-1	+1
坦诚以待让步	60	60	0	0	0

1）一次到位让步（0，0，0，60）

在谈判的前一阶段，谈判一方一直很坚决地不做出任何让步，但到了谈判后期却一次做出最大的让步。这种让步是对那些锲而不舍的谈判对手做出的。在谈判一方坚决不让步的情况下，一个比较软弱的谈判对手可能早就放弃讨价还价而妥协了；而一个坚强的谈判对手则会坚持不懈，不达目的决不罢休，以争取得到最大让步。在这种谈判中，双方都要冒因立场过于坚决而出现僵局的风险。

2）逐步让步

这是一种逐步让出可让之利并在适当时候果断停止让步，从而尽可能最大程度获得利益的方式。这种让步方式在具体操作时又有不同的形式。

（1）等额让步（15，15，15，15）。这种让步方式是指在让步的各个阶段中等额地让出可让利益，让步的数量和速度都是均等、稳定的。国际上将这种方式称为“包拉米”香肠式谈判让步。这种让步方式的优点：对于双方充分讨价还价比较有利，容易在利益均沾的情况下达成协议。由于让步平稳、持久，坚持步步为营的原则，因此，对方不会轻易占到便宜，而且如果遇到对方性急或没有时间长谈，己方就会因占据了谈判上风而获利。

采用这种让步方式的要求：步步为营，稳扎稳打；态度谨慎，言语适度；不张扬，不胆怯。采用这种让步方式要注意：它不仅效率低，而且通常要消耗双方大量的精力和时间，从而使谈判成本增高、使人产生乏味疲劳之感。由于对方每讨价还价一次都会获得等额的一份利益，如果对方是一个有耐心的人，那么这种让步方式会鼓励对方继续努力得到进一步让步。

这种让步方式适用于竞争比较激烈的谈判。在缺乏谈判知识或经验的情况下，或在一些同陌生人进行的不熟悉的谈判中，运用这种让步方式，效果会比较好。

（2）递增让步（8，13，17，22）。这种让步方式是以谈判一方在谈判中每次递增让步幅度的形式实施的。这种让步方式往往给妥协方造成重大的损失，因为它引导对方相信：只要坚持到底，就会有更令人满意的结果。随着让步幅度越来越大，所挤出的“水分”越来越多，对方的期望也越来越大，要求越来越苛刻，态度越来越坚决，这对于妥协方很不利。

（3）小幅度递减让步（22，17，13，8）。在谈判过程中，一方让步的幅度逐渐减小有助于表示出其越来越坚定的立场和态度。这虽然显示着让步方愿意妥协，但是防卫严密，不会轻易做出让步，同时，也提醒对方能得到的好处越来越少了。

（4）中幅度递减让步（26，20，12，2）。这种让步方式与小幅度递减让步基本相似，只是让步梯度的递减幅度比较大一些。它表示出让步方妥协的意愿比较强烈，但同时也告诉对方其所做出的让步是有限的。在谈判初期，这种让步方式有提高对方期望的风险，但是随着让步幅度较快地减小、让步方渐渐趋向于一个坚定的立场之时，提高对方期望的风险也就逐渐降低了。

（5）大幅度递减让步（49，10，0，1）。这种让步形式比较危险，因为一开始就做出很大让步，这不仅会迅速提高对方的期望值，而且会让对方感觉很意外。但是，接下来，让步方可以通过拒绝让步，以及最后为达成交易用小小的让步来抵消这种对其不利的效果，同时让对方清楚即使再进一步讨论也是徒劳。

（6）大幅度递减但略有反弹让步（50，10，-1，+1）。这与大幅度递减让步方式极为相似，就是从该方式演变而来的。二者的区别在于，让步方在拒绝让步时态度极为坚决，反而将其价格又略微升高一些，这是对对方做出的一种对抗或反攻；之后，让步方做出一点小小的让步，使对方欣喜若狂、更加珍惜，从而迅速达成交易。

3）坦诚以待让步（60，0，0，0）

这种让步方式是指在让步阶段的一开始就全部让出可让利益，而在随后的阶段里无可再让。这种让步方式坦诚相见，比较容易使对方采取同样的回报行动来促成交易。同时，率先做出大幅度让步会给对方以合作感、信任感。直截了当地一步让利也有益于速战速决、降低谈判成本、提高谈判效率。

采用这种方式时要注意，相较于一次到位让步，有可能失掉本来能够力争到的利益；这种让步操之过急，会使对方的期望值增大而要进一步讨价还价，强硬而贪婪的对方更会得寸进尺，而由于让步方可出让利益已经全部让出，因此在后面的阶段中皆表现为拒绝，这样一来就可能导致僵局。不过，如果让步方在谈判中是处于劣势，或是双方都很熟悉，那么采用这种让步方式也未尝不可。

小链接

中国南方某市工艺品公司作为供货方同某外商就工艺品买卖进行谈判。谈判开始后，工艺品公司谈判人员坚持900元一件，态度十分强硬，而外商只出700元的价格，且也是毫不示弱。谈判进行了两日，没有取得任何进展。外商提出再谈一次，若依然不能达成共识，只能作罢。工艺品公司坚决不退让，眼看谈判即将破裂。第三天谈判继续，双方商定最后阶段谈判时间为3小时，因为如果没有办法破解僵局，那么再拖延下去也只能是浪费时间。谈判进行了两个多小时仍是毫无进展。

在谈判还剩下最后10分钟时，双方代表已做好退场准备了，这时工艺品公司首席代表突然响亮地宣布："这样吧，先生们，我们初次合作，谁都不愿出现不欢而散的结局，为表达我方诚意，我们愿把价格降至790元，但这绝对是最后的让步。"外商代表先是一惊，而后沉默了几分钟，就在谈判结束的钟声即将敲响之时，他们伸出了手，说："成交了！"

4. 让步策略

1）先苦后甜策略

先苦后甜策略是指在谈判中先用苛刻的条件使对方产生疑虑、压抑等心态，以大幅度降低对方的期望值，然后在实际谈判中逐步给予优惠或让步，使对方的心理得到满足从而达成一致。先苦后甜策略的应用是有限度的，在决定采用时要注意避免"过犹不及"，所提出的条件不能过于苛刻，要掌握分寸。

问题与思考：先苦后甜策略符合人们的心理需求吗？

2）步步为营策略

步步为营策略是指谈判一方在谈判过程中步步设防，试探着前进，只要做出了一点让步，就缠住对方不放，要求对方也做出让步，以消耗对方的锐气，坚守己方的阵地。使用步步为营策略的一方应注意做到：有理有据，使对方觉得情有可原；退让小而缓，使对方感到每一次让步都做出了重大牺牲。在一般情况下，谈判一方做出一次让步后需坚持：只有对方也做出一次或多次对等（或是较大）的让步，才可能做出新一轮的让步。

同步案例：步步为营

3）唱红白脸策略

唱红白脸策略就是软硬兼施。唱白脸的人先与对方交锋，他通常强硬刻板，让对方产生极大的反感。当谈判进入僵持状态时，唱红脸的人则及时表现出体谅对方的难处，放弃己方的某些苛刻条件和要求，做出一定的让步。实际上，做出这些让步之后所剩下的那些条件和要求，恰恰是原来设计好的必须全力争取达到的目标。唱红白脸策略往往在对方缺乏经验、迫切需要与己方达成协议的情境下使用。实施时，扮演"白脸"的，既要表现得态度强硬，又要保持良好的形象；扮演"红脸"的，应是主谈人，他一方面要善于把握谈判的条件，另一方面也要把握好出场的时机。一个人也可以同时扮演红脸和白脸，比如说："如果我能做决定，我会非常愿意接受你的报价，可是我老板只关心价格。"

对方使用红白脸策略我方的防御对策

4）声东击西策略

这种策略的具体做法是在己方无关紧要的或不成问题的交易条件上纠缠不休，大做文章，通过对这些次要问题的让步，在不知不觉中保证己方关键利益的实现。例如，对方最关心的是价格问题，而己方最关心的是交货时间。这时，谈判的焦点不直接放到价格和交货时间上，而是放到价格和运输方式上，通过运输方式的让步，满足对方价格利益要求，同时在对方未察觉中保证了交货时间。

小链接

中国某公司要从日本A公司引进一条生产线，在引进过程中双方进行谈判。在谈判开始之后，日本A公司坚持要按过去卖给某家公司的价格来交易，坚决不让步。谈判陷入僵局。该中国公司为了占据主动地位，开始与日本B公司频频接触，洽谈相同的项目，并有意将此情报传播出去，同时通过有关人员向A公司传递价格信息。A公司信以为真，不愿失去这笔交易，于是很快就接受了该中国公司提出的价格，这个价格比过去从其他厂商引进的价格低了 20%。

5）互惠互利策略

谈判不仅仅是有利于一方的洽谈，因此，一方做出了让步，必然期望另一方对此有所补偿，甚至获得更大的让步。

6）无损让步策略

无损让步策略是指一方的让步并不减少其自身利益，甚至实际上未做任何让步，而另一方却感到其是在让步的技巧。无损让步是谈判的艺术。

同步案例：一次无损的让步

5．阻止对方进攻的策略

1）限制策略

上级的授权、公司的政策，以及交易的惯例限制了谈判人员所拥有的权力。一个谈判人员的权力受到限制后，可以很坦然地向对方的要求说“不”。如果某谈判人员告诉对方“我没有权力批准这项费用，只有我们的董事长能够批准，但目前他正在国外，联系不方便”，那么对方就会意识到在这件事上该谈判人员不会让步了。精于谈判之道的人都信奉这样一句名言：在谈判中，受了限制的权力才是真正的权力。

谈判人员也可利用自己在财政方面所受的限制，向对方施加影响，达到防止其进攻的一种策略。例如，买方可能说“我们很喜欢你们的产品，遗憾的是，公司预算只有这么多”，而卖方则可能表示“我们成本就这么多，因此价格不能再低了”。向对方说明己方的困难甚至面临的窘境，往往能取得比较好的效果。

当对方要求就某问题进一步解释时，谈判人员可以用抱歉的口气告诉对方：“实在对不起，有关这方面的详细资料手头暂时没有（或者没有备齐），因此暂时还不能做出答复。”对方在听过这番话后，自然会暂时放下该问题，这就阻止了对方咄咄逼人的进攻。

另外，如环境、技术要求、时间因素等方面的限制，也可用来阻止对方的进攻。

经验表明，限制策略使用的频率与效率是成反比的。限制策略运用过多，会使对方怀疑该谈判人员的身份、能力及谈判诚意。如果对方认为该谈判人员不具有谈判中主要问题的决策权或缺乏谈判诚意，就会失去与之谈判的兴趣。

2）不开先例策略

不开先例策略是指谈判人员为了坚持和实现自己所提出的交易条件而列举对己方有利的先例来约束对方，从而使对方就范，接受所提条件的一种策略。

不开先例策略的应对

例如，“你们这个报价，我方实在无法接受，因为我们这种产品售价一直是××元”“×公司是我们多年的老客户，我们给他们的折扣一向是 15%，因此，对你们来讲也一样”。

在采用不开先例策略时，谈判人员必须注意对方是否能获得必要的情报和信息来证明不开先例的真实性。如果对方有证据表明只是对他不开先例，就会弄巧成拙。

3）示弱策略

在一般情况下，人们总是同情弱者，不愿落井下石。示弱者在对方就某问题提请让步，而对方又无法以适当理由拒绝时，就装出一副可怜巴巴的样子，进行乞求。例如，若某人按对方要求去办，那么公司必将破产，或是他本人就会被公司解雇，于是他要求对方高抬贵手，放弃要求。

4）休会策略

谈判对手步步紧逼，己方为避开其锋芒，寻求解决之策，可提请休会。这就是休会策略。

6. 迫使对方让步的策略

1）走马换将策略

在商务谈判中，一方谈判人员遇到关键性问题或与对方分歧严重时，借口自己不能决定或其他理由，转由他人进行谈判。适时更换己方的谈判代表，有助于形成一种人数、气势的强势，有意延长谈判时间，将消耗对方的精力，促使其做出让步。

同步案例：走马换将的结果

2）以林遮木策略

以林遮木比喻人们被事物的总体所掩盖，忽略了事物的重点和要点。以林遮木策略就是，在商务谈判中，一方故意向另一方提供一大堆复杂、琐碎，甚至多半不切实际的信息、资料，致使另一方埋头查找所提供的信息、资料，却分辨不清哪些与谈判内容有直接关系，既浪费了时间、精力，又没有掌握所需情况，甚至还会被假情报所迷惑。以林遮木的另一个表现手法是，一方故意向另一方介绍较多的情况来分散另一方的注意力，以遮盖真实意图或关键所在，造成另一方错觉，以争取更多的利益。运用该策略的一方可以转移对方的视线，干扰对方的思维，消耗对方的体力与精力，最终实现乱中取胜。

3）制造竞争策略

创造竞争条件是商务谈判中迫使对方让步的最有效武器和策略。当一方存在竞争者时，其谈判的实力就大为减弱，因此在谈判中，谈判人员应注意制造和保持对方的竞争局面。

具体做法：进行谈判前多考察几家厂商，同时邀请他们前来谈判，并在谈判过程中适当透露一些有关其竞争者的情况。在与一家厂商达成协议前，不要过早结束与其他厂商的谈判，保持竞争局面。即使对方实际上没有竞争者，己方也可巧妙地制造假象来迷惑对方。

同步案例：联想收购 IBM 全球 PC 业务

4）适当沉默策略

这种策略是先向对方发出调整价格的指令，然后保持沉默。例如，你可以说“你们的价格我们难以接受，请重新出个价吧”“对不起，你方必须调整价格”，然后闭口不言。如果对方用这种策略对付你，你不要还价，只要说一句“你出个价我们才好谈”就行了，然后也跟着沉默不语。

5）虚张声势策略

在有些谈判中，谈判一方在让步时给另一方造成一种错觉，似乎他们已经做出了巨大牺牲，但实际上只不过舍弃了一些微不足道的东西；或者谈判一方本来满意了，但仍然装作不满意、不情愿成交、等待或要求对方再让步。

6）软硬兼施策略

己方主谈人或负责人找一个借口暂时回避，让“强硬派”挂帅出场，将对方的注意力引向“强硬派”，采取强硬立场，唇枪舌剑，寸步不让，从气势上压倒对方，给对方造成错觉，迫使对方让步，或者索性将对方主谈人激怒，使其怒中失态。一旦己方主谈人估计已获得预期效果时，就回到谈判桌，但不要马上发表意见，而是以调和者缓和的语气和“诚恳”的态度继续与对方谈判。

同步案例：软硬兼施

7）乘胜追击策略

用总结性话语鼓励对方：“看，许多问题已经解决了，给你的优惠也是空前的，现在就剩这些了。如果不一并解决，就太可惜了。”“四个难题已经解决三个了，剩下一个如果也能一并解决，其他的小问题就好办了，让我们再继续努力，好好讨论唯一的难题吧。如果就这样放弃了，大家都会觉得遗憾的。”以上说法往往能使人继续做出让步，争取交易成功。

8）欲擒故纵策略

这种策略是指谈判一方想要与另一方达成交易，却故意装作无所谓，使另一方在压力下率先做出让步。

小链接

刘某要在出国定居前将名下房产出售。经过几次磋商，他终于同外地到本城经商的张某达成意向：40万元，一次付清。后来，张某看到了刘某不小心从皮包中掉出的出国护照等文件。张某突然改变了态度，一会儿说房子的结构不理想，一会儿说他的计划还没有最后确定。总之，他不太想买房了，除非刘某愿意在价格上做出大的让步。刘某看穿了对方的心思，不肯就范，双方相持不下。

当时，刘某的行期日益逼近，另寻买主已不太可能，但刘某不动声色。当对方再一次上门试探时，刘某说：“现在没有心思跟你讨价还价，过半年再说吧，如果那时你还想要我的房子，你再来找我。”说着，刘某还拿出了自己的飞机票让对方看。张某沉不住气了，当场拿出他准备好的40万元现金。其实，刘某也是最后一搏，他做了最坏的准备——以38万元成交。

9）最后通牒策略

最后通牒策略是在谈判双方争执不下，对方不愿接受己方交易条件，为了逼迫对方让步，而告知对方如果在一定的考虑期限内不接受己方的交易条件，己方就宣布谈判破裂并退出谈判。

在采用最后通牒策略时应注意以下几点。

（1）最后通牒的言辞不要过硬。言辞过硬容易伤害对方的自尊心，而言辞比较委婉易于被对方考虑和接受。

（2）最后通牒的时机要恰当。一般是在己方处于有利地位或最后关键时刻才宜采用最后通牒策略。经过旷日持久的谈判，对方花费大量人力、物力、财力和时间，一旦拒绝己方的要求，这些成本就将付之东流。这样，对方会因无法担负失去这笔交易所造成的损失而做出让步。

（3）最后通牒要留有余地。“最后通牒”是迫使对方再做出让步的一种手段，并非一定是“若对方不接受条件，谈判即告破裂”。若经最后较量，对方仍坚守立场，那么为实现交易己方也可自找台阶。

最后通牒既能帮助也能够损害提出方的议价力量。如果对方相信，那么提出方就胜利了；如果对方不相信，那么提出方的气势就会被削弱。从对方的立场来讲，了解掌握这个策略也是十分必要的。因为如果不了解最后通牒的奥妙，就很可能被对方的虚张声势所迷惑，从而付出较大的代价。

问题与思考：遇到对方“最后通牒”怎么办？

同步案例：最后的妥协

3.2.5　商务谈判僵局处理

1. 正确看待商务谈判的僵局

商务谈判的僵局，是指在所谈的问题出现了较大的争议时，谈判双方都不做任何让步的僵持局面。但是，在商务谈判中，不管争论多么激烈，只要谈判能继续下去就会有达成协议的可能，而商务谈判的僵局会使谈判双方浪费大量的时间、精力、资金，而且成交的希望又难以预料。所以，商务谈判人员都会尽量避免僵局的出现，但这种愿望有的时候很难实现。由于谈判双方对谈判议程认识角度不同、利益目标的追求不同等，难免会出现各抒己见、互不相让的僵持局面。

事实上，许多商务谈判僵局的出现多数是因细微的事情引起的，如谈判双方因意见分歧而对立，怕丢面子；谈判人员的权力限制；环境的改变；谈判一方利用己方优势强迫另一方接受己方的意图，造成感情上的伤害等。归纳起来，其原因主要有以下几个方面。

1）谈判中形成一言堂或出现沟通障碍

商务谈判是沟通和协商的过程，在谈判中任何一方过分地、滔滔不绝地论述己方的观点而忽略了对方的反应和陈述的机会，必然会使对方感到不满与反感，造成潜在的僵局。另外，当谈判人员忽略了双方的文化背景、风俗习惯等差异，也难免会出现因沟通障碍而产生的僵持局面。沟通障碍就是谈判双方在交流彼此情况、观点、合作意向、交易条件等过程中，可能遇到的由主观与客观的原因所造成的理解障碍。

小链接

某跨国公司总裁访问一家中国著名的制造企业，商讨合作事宜。中方总经理很自豪地向客人介绍："我公司是中国二级企业……"此时，翻译人员很自然地用"Second rate Enterprise"来表述。不料，该跨国公司总裁闻此，原本很高的兴致突然冷淡下来，敷衍了几句立即起身告辞。在归途中，他抱怨道："我怎么能同一个中国的二流企业合作？"可见，一个小小的沟通障碍，会直接影响合作的可能性。

2）坚持立场和原则导致的僵局

在商务谈判的磋商过程中，如果一方谈判人员始终坚持自己的主张和看法，不愿意对对方的要求表示理解和尊重，那么，该谈判人员越是坚持立场和原则，双方之间的分歧就会越大。这时，双方真正的利益被这种表面的立场所掩盖，于是谈判变成一种意志力的较量，而当冲突和争执激化、双方互不相让时，便会出现僵局。

小链接

在商务谈判过程中，如果在捍卫立场的前提下为利益讨价还价，那么后果是十分消极的，双方达成协议的可能性非常小。在谈判过程中，谈判人员为了维护己方的正当利益，会提出反对意见，当这些反对意见得不到解决时，便会利用制造僵局来迫使对方让步。例如，卖方认为要价不高，而买方认为卖方的要价太高；卖方认为自己的产品质量没有问题，而买方对产品质量不满意。也可能是客观市场环境的变化造成的不能让步，如由于市场价格的变化，使原定的谈判让步计划无法实施，便会在谈判中坚持己见，使谈判陷入僵局。

实践证明，谈判双方在立场上关注越多，就越不能注意调和双方利益，也就越不可能达成协议。甚至谈判双方都不想做出让步，或以退出谈判相要挟，这就更增加了达成协议的困难。因为人们最容易在谈判中犯立场观点性争执的错误，这也是形成僵局的主要原因。

3）偏见或成见造成的僵局

偏见或成见是指由感情原因所产生的对对方及谈判议题的一些不正确的看法。产生偏见或成见的原因是对问题认识的片面性，即用以偏概全的办法对待别人，因而很容易造成僵局。由于谈判人员对信息的理解受其职业习惯、受教育程度及专业知识所制约，因此，表面上看来，谈判人员对对方所讲的内容似乎已完全理解了，但实际上这种理解却常常是主观的、片面的，甚至与信息内容的实质情况完全相反。

4）谈判人员的强迫手段导致僵局

在商务谈判中，人们常常有意或无意地采取强迫手段而使谈判陷入僵局。特别是涉外商务谈判，由于不仅存在经济利益上的相争，还有维护国家、企业及自身尊严的需求，因此，某一方越是受到逼迫，就越是不会退让，谈判的僵局也就越容易出现。

小链接

在中外合作的某项扩建改造工程中，中方要求外方将其设备、材料存放在上海的施工现场，企图以此来保证工程的进度。然而，在外方看来，这是强迫他们承担设备、材料损失的风险，为此外方相应提高了工程造价。最终结果是双方在项目价格上相持不下而形成僵局。

5）谈判一方故意制造僵局

这是一种带有高度冒险性和危险性的谈判战略。具体来讲，谈判一方为了试探对方的决心和实力而有意给对方出难题，扰乱视听，甚至引起争吵，迫使对方放弃其谈判目标而向己方目标靠近，使谈判陷入僵局，其目的是使对方屈服，从而达成有利于己方的交易。

故意制造谈判僵局的原因可能是谈判一方过去在商务谈判中曾上过当、吃过亏，现在要报复对方；或者谈判一方处在十分不利的地位，通过给对方制造麻烦可能改变己方的谈判地位，并认为即使改变不了己方的不利地位也不会有什么损失。这样就会导致商务谈判出现僵局。

在通常情况下，谈判人员往往不愿冒使谈判陷入僵局的风险，因为制造僵局往往会改变谈判人员在谈判中的处境。若运用得当自然会获得意外的成功；反之，若运用不当，其后果也是不堪设想的。因此，除非谈判人员有较大的把握和能力来控制僵局，否则最好不要轻易制造僵局。

小链接

你是一家公司的采购员，现在需要跟一个供应商谈判，你会怎么跟他谈？应该先谈付款，而且还要告诉他："你的付款周期太短了。"供应商会反问："作为采购方，你认为你的付款期限多久合适？"你可以告诉他100天，并且要明确指出在付款期限100天这个问题上是绝对不会妥协的。这样谈判立刻就会陷入僵局。在陷入了僵局之后，供应商如果想继续与你合作，他可能就会想："这个问题真的是不可能解决的吗？"最后谈到一定程度，供应商很可能就会说："要不就这样，付款方面你跟公司财务部门再商量商量缩短一点，保修这方面我跟公司再请示延长一下。"这样，你就达到了目的。

6）环境的改变导致僵局

当谈判的外部环境，如价格、通货膨胀等因素发生变化时，谈判一方不愿按原有的承诺签约，也会导致僵局。

7）谈判人员的失误导致僵局

有些谈判人员想通过表现自我来显示实力，从而使谈判偏离主题；或者争强好胜，提出独特的见解令人诧异；或者设置圈套，迷惑对方，使谈判的天平向着己方倾斜，以实现在平等条件下难以实现的谈判目标。但是在使用某些策略时，因时机把握不好或运用不当，往往导致谈判过程受阻及僵局的出现。

8）谈判人员素质低下导致僵局

俗话说"事在人为"，谈判人员素质的高低往往成为谈判进行顺利与否的决定性因素。无论是谈判人员工作作风方面的原因，还是谈判人员知识经验、策略技巧方面的不足或失误，都可能导致谈判陷入僵局。

9）利益追求的差距导致僵局

在很多商务谈判中，即使双方都表现出十分友好、坦诚与积极的态度，但是如果双方对各自所期望的收益存在很大差距，那么谈判也会搁浅。当这种差距难以弥合时，合作必然是不可能的，僵局便会产生。

许多谈判人员把僵局视为谈判失败，企图竭力避免僵局，在这种思想的指导下，不是采取积极的措施加以缓和，而是消极躲避。有这种思想的谈判人员往往在谈判开始之前就祈求能顺利地与对方达成协议、完成交易，特别是当他负有与对方签约的使命时，这种心情就更为迫切。这样一来，为避免出现僵局，他就事事处处迁就对方，一旦陷入僵局，就会失去信心和耐心，甚至怀疑自己的判断力，对预先制订的计划也产生了动摇。这种思想阻碍谈判人员更好地运用谈判策略，结果可能达成一个对己方不利的协议。

实际上，僵局出现对谈判双方都不利。如果能正确认识，恰当处理，就会变不利为有利。既不能把僵局视为一种策略，运用它胁迫对手妥协，也不能一味地妥协退让，因为这样不但避免不了僵局，还会使自己十分被动。只要具备勇气和耐心，在保全对方面子的前提下灵活运用各种策略、技巧，僵局就不是攻克不了的堡垒了。

2. 处理商务谈判僵局的方法和技巧

在商务谈判中，往往会有各种原因使谈判陷入僵局，要想打破僵局，不仅要分析原因，还要找出分歧的所在环节及其具体的内容，如是利益追求问题还是责任分担问题。谈判人员应该在弄清楚这些问题的基础上，进一步审视目前的谈判形势，检查自身是否存在失误，进而认真分析对方为什么不愿意在关键问题上做出让步，然后进行分析，并积极主动地做好疏通工作。

1）寻找证据，以理服人

这是指用充分的有关证据、资料，用温和的态度、理性的语言和严密的逻辑推理影响和说服对方，从而缓和关系，打破僵局。此法在运用时要考虑对方的情感和面子，严禁说教。

2）求同存异，转移话题

这是指当谈判双方在某一个问题上争执不下陷入僵局时，提议先将这个问题放下，转换另外一个新的议题讨论，当其他条款的谈判取得成功后，再回过头来谈陷入僵局的议题，就会使谈判继续顺利开展，出现新的转机。

3）多种方案，寻找替代

俗话说得好，“条条大路通罗马”，在商务谈判上也是如此。商务谈判中一般存在多种可以满足双方利益的方案，而谈判人员经常简单地采用某一种方案，当这种方案不能为双方同时接受时，僵局就会形成。商务谈判不可能总是一帆风顺的，双方磕磕碰碰是很正常的事，这时，谁能创造性地提出可供选择的方案（当然，这种替代方案一定既能有效地维护自身的利益，又能兼顾对方的利益要求），谁就掌握了谈判的主动权。不过，在谈判开始就确定什么是唯一的最佳方案，这往往阻止了其他可做选择的方案的产生。相反，如果在谈判准备时期，就能构思对彼此有利的更多方案，往往会使谈判如顺水行舟，即使遇到障碍，只要及时调拨船头就能顺畅无误地到达目的地。此外，也可以对一个方案中的某一部分采用不同的替代方法。

4）适时休会，冷调处理

休会策略是谈判人员为控制、调节谈判进程，缓和谈判气氛，打破谈判僵局而经常采用的一种基本策略。谈判出现僵局，双方情绪都比较激动、紧张，会谈一时也难以继续进行，这时提出休会是一个较好的缓和办法。谈判的任何一方都可以把休会作为一种战术拖延的手段。等休会结束后，双方再按预定的时间、地点坐在一起，往往会对原来的观点提出新的、修正的看法和建议，这时僵局就会较容易打破。

5）场外沟通，感情联络

谈判会场是正式的工作场所，容易形成一种严肃而又紧张的气氛。当双方就某问题发生争执、各持己见、互不相让，甚至话不投机、横眉冷对时，这种环境更容易使人产生一种压抑、沉闷的感觉和烦躁不安的情绪，使双方都没有兴致继续谈判。在这种情况下，可暂时停止会谈，双方人员可以去游览、观光、出席宴会、观看文艺节目，也可以到游艺室、俱乐部等地方消遣，把绷紧的神经松弛一下，缓和一下双方的对立情绪。这样，在轻松愉快的环境中，大家的心情自然也就放松了。更主要的是，通过游玩、休息、私下接触，双方既可以进一步熟悉、了解、消除彼此间的隔阂，也可以不拘形式地就僵持的问题继续交换意见，寓严肃的讨论和谈判于轻松活泼、融洽愉快的气氛之中。心情愉快，人也会变得慷慨大方，在谈判桌上争论了几个小时无法解决的问题、障碍也许会迎刃而解。

6）更换人员，临阵换将

临阵换将，把己方对僵局的责任归咎于原来的谈判人员——不管他们是确实应该担负这种责任，还是充当了“替罪羊”的角色，这种策略都为己方主动回到谈判桌前找到了一个借口，能缓和场上对峙的气氛。不仅如此，这种策略还含有准备与对方握手言和的暗示，成为己方调整、改变谈判条件的一种标志，同时这也向对方发出新的邀请信号：我方已做好了妥协、退让的准备，贵方是否也能做到相应的灵活表示呢？

谈判双方在谈判暂停期间经过冷静思考，若发现双方合作的潜在利益要远大于既有的立场差距，那么更换人员就成为不失体面、重新谈判的有效策略。在新的谈判氛围中，在经历了一场暴风雨后的平静中，双方都会更积极、更迅速地找到一致点，消除分歧，甚至做出必要的、灵活的妥协，僵局可能因此而得到突破。但是，必须注意两点：第一，换人要向对方进行婉转的说明，使对方能够予以理解；第二，不要随便换人，即使出于迫不得已而换人，事后也要对换下来的谈判人员做一番工作，以免挫伤他们的积极性。

在有些情况下，如协议的大部分条款都已商定，却因一两个关键问题尚未解决而无法签订合同，这时，更换人员一方也可由地位较高的负责人来参与谈判，表示对僵持问题的关心和重视。同时，这也是向对方施加一定的心理压力，迫使对方放弃原先较高的要求而做出一些妥协，以利于协议的达成。

小链接

中、美两家公司进行贸易谈判。美方代表依仗其技术优势，提出非常苛刻的条件，谈判陷入僵持状态。这时，美方代表团中的一位青年代表约翰·史密斯看不下去了，站起来说："我看，中方代表的意见有一定的道理，我们可以考虑。"美方首席代表对这突如其来的内部意见感到十分恼火，对约翰说："你马上给我出去！"约翰只得退出会场。这时的谈判会场更是乌云密布，会谈随时都会破裂。但此时美方的另一位代表对首席代表说："是不是考虑一下，约翰说得也有些道理。"美方首席代表皱着眉头很勉强地点了点头。中方代表看见对方有些松动，就做了一些小让步，使会谈继续下去，取得了较好的结果。

人们在为约翰抱屈的时候是否想到，这一切都是美方预先设计好的策略。在表面上美方首席代表好像把自己人约翰当成了敌人，但他的实际目的是利用这枚"棋子"使谈判在破裂的边缘上及时止步并使中方自愿做出让步。

7）小题大做，借题发挥

谈判实践表明，在一些特定的形势下，抓住对方的漏洞，小题大做，会给对方一个措手不及，对于突破谈判僵局会起到意想不到的效果。这就是所谓的从对方的漏洞中借题发挥。从对方的漏洞中借题发挥的做法有时被看作是一种无事生非、有伤感情的做法。然而，对于对方的不合作态度或恃强凌弱的做法，运用从对方的漏洞中借题发挥的方法做出反击，往往可以有效地使对方有所收敛。相反，不这样做反而会招致对方变本加厉的进攻，从而使己方在谈判中进一步陷入被动。事实上，当对方不是故意为难，而己方又不便直截了当地提出来时，采用这种旁敲侧击的做法，往往可以使对方知错就改、主动合作。

8）尊重对方，有效退让

达到谈判目的的途径是多种多样的，谈判结果所体现的利益也是多方面的。有时谈判双方因对某一方面的利益分割僵持不下，就轻易地使谈判破裂，这实在是不明智的。他们没有想到，其实只要在某些问题上稍做让步，而在其他方面就能争取到更好的条件。使用主动退让的方法在态度上向对方传递己方的合作诚意和对对方的尊重，有利于促使谈判顺利进行。

9）以硬碰硬，据理力争

当对方通过制造僵局给己方施加太大压力时，妥协退让已无法满足对方的欲望，己方应采取以硬碰硬的办法给对方以反击，让对方自动放弃过高要求。例如，揭露对方制造僵局的用心，让对方放弃所要求的条件，或自动降低其要求，使谈判得以进行下去。己方也可以离开谈判桌，以显示己方的强硬立场。如果对方想谈成这笔生意，他们会再来找机会谈判，这时，他们的要求就会改变，谈判的主动权就掌握在己方手里；如果对方不来找也不可惜，因为如果己方继续同对方谈判，只能使己方的利益降到最低点，这样还不如谈不成。

当谈判陷入僵局而又实在无计可施时，以硬碰硬策略往往成为最后一个可供选择的策略。如果选择以硬碰硬，就必须做最坏的打算，否则就会显得茫然无措。切忌在毫无准备的条件下盲目滥用，因为这样只会吓跑对方，结果将一无所获。

商务谈判僵局处理得成功与否，从根本上来讲，取决于谈判人员的经验、直觉、应变能力等综合素质。从这个意义上讲，僵局的突破是谈判的科学性与艺术性结合的产物。

在具体谈判中，最终采用何种策略应该由谈判人员根据谈判背景与形势来决定。一种策略可以有效地运用于不同的谈判僵局之中，但一种策略在某次僵局突破中运用成功，并不意味着在其他同样类型的谈判僵局中也适用。只要僵局构成因素稍有差异，包括谈判人员的组成不同，各种策略的使用效果就有可能是迥然不同的。关键在于谈判人员的素质、谈判能力和团队的谈判实力，以及在实际谈判中个人及团队的力量发挥情况。那些应变能力强、谈判实力强，又知道灵活运用各种策略与技巧的谈判人员能够成功应对、处理所面对的谈判僵局，从而实现谈判目标。

小链接

中意双方就合资兴建一个合资公司进行了十多轮的谈判。在谈判过程中，中方显示了极大的耐性，最后达成了协议。情况是这样的：关于产品的销售问题，在可行性研究中曾两次提到，一是意方负责包销出口30%，其余70%在国内销售；二是合资公司出口渠道为合资公司和中国外贸公司。双方在这一表述的理解上产生了分歧，并且因为这一分歧使得谈判难以继续进行。意方对此两点表述的理解为：许可产品（因外方技术生产的产品）只能由意方独家出口30%，一点也不能多，而其他两个渠道是为出口合资企业的其他产品保留的。中方的理解为：许可产品的30%由意方出口，其余70%的一部分，有可能的话，用两个渠道出口。双方争执的焦点在于对许可产品中方与合资企业是否有出口权。意方担心扩大出口数量和多开出口渠道会打破其价格体系，占领其国际市场，故反对中方与合资企业出口。

中方同样基于自身的利益不愿放弃出口权。双方互不相让，争执不下。在第三轮谈判的最后一天，意方宣布终止谈判，以示在此问题上决不让步，谈判破裂。

由于意方利用终止谈判的方式向中方施加压力，以图迫使中方全面让步，因而使中方谈判代表陷于忧心忡忡的境地。

显然，中方对谈判破裂的实质认识不清。后来，中方召集大家研究对策，经过认真分析，认识到以下几点。其一，此项目投资大，意方目光长远，这次来中国事先进行过充分的可行性调查研究。其二，意方洽谈此项目意在投石问路，打开中国市场。另外，在中国，该中方公司是最佳的合作伙伴，因为无论是技术还是产品都是一流的。其三，如果意方在此领域第一个洽谈的项目就告失败，那么要想在中方继续投资办厂将难上加难。因此，意方不会轻易放弃这项合作。于是，中方公司领导班子在做出了正确的分析之后，不再担心谈判破裂，并决定耐心等待。

一般来说，这种对峙局面谁先妥协谁就要先付出代价。因此中方为了掌握主动权，按兵不动。几天以后，意方坐不住了，主动发来电传，再次陈述他们的理由，并做了许多解释，在许多项目上做了适当让步。中方经研究之后觉得可行，于是几经讨论，双方终于在谈判书上签了字。

3.2.6 商务谈判拒绝的艺术

1．应该拒绝的情况

在进行商务谈判前，谈判人员要事先对己方应该拒绝的问题认真分析、研究，预测在谈判中可能出现的问题，并确定哪些情况是己方要拒绝的。一般在商务谈判过程中出现下列情况时己方应该拒绝。

（1）对方提出的要求违反相关法律法规。

（2）对方提出的要求违反交易惯例。

（3）对方提出的要求超出了己方交易底线。

（4）对方提供的资料与实物不符。

（5）对方在商品价格与质量上弄虚作假。

（6）对方谈判的目的不是达成协议，而是刺探己方情报。

（7）对方进行虚假谈判，实际上是把己方作为对其目前真正谈判对手施加压力的筹码。

2. 拒绝的方法

商务谈判就是为了通过谈判达到双方所期望的某种交易。如果说商务谈判中的让步是为了成交，那么拒绝同样是为了成交。所以，在商务谈判中拒绝对方，要选择恰当的方式、恰当的时机，以恰当的语言，同时留有余地。商务谈判中常见的拒绝技巧包括以下几种。

1）问题法

当对方提出过分要求时，己方根据对方的要求，提出相关的问题，目的是使对方明白己方已经了解对方的目的或企图。这时，无论对方是否回答这些问题，无论对方是否明确承认，对方都已经明白，他们的要求过分了。

2）借口法

如果对方来头很大或双方已经存在良好的合作关系，简单地拒绝可能招致报复或影响目前的合作关系。己方可以寻找一些对方无可奈何的借口拒绝对方，如把问题推脱给对方无法影响到的领导。

3）补偿法

如果对方提出的要求己方无法满足，而又希望双方保持良好的关系，那么己方在拒绝对方的同时，可以用提供某种服务或对某种未来情况下的允诺等方式给予补偿，并反复强调并非己方不想满足对方要求，而是能力达不到，以求得对方理解，从而实现在不损害己方利益的情况下，保持双方合作良好的关系。

4）条件法

这是一种留有余地的拒绝方式，具体做法是在拒绝对方前，先提出对方也同样无法答应的条件，如己方答应对方条件后的己方补偿性方案或防卫性方案所必须满足的条件。如果对方能满足己方条件，那么己方应承诺满足对方条件；如果对方不能满足己方条件，那么己方也无法满足对方条件。

5）幽默法

对于己方无法满足的要求，己方可以充分利用语言艺术，以幽默的方式向对方证明己方无法满足对方的要求，从而让对方放弃。

6）不说理由法

如果对方准备了无可辩驳的理由，而己方无法与对方争辩，也不能答应对方的要求，又不具备摆脱对方的条件，那么可以与对方直接说“不”。不过，在商务谈判中，大家要慎用这种强硬的拒绝方式。

小链接

日本索尼彩电，以其清晰的画面、优良的品质赢得了全世界广大顾客的信任。但是，在20世纪70年代中期，当索尼彩电最初出现在美国商店货架上时，它只是一种备受歧视、遭人冷落的“杂牌货”。

卯木肇担任索尼公司新任国外部部长，他选定芝加哥最大的电器零售商店马歇尔公司为推销主攻对象。某天上班时，他兴冲冲地来到马歇尔公司，求见其总经理。名片经传达人递进去后好半天才被退回来，回答是“总经理不在”。接下来，卯木肇又连续吃了两次闭门羹。

第四次去拜见，总经理终于同意接见了，卯木肇高高兴兴地走进他的办公室。“我们不卖索尼的产品。”没等卯木肇开口，总经理就这样一个当头棒喝。卯木肇被这声大喝弄得迷迷糊糊，还没来得及回过神，总经理又大发议论：“你们的产品屡次降价拍卖，像一只瘪气的足球，踢来踢去没人要。”

卯木肇表示一定会接受总经理的批评，不再搞削价销售，立即着手改善商品形象。回到公司驻地后，卯木肇立即采取措施，从寄卖行取回全部索尼彩电，取消削价销售，并在当地报纸上重新刊登广告，重塑商品形象。

卯木肇带着刊登新广告的报纸，满怀信心地又一次去见马歇尔公司的总经理。不料总经理以“索尼公司没有做好售后服务”为借口拒销。卯木肇微笑着接受了总经理的又一次批评，回驻地后立即设置“索尼彩电特约维修服务部”，专门负责产品的售后服务和维修工作。随后，索尼公司又刊登大幅广告，公布索尼彩电特约维修服务部的地址和电话号码，并做出郑重承诺：保证随叫随到。

但是，马歇尔公司的总经理继续刁难，提出索尼彩电在当地形象不佳，不受消费者欢迎，并拒绝销售。不过，卯木肇已感到这位总经理拒绝的理由越来越少了，离成交已经不远了。

此后，卯木肇立即召集全体工作人员开会，规定从第二天起，每人每天拨五次电话，向马歇尔公司询问购买索尼彩电事宜。接连不断的询购电话搞得马歇尔公司的职员晕头转向，以为是“订购”或“催货”，误将索尼彩电列入“待交货名单”。

马歇尔公司总经理终于约见了卯木肇。一见面，总经理就对卯木肇吼道：“你搞什么名堂，制造舆论，干扰我们公司的正常工作，太不像话了！我问你，电话是不是你安排人打的？”

卯木肇等总经理发泄一通，火气稍消一点后，镇定自若地开始与他交谈。他回避了总经理的提问，把话题岔开，大谈索尼彩电的优点，说它是日本国内最畅销的产品。然后，他态度十分诚恳，语气十分坚定地对总经理说：“我三番五次忍辱负重求见您，一方面是尽职尽责，为了本公司的利益；另一方面，也考虑了贵公司的利益。日本国内最畅销的彩电放到马歇尔公司的柜台上，同样会成为畅销商品，一定会成为贵公司的摇钱树！”

卯木肇态度诚恳、入情入理的发言终于打动了这位总经理。总经理同意代销两台试试看，但条件十分苛刻——索尼彩电上柜后，如果一个星期之内卖不出，就请搬回去。

卯木肇满口应承，连连道谢。回到驻地后，他立即选派两名相貌英俊、口齿伶俐的年轻推销员送两台彩电去马歇尔公司的家用电器柜台，并告诉他们这两台彩电是百万美金订货的开始，一定不能掉以轻心。卯木肇要他们把货送到后，留在柜台上，与马歇尔公司的店员并肩推销，并要求他们与店员搞好关系。甚至说，如果一周之内这两台彩电卖不出去，他俩就不要再返回公司了。

当天下午 4 点钟，两名年轻人跑步回来，喜滋滋地报告两台彩电已经卖出，马歇尔公司又订了两台。卯木肇大喜。至此，索尼彩电终于挤进了芝加哥市的商店，打开了局面。此后，在圣诞节前后的一个月里，索尼彩电共卖出 700 余台。

畅销的索尼彩电使马歇尔公司大获其利。总经理亲自登门拜访卯木肇，并当即签订合同，决定索尼彩电为该公司下一个年度的主销产品。双方联袂在芝加哥市各大报刊刊登巨幅广告，进一步塑造商品形象，提高商品的知名度。从此，索尼彩电成功打入美国市场。

3.2.7 商务谈判的语言沟通

1. “辩论”的技巧

“辩论”最能体现商务谈判的特征，商务谈判中的讨价还价就集中体现在“辩论”上。作为一名谈判人员，要想训练自己的雄辩能力、在商务谈判中获得良好的辩论效果，应注意以下几点“辩论”的技巧。

1）观点明确，立场坚定

商务谈判中辩论的目的，就是论证己方的观点，反驳对方的观点。辩论的过程就是通过摆事实、讲道理来说明己方的观点和立场。为了能更清晰地论证己方观点和立场的正确性及公正性，谈判人员要运用客观材料及所有能够支持己方论点的证据，增强己方的辩论效果，反驳对方的观点。

2）思维敏捷，逻辑性强

商务谈判中的辩论，往往是在谈判双方进行磋商的过程遇到难解的问题时才发生的。一名优秀的辩手应该头脑冷静、思维敏捷、论辩严谨且富有逻辑性。

3）掌握大的原则，不纠缠细枝末节

在辩论过程中，谈判人员要有战略眼光，掌握大的方向、前提及原则，不要在枝节问题上与对方纠缠不休，但在主要问题上一定要集中精力、把握主动。在反驳对方的错误观点时，要能够切中要害，做到有的放矢。

4）掌握好进攻的尺度

辩论的目的是证明己方立场、观点的正确性，反驳对方立场、观点上的不足，以便争取到有利于己方的谈判结果。一旦达到目的，就应适可而止，切不可穷追不舍，得理不饶人。因为，如果对方被己方逼得走投无路，陷于绝境，往往会产生更强的敌对心理，甚至更强烈的反击念头，这样即使对方可能暂时认可某些事情，事后也不会善罢甘休，最终会对双方的合作不利。

5）态度客观公正，措辞准确严密

文明的谈判准则要求辩论双方不论如何针锋相对、争论多么激烈，谈判双方都必须以客观公正的态度，准确措辞，切忌用侮辱诽谤、尖酸刻薄的语言进行人身攻击。如果某一方违背这一准则，其结果只能是损害己方的形象，降低其谈判质量和谈判实力，不仅不会给谈判带来丝毫帮助，反而可能置谈判于破裂的边缘。

6）善于处理辩论中的优势与劣势

在商务谈判的辩论中，双方可能在某一阶段你占优势、我处劣势，而下一阶段又出现我占优势、你处劣势的局面。

当己方处于优势时，谈判人员要注意利用优势，注意借助语调和手势的配合渲染己方的观点，以维护己方的立场。相反，当己方处于劣势时，谈判人员要记住这只是暂时的，应沉着冷静、从容不迫，不可沮丧、泄气、慌乱不堪。在劣势状态下，谈判人员只有沉着冷静地思考对策，才会对对方的优势构成潜在的威胁，从而使对方不敢贸然进犯。

7）注意辩论中个人的举止和气度

在商务谈判的辩论中，一定要注意谈判人员个人的举止和气度。有些行为，如语调高亢、指手画脚等都是没有素质的表现，更无气度可言。在辩论时，良好的个人举止和气度不仅会在谈判桌上给人留下良好的印象，而且在一定程度上可以左右谈判的气氛。

小链接

史密斯为建造房屋而与承包商签订了一份承造合同，价格确定，而且明确要求必须以钢筋水泥做基础。但是合同却没有明确规定基础应该以多深为标准，承包商认为有2尺足够了，而史密斯则认为此类房子一般需要5尺左右。可承包商有他的理由：“当初是你自己同意采用较浅的基础的，而且我还记得，我也同意在屋顶也采用钢梁。”显然，在此情况下，史密斯如果明智的话，不应和对方进行自己是否说过上述要求方面一些细枝末节的辩论。于是，他想了想，说：“可能当时我错了，2尺也许够，但我所要的是稳固的基础，它要足以承受整个房子的重量。政府在这方面不是有标准规范吗？你可以了解一下在这个地区中的其他房子采用了多深的基础、这里的地震风险如何。你认为我们应该到何处去寻找解决问题的标准？”……就这样，史密斯将谈判双方的讨价还价通过辩论演变成了寻求客观标准，最终取得了成功。

2.“说服”的技巧

说服是一种设法改变他人初衷，接受自己意见的商务谈判技巧。从某种意义上讲，商务谈判的过程也就是说服的过程，谈判人员能否说服对方接受自己的观点，就成了商务谈判能否成功的关键。说服的基本技巧如下。

1）站在他人的角度看待问题

要说服对方，谈判人员就要考虑到对方的观点或行为存在的客观理由，即要设身处地为对方想一想，从而使对方对该谈判人员产生一种“自己人”的感觉。这样，对方就会信任该谈判人员，就会感到该谈判人员是在为他着想，谈判效果会十分明显。

2）抓住对方的心理进行诱导劝说

诱导劝说对方，关键要抓住对方的心理动态，迎合其心理。先说什么，后说什么，该说什么，不该说什么，必须自己心中有数，这样才能按照自己的意图改变对方的立场和观点。

3）推敲说服用语

在商务谈判中，欲说服对方，谈判人员的言语一定要经过推敲。事实上，在说服他人时，用语的色彩不一样，说服的效果也会截然不同。委婉生动的言语容易吸引和打动对方，使对方理解自己并信任自己，从而达到有效说服的目的。在通常情况下，在说服他人时要避免使用“愤怒”“怨恨”“生气”“恼怒”这类字眼。即使在表述自己，如担心、失意、害怕、忧虑等情绪时，也要在用词上注意推敲，这样才会收到良好的效果。另外，忌用胁迫或欺诈的手法进行说服。

4）引用事实例证

在说服艺术中，运用历史经验或事实说服别人，无疑比那种直截了当地说一堆大道理要有效得多。善于劝说的谈判人员都懂得人们做事、处理问题会受到个人的具体经验影响，抽象地讲大道理的说服力远远比不上运用经验和例证去进行劝说。

5）运用语言技巧

（1）先肯定局部，后全盘否定。谈判人员对于对方的意见和观点持不同的看法或是双方发生分歧时，在发言中首先对对方的观点和意见中的一部分略加肯定，然后以充分的根据和理由间接地、委婉地全盘否定。

小链接

需方：“用这种材料包装的商品，我们不能要！”

供方：“是啊，许多人都认为这种材料包装的商品不好卖，但是如果真正认识到这种包装的好处，自然会改变看法，已经有很多顾客专门提出要这种包装的商品了。”

需方：“我们不需要送货，只要价格优惠！”

供方：“您的意见有道理，可您是否算过这样一笔账，价格优惠的总额与送货的好处相比，还是送货对您更有利。”

（2）先重复对方的意见，然后削弱对方。这种做法是指谈判人员先用比较婉转的语气把对方的反对意见重复一遍，再做回答。在重复时，不能改变原意，可以变动语言顺序，这样做可以缓和谈判气氛，显得比较温和。在谈判人员复述对方的意见时，对方感到该谈判人员是充分尊重他的意见的，因此心理压力会相对减轻些。

（3）用对方的意见去说服对方。谈判人员可直接或间接地利用对方的意见去说服对方，促使其改变观点。

小链接

卖方："贵方要货数量虽大，但是要求的价格折扣幅度太大了，服务项目要求也过多，这样的生意实在是难做。"

需方："您说的这些问题都很实际。正像您刚才说的那样，我们要货数量大，这是其他企业根本无法与我们相比的，因此我们要求价格折扣幅度大于其他企业也是可以理解的！再说，以后我们会成为您主要的长期合作伙伴，而且您还可以减少对许多小企业的优惠费用。从长远看，咱们还是互惠互利的。"

（4）以提问的方式促使对方自我否定。这种做法是谈判人员不直接回答问题，而是提出问题，使对方在回答问题的过程中否定自己原来的意见。

小链接

供方为争取一份销售合同派一名业务员前去一家零售企业洽谈。

零售方："我们目前还不需要你们的商品，××企业的货倒是很符合我们的需要。"

业务员："请问你们那么好的营业场所，柜台都摆满了吗？"

零售方："摆满说不上，但够卖的了。"

业务员："你们经营的商品，着重花色、利润，还是商品的质量？"

零售方："首要的是商品的销路，同时要看利润如何。"

业务员："我们的商品销路不错，无须我多说了！而且我们的价格及各种优惠条件是其他企业无法比的。"

零售方："你们的优惠条件相当不错，但我还要看看质量。"

业务员："你们的营业厅面积有多大，经营品种有多少？"

零售方："营业厅面积足有5000多平方米。经营品种不多。"

业务员："看来，你们柜台陈列的商品并不是很丰富，我们的这种商品应该是可以摆得下的吧？"

零售方："摆是没有问题的。"

业务员："怎么样？对我们的商品有什么想法？"

零售方："让我考虑一下。"

零售方经过分析，认为购进这种商品有利可图，于是双方达成了协议。

（5）给对方面子。若对方自尊心很强，不愿承认自己的错误，从而使谈判人员的说服无济于事时，那么该谈判人员不妨先给对方一个"台阶"下，说一说对方正确的地方，或者说一说对方错误存在的客观根据，也就是给对方提供一些自我安慰的条件和机会。这样，对方就会感到没有失掉面子，因而容易接受该谈判人员善意的说服。

【任务演练】

模拟商务谈判磋商

目标：通过模拟商务谈判磋商，掌握讨价、还价、让步的策略和技巧，僵局处理的技巧，语言运用的技巧。

步骤：任务布置→任务实施→任务完成→任务考核。

内容与要求：

（1）将学习小组结对，分别扮演买方企业与卖方企业。

（2）每两个模拟企业互为谈判对手，分配买方任务和卖方任务。

（3）开局后，买卖双方在融洽友好的气氛中就各项交易条件展开磋商。

（4）买卖双方围绕价格，运用相关谈判策略展开磋商。

（5）买卖双方就合同中其他交易事项展开磋商。

成果形式：填写任务表（见表 3-4），完成模拟商务谈判磋商过程。

表 3-4 模拟商务谈判磋商任务表

角色扮演	任务	内容
主方谈判小组	方案、计划的调整与执行	
	磋商的战术、策略运用	
	让步的方式和梯度设置	
	打破僵局的策略	
	答复、拒绝等语言艺术运用的技巧	
	磋商的场景演练	
客方谈判小组	方案、计划的调整与执行	
	磋商的战术、策略运用	
	让步的方式和梯度设置	
	打破僵局的策略	
	答复、拒绝等语言艺术运用的技巧	
	磋商的场景演练	

【综合案例】

案例 1

权力有限策略的运用

某年 7 月下旬，中外合资重庆某房地产开发有限公司总经理张先生，获悉澳大利亚著名建筑设计师尼克先生将在上海短暂停留。张总经理认为，澳大利亚的建筑汇聚了世界建筑的经典，何况尼克先生是当代著名的建筑设计师。为了把正在建设中的金盾大厦建设成豪华、气派，既方便商务办公，又适合居家生活的现代化综合商住楼，必须使之设计科学、合理，不落后于时代潮流。具有长远发展眼光的张总经理委派高级工程师丁静副总经理作为全权代表飞赴上海与尼克先生洽谈。目的既是向这位澳洲著名设计师咨询，又想请他帮助公司为金盾大厦设计一套最新方案。

丁静一行肩负重担，风尘仆仆地赶到上海，一下飞机，便马上与尼克先生的秘书联系，确定当天晚上在银星假日饭店的会议室见面会谈。下午 5 点，双方代表准时赴约，并在宾馆门口巧遇。双方互致问候，随后进入 21 楼的会议室。根据张总经理的指示精神，丁静一行介绍了金盾大厦的现状。她说："金盾大厦建设方案是在七八年前设计的，其外形、外观、立面等方面有些不合时宜，与跨世纪建筑的设计要求存在很大差距。我们慕名而来，恳请贵公司的合作与支持。”丁静一边介绍，一边将事先准备好的有关资料提供给尼克一行。

尼克在我国注册了“博榭联合建筑设计有限公司”。该公司是多次获得大奖的国际甲级建筑设计公司，声名显赫。在上海注册后，尼克很快赢得了上海建筑设计市场。但是，中国其他内地市场还没有深入进来，该公司希望早日在中国内地的建筑设计市场上占有一席之地。由于有这样一个良好的机会，因此尼克一行对这个项目很感兴趣，他们同意接受委托设计金盾大厦 8 楼以上的方案。

可以说，双方都愿意合作。然而，根据丁静一方的委托要求，博榭联合建筑设计有限公司报价 40 万元人民币。这一报价令人难以接受。博榭联合建筑设计有限公司的理由是：本公司是一家讲求质量、注重信誉、在世界上都有名气的公司，报价稍高是理所当然的。而鉴于重庆地区的工程造价，以及中国内地的实际情况，这个价格已是最优惠的了。

据丁静一方的谈判代表了解，博榭联合建筑设计有限公司在上海的设计价格为每平方米 6.5 美元。若按此价格计算，重庆金盾大厦 25 000 平方米的设计费应为 16.25 万美元，根据当天的外汇牌价，应折合人民币 136.95 万元。的确，40 万元人民币的报价算是最优惠的了！“40 万元人民币，是充分考虑了内地情况，按每平方米设计 16 元计算的。”尼克说道。但是，考虑到公司的利益，丁静还价：“20 万元人民币。”对方感到吃惊。顺势，丁静解释道：“在来上海之前，总经理授权我们 10 万元左右的签约权限。我们出价 20 万元，已经超出了我们的权力范围……如果再增加，就必须请示正在重庆的总经理。”双方僵持不下，谈判暂时结束。

第二天晚上，即 7 月 26 日晚上 7 点，双方重新坐到谈判桌前，探讨对建筑方案的设想、构思，接着又谈到价格。这次博榭联合建筑设计有限公司主动降价，由 40 万元降为 35 万元。并一再声称：“这是最优惠的价格了。”丁静一方的代表坚持说：“太高了，我们无法接受！经过请示，公司同意支付 20 万元，不能再高了！请贵公司再考虑考虑。”对方谈判代表嘀咕了几句，说：“介于你们的实际情况和贵公司的条件，我们再降价 5 万元，30 万元好了。低于这个价格，我们就不做了。”丁静一方的代表分析，对方舍不得丢掉这次与本公司的合作机会，有可能还会降价，于是仍然坚持出价 20 万元。过了一会儿，博榭联合建筑设计有限公司的代表收拾笔记本等用具，根本不说话，准备退场。眼看谈判陷入僵局。这时，丁静一方的蒋工程师急忙说：“请贵公司的代小姐与我公司总经理通话，待我公司总经理决定并给我们指示后再谈，贵公司看这样好不好？”由于这样提议，紧张的气氛才缓和下来。

7 月 27 日，代小姐等人打了很多次电话与张总经理联系。在此之前，丁静副总经理已与张总经理通话，向张总经理详细汇报了谈判的情况及对谈判的分析和看法。张总经理要求丁静一行不卑不亢、心理平衡，并做出了具体指示。所以，当代小姐与张总经理通话时，张总经理表示在双方报价与还价的基础上，二一添作五，出价 25 万元。博榭联合建筑设计有限公司基本同意，但提出 8 月 10 日才能交图纸，比原计划延期两周左右。经过协商，当天晚上草签了协议。7 月 28 日，双方签订正式协议。

问题：

（1）在谈判过程中，双方主要运用了哪些谈判策略？如何理解谈判中“有限的权力才是真正的权力”？

（2）在谈判过程中，谈判代表会受到哪些限制？面对谈判对手使用权力有限策略，如果你是谈判人员，那么你会如何应对？

案例2

谈判双方的让步

某市机械进出口公司欲向国外订购一台专用设备，在收到了报价单并经过估价之后，决定邀请拥有该设备先进生产技术的某国客商来进一步洽谈。在谈判中，双方集中讨论了价格问题。一开始，该机械进出口公司的出价为10万美元，而对方的报价与报价单开列的价格一样，是20万美元。

在经过第一轮报价之后，双方都预计到最后的成交范围是14万美元到15万美元之间。同时双方也估计到，需要经过几个回合的讨价还价，才能实现这个目标。那么，如何掌握以后的让步幅度和节奏呢？有关人员进行了讨论，提出了以下几种可供选择的方式。

（1）向对方提出："好吧！我方本希望以10万美元成交，但你方要价20万美元，差距较大，为了取得一致，双方都应当互谅互让。坦率地说，14万美元这个价格兼顾了双方的利益，比较现实，你方能否考虑接受？"从表面上来看，这是合情合理的要求，但客观上却表现出我方急于成交或缺乏谈判经验的情况，是个典型的过大过快的让步方式。如果对方抓住这点猛施压，我方就没有回旋余地了。

（2）向对方表示我方愿意考虑的让步不超过5000美元，即由原报价10万美元增加到10.5万美元。显然这样的让步就显得微不足道，会使对方觉得我方缺乏达成协议的诚意。

（3）采取比较稳妥的方式，先由10万美元增加到11.4万美元，然后依次增加，不过增加的幅度越来越小。

双方按上述最后一种方案进行讨价还价，前4个回合双方出价及让步幅度如表3-5所示。到第4个回合结束时，双方出价已离各自的期望值不远，即接近协议点了。

表3-5　前4个回合双方出价及让步幅度

单位：美元

次　序	买方报价	卖方报价	买方递增额	卖方递减额
第一回合	10.0万	20.0万		
第二回合	11.4万	17.5万	1.4万	2.5万
第三回合	12.7万	16.0万	1.3万	1.5万
第四回合	13.5万	14.7万	0.8万	1.3万

此例中的双方让步过程是谈判中最普遍的让步方式。当双方都有达成交易的愿望并希望彼此不伤和气时，大都采用此种方式。每两个相邻的报价之间的差距随着逼近期望值而越来越小，以此暗示成交的可能。一般而言，如为买主，一开始只做较小的让步，其后则始终坚持缓慢让步；如为卖主，则一开始所做让步可稍大些，以后再做缓慢让步。买卖双方总体上的让步往往是不对称的，在把握不形成僵局的情况下，越是能够坚持不让步或缓慢让步的一方，最终的成交价格就会越接近其期望价格。

问题：

（1）从上面的案例中，你能总结出哪些让步的基本原则和策略？

（2）假如采取案例中的第1种让步方式，最终协议价格可能在一个什么样的水平？

（3）假如采取案例中的第2种让步方式，可能出现什么样的谈判结局？

【拓展阅读】

商务谈判让你的话字字千斤

在商务谈判中说话是讲究技巧的，只要你注意好以下几点，想必会为你加分。专家建议，在商业谈话中应该尽快切入正题。在切入正题之后，就要应付自如地表达出自己想要表达的东西。要做到这一点，你可以参考下列的重要法则。

1．不要说“但是”，而要说“而且”

你很赞成一位同事的想法，你可能说：“这个想法很好，但是你必须……”这样子一说，这种认可就大打折扣了。你完全可以说出一个比较具体的希望来表达你的赞赏和建议，比如说：“我觉得这个建议很好，而且，如果在这里再稍微改动一下，也许会更好……”

2．不要说“首先”，而要说“已经”

你要向老板汇报一项工程的进展情况，你跟老板说：“我必须得首先熟悉一下这项工作。”想想看吧，这样的话可能使老板（包括你自己）觉得，你还有很多事需要做，却绝不会觉得你已经做完了一些事情。这样的讲话态度会给人一种悲观的而绝不是乐观的感觉，所以建议你最好是这样说：“是的，我已经相当熟悉这项工作了。”

3．不要说“错”，而要说“不对”

一位同事不小心把一项工作计划浸上了水，正在向客户道歉。你当然知道，他犯了错误，惹恼了客户，于是你对他说：“这件事情是你的错，你必须承担责任。”这样一来，只会引起对方的厌烦心理。你的目的是调和双方的矛盾，避免发生争端，所以，把你的否定态度表达得委婉一些，实事求是地说明你的理由。比如说：“你这样做的确是有不对的地方，你最好能够为此承担责任。”

4．不要说“几点左右”，而要说“几点整”

在和一个重要的生意伙伴通电话时，你对他说：“我在这周末左右再给您打一次电话。”这就给人一种印象，觉得你并不想立刻拍板，甚至是更糟糕的印象——别人会觉得你的工作态度并不可靠。你最好是说：“明天 11 点整我再给您打电话。”

在商务谈判中如何回避明确答复

在商务谈判中，有些时候不能给对方一个确切的答案，但是又不能一口否定，那么要使谈判有回旋的余地就得回避明确答复，下面给大家介绍几种常用的回避直接答复的说法。

恐怕我现在无法给你一个明确的答复。

我现在无法做出决定。

我需要时间考虑考虑。

不过，我们对于前景还是有点不能确定。

有些问题我得慎重考虑。

很可能是这样的。我不敢确定。

这得看情况而定。

学习任务3.3 掌控商务谈判进程

【学习目标】

1. 熟悉商务谈判结束的各种方式和结果。
2. 能根据具体情况择机进入谈判结束阶段。
3. 掌握促成交易的基本策略和技巧。
4. 掌握规避商务谈判风险的技巧。
5. 能有效采取措施，恰当地规避商务谈判风险。

【任务描述】

在经过几轮的磋商较量之后，谈判各方的利益分歧会越来越小，就交易的各项条款意见逐渐趋于一致，谈判将进入结束阶段。

本任务要求学生能够准确地判断和选择谈判的结束时机，正确地选择谈判的结束方式，适当地选择一定的策略促成交易，采取有效的措施规避商务谈判的风险。

【引导案例】

正在德国考察的天津市技术改造办公室的同志从一位来访的德国朋友那里得知，有家能达普摩托车厂倒闭了。中方立即向该厂表示：我们准备买下这个厂，但需回国后研究确定，一周之内，必有回复。与此同时，印度、伊朗等几个国家的商人也准备购买该厂。回国后，天津市政府领导拍板决定购买能达普摩托车厂的全部设备和技术，并立即通知德方。中方随即组成专家团，准备赴德进行全面技术考察，商谈购买事宜。

就在这时，联系人从德国发来急电：伊朗商人已抢先一步签署了购买摩托车厂的合同，合同上规定付款期限为10月24日，如果24日下午3时伊朗商人的汇款不到位，合同便告失效。事情有点猝不及防。中方相关领导在分析了整个情况后认为，国际贸易竞争中也存在偶然因素，虽然伊朗商人在签订合同方面抢先，但能否成功付款尚属悬案。如果伊朗商人逾期付款，中方还有争取主动的机会。10月22日上午10时，中方相关领导做出决定，立即派团出国，从伊朗商人手中抢回这条生产线。代表团用了11小时办完了要办15天的出国手续，于10月23日飞到了慕尼黑，并立即与德方联系。10月24日下午3时，当打听到伊朗方面款项尚未到账的消息时，中方代表成员立即奔赴能达普摩托车厂。

中国人的突然出现令德方人员甚感吃惊。慕尼黑市债权委员会主管倒闭企业事务的米勒先生面带笑容地接待了中国代表团。他说："伊朗商人因来不及筹款已提出延期合同的要求。如果你们要购买，请现在就谈判签订合同。"原来，债权委员会已规定，能达普摩托车厂的财产必须于10月30日前出售完毕，以保证债权人的利益。如果逾期，那么将被迫拍卖，也就是把全部固定资产拆散零卖，这样不仅会使厂方蒙受巨大经济损失，而且会使这个有67年历史的生产名牌产品的工厂化为乌有。中方意识到对方急于出售的迫切心理，但又不能干闭着眼睛买外国设备的蠢事。经过几个回合的交涉，双方终于达成了中国专家先进行全面技术考察后再谈判的协议。

25 日早晨，中国专家来到能达普摩托车厂，对全厂的设备、机械性能、工艺流程进行全面考察，并得出最终结论：该厂设备先进，买下全部设备非常合算。25 日下午 2 时整，合同谈判在中国专家驻地正式举行。经过紧张的讨价还价，双方在次日凌晨签订了合同。中方代表团以 1600 万马克（合 500 多万美元）的价格，买下了能达普摩托车厂的 2229 台设备和全套技术软件。后来得知，这个价格比伊朗商人所要支付的价格低 200 万马克，比另一些竞争对手准备支付的价格低 500 万马克。

【知识储备】

3.3.1　把握商务谈判结束时机

1．商务谈判结束的方式

在宣布结束谈判之前，谈判人员应该对可能发生的结果有一个准确的判断和认识，这样有利于谈判人员进行下一步的工作。商务谈判有三种结束方式：成交、谈判中止和谈判破裂。

1）成交

成交是最好的谈判结果，指双方达成协议，实现双赢合作。商务谈判的成交分为两种情况：第一，双方就交易条件达成一致，对全部或绝大部分问题没有实质性的分歧；第二，双方在满足第一种情况的前提下能够签订书面法律合同，合同能够正式进行到履行阶段。只有商务谈判的成交能够实现第二种情况，才能使谈判结果真正带来现实利益，因此这是真正意义上的成交。

2）谈判中止

谈判中止是指双方由于某种原因未能达成协议，或者就某些交易条件不能达成一致而由双方约定或单方要求暂停谈判的方式。谈判中止，实质上并不代表谈判的结束，而是因双方需求重新考虑、计算或向上级请示等而做出的选择。谈判中止是可以通过再次谈判而成交的，因为中止是为了促成谈判，最后达成合同。

3）谈判破裂

谈判破裂是指双方经过协商、让步、妥协，仍然不能使双方在利益追求上达成一致，从而结束谈判。谈判破裂分两种情况：第一，双方在利益追求上出现真正的分歧，但是能够相互体谅对方面临的困难，从而友好地结束谈判；第二，双方产生对立的情绪，因而愤然结束未达成任何协议的谈判。对于第一种情况，双方虽然没有达成共识，但是均留下了良好的印象，仍然有进一步合作的可能。而第二种情况则不然，一旦双方关系恶化，将谈判的重点放在各自的立场上，就很难再合作。因此，在谈判时，双方都应该控制自己的情绪，不要将私人感情和想法加注在谈判中，即使无法达成协议，也应该以损失最小的情况来结束谈判。

小链接

2011年10月5日，据ESPN报道，在当天结束的劳资双方终极会谈中，双方依旧没有就新的劳资条款达成最终一致，而这样一来，新赛季的NBA赛程缩水也就难以避免。“就目前而言，我们之间的谈判还是破裂了……”球员工会执行董事比利说道。

在刚刚结束的关键性的劳资会谈中，无论是联盟和球队老板一方，还是球员工会一方，双方都没有进行太多的让步，而此前产生的分歧也依然存在，所以此次会谈以失败告终。这样一来，在时间紧迫的情况下，2011—2012年赛季的NBA很有可能又将成为一个缩水的赛季。

球员工会主席德里克·赞舍尔在谈判结束后的新闻发布会上无奈地表示：“今天，我们依旧没能达成最终协议。在经济问题上，双方的分歧始终没有减少，我们曾努力改善，但最终结果并没有向预期的方向发展。”“也许在不久之后，剩余的季前赛就会宣布取消，常规赛的开局阶段可能也无法如期举行。至于停摆何时结束，我想这要看资方的态度了，他们才是问题的关键。我们曾经准备了很多方案，希望能够避免停摆的发生，但现实的情况就是这样了。”

最近一段时间，劳资双方的会谈十分频繁，这也被外界看作一个好的现象，但最终在历经多次会谈之后，球员工会和联盟之间依旧没有就最终的协议达成一致。“那么下一次的会谈会安排到什么时候呢？”有记者提出这样的问题。对此，“老鱼”这样回答：“我不指望明天就会开启新一轮的谈判，至于下一次，我们也不能确定。”

而球员公会董事比利回答得则更为悲观：“下一次谈判？我想也许会是一个月之后的事情了，也许会是两个月，总之你自己去猜吧。”随后亨特还表示，球员们如今并不担心赛程缩水，停摆期间球员工会将会在休斯敦、洛杉矶、拉斯维加斯或迈阿密建立工作点来专门帮助球员，而所有的费用将会由球员工会来承担。

毫无疑问，这绝对是一个悲剧性的消息！但对于那些喜爱NBA的球迷们来说，大家能做的只有等待，并且期待下一次的会谈能够带来一个美好的结果。

2．商务谈判的可能结果

商务谈判的结果可以从两个方面来看：一是双方是否达成交易；二是经过谈判，双方关系发生何种变化，而将这两个方面的结果联系起来分析，可以得出六种谈判结果。

（1）达成交易，并改善了关系。双方谈判目标顺利完成，并且实现交易，双方关系在原有基础上得到改善，促进了今后进一步的合作，这是最理想的谈判结果。

（2）达成交易，但关系没有变化。这也是不错的谈判结果。因为双方力求此次交易能实现各自利益，并没有刻意去追求建立长期合作关系，也没有太大的矛盾造成不良后果，双方平等相待，互有让步，实现交易成功。

（3）达成交易，但关系恶化。虽然达成交易，但是双方付出了一定的代价，双方关系遭到一定的破坏或是产生了阴影。这种结果从当前利益来看是不错的，但是对今后长期合作是不利的，或者说是牺牲双方关系换取了交易成果。这是一种短期行为，对双方长远发展没有好处，但为了眼前的切实利益而孤注一掷也可能是出于无奈。

（4）没有成交，但改善了关系。这种谈判结果为双方今后的成功合作奠定了良好的基础。

（5）没有成交，关系也没有变化。通过这种谈判，双方既没有达成交易，也没有改善或恶化关系。这种近乎平淡无味的谈判没有取得任何成果，也没有造成任何不良后果。双方都彬彬有礼地坚持己方的交易条件，既没有做出有效的让步，也没有进行激烈的相互攻击，在今后的合作中有可能进一步发展双方关系。

（6）没有成交，但关系恶化。这是最差的结果，双方在对立的情绪中宣布谈判破裂。双方既没有达成交易，又使原有关系遭到破坏；既没有实现当前的实际利益，又对长远合作造成了不良的影响。这种结果是谈判双方都不愿意看到的，所以应该避免这种结果出现。

小链接

我国的长江电子公司是一家生产计算机触摸屏的公司。出于发展的需要，该公司有意引进某项新的制造技术。日本田稻公司在该项技术方面性能先进、工艺成熟，在世界同行业中也处于领先水平。于是，长江电子公司准备从田稻公司引进该项制造技术。双方按照约定，准备进行一场商务谈判。

谈判当天，田稻公司派了 4 位代表，长江电子公司派了 5 位代表。双方在经过相互介绍和简单的寒暄之后，就进入了谈判阶段。根据长江电子公司的询价，田稻公司的技术费报价约为 1000 万美元。在技术交流后，谈判就进入了价格解释、价格评论阶段。长江电子公司的主谈人希望田稻公司分解一下他们 1000 万美元的报价，并解释 1000 万美元是如何计算出来的。田稻公司表现得十分傲慢，不愿意细说，要求长江电子公司还价，并说：“如果行，就继续谈；如果不行，就别浪费时间。”

长江电子公司虽然反复讲理，但是田稻公司的主谈人就是不为所动，一定要长江电子公司还价。长江电子公司主谈人与同事商量后，给出了 250 万美元的还价。看到长江电子公司的还价单，田稻公司主谈人随即把它揉成一团，扔进废纸篓，说了句：“贵方的还价是对我方公司技术的侮辱！”然后，他就夹起皮包，带着其他人离开了谈判室，再也没回来。之后，长江电子公司也没有再回头找田稻公司。

3. 选择商务谈判结束的时机

有经验的谈判人员总是善于在关键的、恰当的时刻，抓住对方隐含的签约意向或巧妙地表明己方的签约意向，趁热打铁，促成交易。但是，商务谈判何时结束，如何掌握商务谈判结束的时机，是商务谈判结束阶段极为重要的问题。谈判人员只有准确判定谈判结束的时机，才能运用好结束阶段的策略。在一般情况下，商务谈判结束的时机从以下两方面确定。

1）从谈判所用时间上来判定

（1）双方约定的谈判时间。在谈判之初，双方一起确定整个谈判所需要的时间，谈判进程完全按约定的时间安排，当谈判已接近规定的时间时，自然进入谈判结束阶段。双方约定的时间要看谈判规模大小、谈判内容多少、谈判所处的环境形势及双方政治、经济、市场的需要和本企业利益。如果双方实力差距不是很大、有较好的合作意愿、能紧密配合、利益差异不是很悬殊，就容易在约定时间内达成协议。按约定时间终结谈判使双方都有紧迫感，可促使双方提高工作效率。如果在约定时间内不能达成协议，那么一般应该按约定的时间将谈判告一段落，或另约时间继续谈判，或宣布谈判破裂。

（2）单方限定的谈判时间。由一方限定谈判时间，谈判随着该限定时间的终结而终结。在谈判中占有优势的一方，或出于对己方利益的考虑需要在一定时间内结束谈判，或还有其他可选择的合作者，因此请求或通告对方在其希望的时限内终结谈判。单方限定谈判时间，无疑会对被限定方施加某种压力，被限定方可以随从，也可以不随从，关键要看交易条件是否符合被限定方的谈判目标。如果被限定方认为条件合适，又不希望失去这次交易机会，就可以随从，但要防止限定方以时间限定向被限定方提出不合理要求。另外，被限定方也可利用限定方对时间限定的重视性，向限定方争取更优惠的条件，以限定方的优惠条件来换取被限定方在时间限定上的配合。但是，需要注意的是，如果以限定谈判时间为手段向对方施加不合理的要求，就会引起对方的抵触情绪，破坏平等合作的谈判气氛，甚至造成谈判破裂。

（3）形势突变的谈判时间。本来双方已经约定好谈判时间，但是谈判进行过程中形势突然发生变化，如市场行情突变、外汇市场大起大落、公司内部发生重大事件、发生了一些不可抗拒的外在事件等，使谈判人员不得不改变原有计划，要求提前终结谈判。

（4）竞争者给定的谈判时间。在竞争性的谈判中，谈判有竞争性的第三方参与，这时谈判的时间除了谈判双方的需要，还受竞争者的影响。当竞争者的影响和作用举足轻重时，其谈判时间就成为估量己方谈判结束时刻的标志。

小链接

在一次陈安之《成功学》畅销书的推广和谈判中，谈判新手小张通过激情的解说和颇含哲理的言谈，让在场的许多青年都产生了强烈的购买欲望。对于小张来说，这是非常好的销售时机了。但在面对“368 元，共五本书”的价格时，大家显出了犹疑。而此时，小张依然用煽情的说辞让对方买下全套书。几个顾客因为价格偏高离去，有一些顾客表示要先买一本回去感受下再决定购买成套书……

从内心里，当然是买全套书对销售人员有利，但小张的失败就在于在成交阶段，当涉及价格时，不懂得“欲速则不达”的道理。小张完全可以随顾客的想法引导对方，即使对方只愿购买一本，也应很高兴地接受，并留下自己的联系方式。这样的处理方式不会让顾客觉得小张是在有意卖产品，而是会让他们感到小张是在与大家分享一种体验，在帮助大家寻找有益于人生的启迪。

2）从谈判涉及的交易条件来判定

（1）考察交易条件中仍余留的分歧。首先，从数量上看，如果双方已达成一致的交易条件占据绝大多数，所剩的分歧仅为极小部分，就可以判定谈判进入了结束阶段。其次，从质量上看，如果交易条件中最关键、最主要、最重要的问题都已达成一致，仅余留一些非实质性的、无关大局的分歧，就可以判定谈判进入结束阶段。

（2）考察对方的交易条件是否进入己方成交线。成交线指己方可以接受的最低交易条件，是达成协议的底线。如果对方认同的交易条件已进入己方成交线范围之内，那么谈判自然进入结束阶段。因为双方已经出现在最低限度达成交易的可能性，只要紧紧抓住这个时机，继续努力维护或改善这种状态，就能谈判成功。

（3）考察双方在交易条件上的一致性。如果双方在交易条件上全部或基本达成一致，而且就个别问题如何做技术处理也达成共识，就可以判定谈判进入结束阶段。双方在交易条件上达成一致，不仅指对价格，还包括对其他相关问题所持的观点、态度、做法、原则、个别问题的技术处理等都达成一致意见。

小链接

隆冬的晚上，鞋店的服务员小李迎来了两位时髦的女士——学生模样，二十出头，典型的“90 后”。其中一位看中了店里的鞋，试了几款，对两双同一色系但款式不同的鞋都产生了兴趣，于是犹豫不决。只见顾客脚上一左一右两只鞋由于色系相同，竟有种别样的效果。这个场景让小李看见了，于是，她告诉顾客：“你看，两双鞋都好看，还可以混搭出不同的个性，干脆两双都买了吧，花两双鞋的钱当三双鞋穿？” 就这么一句果断的成交说辞，让原本只准备买一双鞋的顾客欣然将两双鞋都买走了，并深感满意。

4. 商务谈判结束阶段策略

谈判终结的规则

1）暗示对方

在谈判即将结束时，抓住最佳时机向对方发出信号，暗示对方尽快结束谈判。谈判结束的信号主要表现为，谈判者会用很少的言辞阐明自己的立场，表述简明、坚定、直露，而且具有承诺的意味。谈判者在回答对方的任何问题时，完全是一种下最后决定的口吻，语气坚定，不卑不亢。

2）折中调和

对于立场和条件的差距，谈判双方以折中或完全对等的形式，或者以互相让步但不对等的形式予以妥协。这是一种双方攻守平衡的策略，在双方很难说服对方、各自坚持己方条件的情况下，也是寻求尽快解决的一种方法，比较有利于达成友好的谈判结局。其目的就是化解双方矛盾，比较公平地让双方分别承担相同的义务，避免在剩余问题上过多地耗费时间和精力。

小链接

某企业与某信息技术公司进行谈判，拟从该信息技术公司购买一套电子商务软件。双方都有成交的强烈愿望和长期合作的打算，但卖方为其高质量的产品自豪，希望售价从优，售价为 9 万元。买方也愿为高质量的产品付出好价钱，却希望价格不要太高，同时售后服务（培训、升级等）要绝对保证。但是，由于卖方要抬高售价，双方你来我往争执了很长时间。最后买方提出一次性付款，要求卖方降价 15%，并确保升级等服务。卖方同意了买方的要求，双方最终达成了交易。

3）场外交易

场外交易策略是指当谈判进入结束阶段，双方将最后遗留的个别问题的分歧意见放下，东道主一方安排一些旅游、酒宴、娱乐项目，以缓解谈判气氛，争取达成协议的做法。在谈判后期，如果仍然把个别分歧问题摆到谈判桌上来商讨，往往难以达成协议。场外轻松、友好、融洽的气氛很容易缓和双方剑拔弩张的紧张局面，轻松自在地谈论感兴趣的话题、交流私人感情有助于化解谈判桌上遗留的问题，甚至双方会很大度地相互做出让步而促成协议。需要指出的是，场外交易的运用，一定要注意谈判对手的习惯。有的国家的商人忌讳在酒席上谈生意，所以必须事先弄清楚，以防弄巧成拙。

4）最后让步

双方虽然在磋商阶段已消除了达成协议的主要障碍，但还要在达成最终协议以前，对交易条件尚存在的其他问题进行协调，做最后的让步。通常谈判人员在做最后的让步时要注意让步时间的选择和让步幅度的掌握，让步与要求同时提出。在做出最后的让步后，谈判人员必须立场坚定，因为对方会想方设法来验证该谈判人员立场的坚定性，判断本次让步是不是最后的让步。

同步案例：
最后的让步

5）不遗余“利”

通常，在双方将交易的内容、条件大致确定即将签约时，精明的谈判人员还会利用最后的机会，争取最后的一点收获。在谈判结束阶段取得最后利益的常规做法包括：在签约之前，突然提出一个小小的请求，要求对方再让步一点点。由于谈判已进入签约的阶段，对方谈判人员已付出很大的代价，也不愿为这一点小利而伤了友谊，更不愿为这点小利而重新回到磋商阶段，因此，往往会很快答应这个请求，争取尽快签约。

小链接

甲公司在完成技术改造后需处理一部分替换下来的设备，乙公司得知消息后登门求购，于是双方展开了谈判。卖方的小李说：“这些设备都是七八成新的，售价不能低于10万元。”买方的老刘说：“你不要说得那么死嘛，我已经做过调查并向行家打听过，这些设备最多也就值4万元，而且应当包括安装费在内。”双方谈了一会儿，卖方首先做出让步，小李说：“好吧，看来你们是真的需要这些设备，我们事先研究过，最低不能低于8万元。这样，就8万元吧，不过我们不负责运输、安装。”老刘却说：“不！如果你们不负责运输和安装，那我们只能出价5万元，你考虑一下如何？”到这里，谈判进行不下去了，于是二人约好第二天再谈。

第二天双方谈了一上午，没有一点进展。到了第二天下午，买方的老刘说：“小李，这些设备我已经仔细看过了，如果可以以5.8万元卖给我们，那么我们回去就可以安装投入运行。如果超过这个价格，那么我们还不如去买新的呢，所以我们只能再让你们8000元。这回该满意了吧？”

此时卖方的小李已经看出对方没有太大的让步余地，目前的让步和谈话已经表现出了买方的签约意向，公司里给他定的价格是不能低于5.5万元。但小李并没有立刻同意对方的条件，而是对老刘说：“我跟您实话实说吧，公司定的价格是6万元，这是我们的底价了，贵公司买一批设备也不差2000元吧，要不然我也实在没法交代。如果同意，我们就马上签协议。您看怎么样？”

老刘的公司定的价格是不高于6.5万元，双方都彼此把握住了对方的签约意向，最后以6万元成交。卖方的小李非常满意，同样买方的老刘也很满意，因为谈的结果都在双方的可接受范围之内。

6）一揽子交易

谈判内容涉及许多项目，双方在每一个项目上已经进行了多次讨价还价。在经过多个回合谈判后，双方最后阶段可以将全部条件通盘考虑，做“一揽子交易”。例如，涉及多个内容的成套项目交易谈判、多种技术服务谈判、多种货物买卖谈判，可以统筹全局，总体一次性进行条件交换，使谈判进入结束阶段。

小链接

我国一个经贸代表团访问非洲某发展中国家。该国在经历了连年战乱之后，民不聊生，需要建一个大型化肥厂来支持农业复兴，以解决该国出现的粮食危机。中方经贸代表团在谈判之初提出一个成套设备转让的方案，但该国谈判代表认为报价较高，希望能够大幅度降价。中方经贸代表团经过认真分析，认为该报价是合理的，主要是该国在支付能力上有实际困难。于是，中方经贸代表团详细介绍了所提供的设备与技术的情况，强调了项目投产后对发展该国农业生产和政治稳定上的重要意义，同时，为了促成合作，中方经贸代表团在设计、制造、安装、调试、人员培训及技术咨询等方面提出一个一揽子服务方案，并做出了有利于该国支付方式的安排。该国谈判人员经反复权衡，认为该报价合理，双方最终达成协议。

7）金蝉脱壳

金蝉脱壳策略是以各种理由为借口（如经请示上级领导不同意按已经谈妥的条件签合同），拒绝签订合同，并提出重新谈判的建议或退出谈判。该策略是谈判下策，可以作为避免签订严重不利于己方利益合同的一种手段，或者作为出于特殊原因需要退出此次谈判的措施，但会有损于己方的商业信誉与形象。该策略要慎重使用，切不可滥用。只有在市场发生了极大的变化，原来所谈交易条件无法履行或履行后需付出巨大代价的情况下，才选用此下策。实施此策略时要向对方深表歉意与遗憾，并拿出合理的理由和证据，见机行事，果断退出。

8）最后立场

双方在经过多次磋商之后仍无结果，谈判一方则阐明己方的最后立场，讲清只能让步到某种程度。如果对方不接受，那么谈判即告破裂；如果对方不想使谈判破裂，就只能让步接受己方条件。

小链接

法国某公司与中国某公司谈判铝电解用铝箔出口一事。第二天，法方律师将一页纸交给中方代表说：“这是双方昨天谈判的小结。”中方代表看后说：“主要的问题都提到了，但是有些意见是贵方单独要求的，不能代表我方立场，而有些问题贵方比昨天的立场后退了。”然后，中方代表将该纸又退还给了法方律师。

3.3.2 规避商务谈判风险

1. 商务谈判风险的种类

1）政治风险

政治风险一方面是指由于政治局势的变化或国内、国际冲突给有关商务活动的参与者带来可能的危害和损失；另一方面也包括由于商务合作上的不当或误会，给国家间的政治关系蒙上阴影。政治因素与商务活动有着千丝万缕的联系，而且还会带来难以挽回的消极影响，以及难以弥补的损失。

2）市场风险

市场风险指市场上各种因素的交互变化不可避免地给市场活动参与者带来的各种损益风险，主要有以下几个方面。

（1）汇率风险。汇率风险是指在较长的付款期限内，由于汇率变动而造成结算损失的风险。在国际贸易市场上，各种货币之间汇率的涨落时刻都可能发生。当汇率涨落十分微小、交易额不大时，对于交易双方损益的影响可能是微不足道的；但当汇率涨落在一段时间内十分明显，且又涉及巨额交易时，往往会给一方带来巨大损失。

（2）利率风险。利率风险是指在金融市场上，由于各种贷款利率的变动而可能给当事人带来损益的风险。如果贷款以固定利率计息，那么贷款利率升高或降低就会使放款人损失或得益、收款人得益或损失。这种利率风险对于借贷双方都是同时存在并起反向作用的。为了避免这种损失，在国际信贷业务中逐渐形成了长期贷款中按不同的利率计息的方法，主要有变动利率、浮动利率和期货利率三种，这些利率都有按金融市场行情变化而变化的特点。

（3）价格风险。价格风险主要是对于投资规模较大、延续时间较长的项目而言的。例如，有些大型工程所需要的设备往往要在项目建设后期提供，因此，在项目建设的初期，甚至在合同谈判阶段就把这些设备的价格确定下来并予以固定是具有风险的——影响工程设备远期价格的因素很多。因此，在合同标的金额较大、建设周期较长的情况下，如果硬要求对方以固定价格形式报价，就会使对方片面夸大那些不确定的因素，并把这些因素全部转移到固定价格中，使固定价格偏高，构成一种风险。

市场需求的起伏波动决定着国内外市场中外汇、资金、生产资料和劳务价格的变动，使风险时时处处都存在。值得注意的是，汇率、利率、价格的变动往往不是单一的，而是错综复杂地交织在一起的。因此，我们不能孤立地只谈一种风险，要综合起来，全盘考虑。

3）技术风险

在涉及引进技术、引进设备等项目的谈判中，引进方在进行项目技术谈判时，常常有提出过高技术指标的情况。这种情况对于发展中国家来讲比较普遍，特别是那些参与谈判的工程技术人员总是希望对方提供的技术越先进、越完善，功能越全越好，导致项目成本大幅度增长。而事实上，这些要求中的相当一部分在实际运用中是不必要的。因此，工程技术人员、谈判人员在提出有关要求时，既要考虑实际需要，又要注意将经济支出控制在合理的承受范围内。

在商务谈判中，如果一方掌握技术，而另一方对此不甚了解，掌握技术的一方则可能对另一方产生欺诈行为，或以次充好，或漫天要价，或获取额外优惠条件等。商务谈判人员对交易产品相关技术必须做充分的准备，否则在谈判中将会处处被动。

4）合作风险

选择合作伙伴风险很大，绝大部分商务纠纷与合作伙伴的选择有关。在合作项目中，除了考虑合作伙伴的技术状况，还要考察其资信条件、管理经验等方面的情况。实践证明，只有选择合适的伙伴，才有可能保证项目合作达到预定目的。特别是那些重要的项目，更要寻找信誉良好、有实力的合作伙伴，哪怕为此承担稍高的价格也是完全值得的。合作伙伴选择不当，可能使项目在合作进程中出现一些难以预料，甚至是难以逆转的问题，造成不可挽回的损失。

5）强迫风险

在商务活动中，往往会有一些占有优势的企业凭借自己的实力、地位强迫处于劣势的企业接受他们提出的方案。劣势企业在别无选择的情况下委曲求全，与其签订不平等的合作协议，但在履约过程中就会伺机采取各种手段找回谈判桌上的损失。这对于强迫者来说，其结果只不过是“捡了芝麻，丢了西瓜。”

6）素质风险

在商务谈判中，参与人员的素质欠佳往往会给谈判造成不必要的损失，如责任心不强导致合同漏洞。

商务谈判的风险种类很多，除以上列述的外，运输风险、自然灾害风险、支付风险均要考虑和防范。

小链接

前些年，中国的布鞋曾风靡一些西欧和中东国家。在法国某些地方几乎人均一双中国布鞋。然而突然有一天，在一些阿拉伯国家，有人发现一批中国布鞋的鞋底纹路近似于阿拉伯的“真主”字样，即刻引来了一片愤怒。中国驻外使馆也为此遭到骚扰。这批鞋最后被封存起来。在通过埃及一位颇有影响力的宗教领袖出面解释后，风波才平息下去。

2. 规避商务谈判风险的措施

根据现代风险管理理论，要想有效地规避商务谈判风险，通常可以采取以下措施。

（1）完全规避风险。所谓完全规避风险，即通过放弃或拒绝合作来规避风险源。虽然潜在的或不确定的损失能就此避免，但获利机会也会因此而丧失殆尽。

（2）控制风险损失。所谓控制风险损失，是指通过减少损失发生的机会或降低损失发生的严重程度来对付风险。

（3）转移风险。所谓转移风险，即将自身可能要承受的潜在损失以一定的方式转移给第三者，包括保险与非保险两种方式。在商务活动中，普遍采用的保险方式就是出于转移风险的需要；而让合作方的担保人来承担有关责任风险就是一种非保险的风险转移方式。

（4）风险自留。所谓风险自留，就是采取建立一笔专项基金的做法来抵补可能遭遇的不测事件所带来的损失。在某些情况下，风险自留可能是唯一的对策，因为有时完全规避风险是不可能或明显不利的。这时采取风险自留不失为一种规避风险的方式。

3. 规避商务谈判风险的技巧

（1）利用保险市场和信贷担保工具。向保险商投保已成为一种相当普遍的转移风险的方式。关于项目中存在的风险、向哪家保险公司投保、投保事项如何确定、选择什么档次的保险费、如何与合作方分担保险费等问题，谈判人员还需虚心求教，获得保险专家的指导。

另外，信贷担保不仅是一种支付方式，而且在某种意义上讲，也具有规避风险的作用。在大型工程项目中，为了预防承包商出现差错，延误工程进度，业主可以要求承包商或供应商在签订合同时提供信贷担保。这类担保目前有投标保证书、履约保证书和预付款担保三种形式。

（2）运用技术手段。商务活动中的市场风险是可以通过一定的财务技术手段来予以调节和转移的。交易者可以通过期货期权这种商品交换的高级形式，在期货期权市场上公开竞争，以其认为最适当的价格随时转售或补进商品，与现货交易相对冲，从而将价格波动的风险转移给第三方，达到保值目的。

（3）面对不测风险要公平负担。在商务活动中，风险并不是非此即彼的简单归属，而是需要合作双方共同面对和承担的。对于不测风险的出现，如何处理共同的风险损失，需要双方进一步磋商。

（4）主动向专家咨询和请教。有时，为了避免谈判问题的缺漏或因对谈判议题理解和把握得不透，请教专家或聘请专家做顾问常常是避免商务谈判风险的必不可少的条件。这里的专家，既包括国内的有关专业公司、同行业企业，也包括国外特别是项目所涉及的有关国家的政府部门、行业机构，甚至还包括国内银行等金融机构，以及外国驻我国使领馆和我国驻外使领馆等。请教有关方面的专家，可以避免谈判失误。

（5）挑选优秀谈判人员。挑选有责任心、忠诚于企业、专业能力强的谈判人员，可避免谈判工作失误或掉入对方陷阱。

【任务演练】

模拟商务谈判结束

目标：在模拟商务谈判磋商的基础上，模拟商务谈判结束，使学生能够准确地判断和选择谈判的结束时机，正确地选择谈判的结束方式，掌握商务谈判结束阶段的策略，能采取有效的措施规避商务谈判的风险。

步骤：任务布置→任务实施→任务完成→任务考核。

内容与要求：

（1）将学习小组结对，分别扮演买方企业与卖方企业。

（2）每两个模拟企业互为谈判对手，分配买方任务和卖方任务。

（3）经过几轮讨价还价和磋商后促成交易，结束谈判。

成果形式：填写任务表（见表 3-6），模拟商务谈判结束，促成交易。

表 3-6 模拟商务谈判结束任务表

角色扮演	任务	内容
主方谈判小组	明确尚未得到解决的问题	
	各项交易条件的最后决定	
	确定谈判结束的策略	
	做好成交阶段的交易记录	
	检查交易条款的准确性	
	成交阶段的场景演示	
客方谈判小组	明确尚未得到解决的问题	
	各项交易条件的最后决定	
	确定谈判结束的策略	
	做好成交阶段的交易记录	
	检查交易条款的准确性	
	成交阶段的场景演示	

【综合案例】

克里斯的产品推销

克里斯·亨利是一个工业用阀门、法兰、密封圈及密封剂的推销员，他正在访问壳牌石油公司的采购者格雷·马斯洛，希望格雷能使用 Furmanite 牌子的密封制品来防渗透。克里斯和格雷讨论完产品的特色、优点、利益，也说明了公司的营销计划和业务开展计划，他感觉快大功告成了。以下是他们二人的对话。

克里斯："让我来总结我们曾经谈到的。您说过您喜欢由于快速修理所节省下来的钱，您也喜欢因我们的快速反应而节省的时间，最后一点我们的服务实行 3 年担保。是这样吧？"

格雷："是的，大概是这样吧。"

克里斯："格雷，我提议带一伙人来这里修理这些渗透的阀门，您看是让我的人星期一来呢，还是别的什么时候？"

格雷："不用这么快吧！你们的密封产品到底可不可靠？"

克里斯："格雷，非常可靠。去年，我们为美孚做了同样的服务，至今我们都未因担保而返回修理。您觉得可靠吗？"

格雷："我想还行吧。"

克里斯："我知道您经验丰富、富有专业性，而且您也认同这是一个对你们厂正确的、有益的服务，让我安排一些人来，您看是下星期还是两周内？"

格雷："克里斯，我还是拿不定主意。"

克里斯："一定有什么原因让您至今犹豫不决，您不介意我问吧？"

格雷："我不能肯定这是不是一个正确的决策。"

克里斯："就是这件事让您烦恼吗？"

格雷："是的。"

克里斯："只有您自己对自身的决策充满自信，您才可能接受我们的服务，对吧？"

格雷："可能是吧。"

克里斯："格雷，让我告诉您我们已经达成共识的地方。由于能够节省成本，您喜欢我们的在线修理服务；由于能得到及时的渗透、渗漏维修，您喜欢我们快捷的服务回应；而且您也喜欢我们训练有素的服务人员及对服务所做的担保。是这些吧？"

格雷："没错。"

克里斯："那什么时候着手这项工作呢？"

格雷："克里斯，这个计划看起来很不错，但我这个月没有钱，或许下个月我们才能做这项工作。"

克里斯："没问题，格雷。我尊重您在时间上的选择，下个月5号我再来您这里确定维修工人动身的时间。"

问题：

（1）克里斯运用了哪些策略和技巧？他是否应该再次提出成交？你认为他可能怎样做？

（2）如果你是克里斯，那么你会采用哪些方法促成交易？

【拓展阅读】

不要草率地做决定，要避免谈判破裂

有经验的谈判人员不会让谈判完全破裂，否则，根本就不必谈判。有经验的谈判人员总会给对方留下一点退路，以待下次谈判达成协议。另外，有时没有达成协议比达成协议要好，因为勉强达成的协议可能后患无穷。很多人在谈判时都知道大方向，但好的谈判人员会把整个谈判内容化整为零，在谈完了一点就耗得对方筋疲力尽时，他又突然跳到另一点，有时又会绕回到刚才那个点。这样，对方就不一定在每个环节上都知道自己最好的选择和底线是什么了。谈判人员要不断地告诉对方，自己已经为他做了些什么，让他感觉到自己已经付出了很多。如果谈不成，不要着急，就暂时中止谈判，不要害怕主动中止会带来什么负面效应，要"斗争"到底。在适当的时候，也要做出一些让对方吃惊的行为，让他们重视自己。这并不是说要坚持不让步，"斗争"的主要目的是找到一个双赢的策略。

常见的成交信号

常见的成交信号有以下几种。

（1）谈判者所提出的建议是完整的，绝对没有不明确之处；如果他的建议未被接受，那么除非中断谈判，否则谈判者没有别的出路。

（2）谈判者用最少的言辞阐明自己的立场，谈话中表达出一定的承诺思想，但不含有讹诈的成分，如"好，这就是我最后的主张了，现在您的意见如何"。

（3）谈判者在阐明自己的立场时，完全是一种最后决定的语气，坐直身体，双臂交叉，文件放在一边，两眼紧盯着对方，不卑不亢，没有任何紧张的表现。

（4）回答对方的任何问题尽可能简单，常常只回答一个"是"或"否"，使用简短的词，而很少用论据表明确实没有折中的余地。

（5）一再向对方保证，现在结束是最有利的，并告之理由。

巩固提高
（综合练习3）

参考答案

项目 4 签订与履行商务谈判合同

学习任务 4.1 签订商务谈判合同

【学习目标】

1. 掌握商务谈判合同的构成和基本内容。
2. 了解商务谈判合同的签订过程，掌握签约的礼仪。
3. 了解规避合同风险的方式。
4. 能按要求拟定商务谈判合同书。
5. 能按照礼仪要求签订商务谈判合同。

【任务描述】

在谈判各方经过磋商达成共识之后，谈判即告结束。如果实现成交，那么谈判的内容及结果要以一定的法律形式确认并固定下来，为将来各方在交易过程中合理处理相互关系提供可靠的依据。换句话说，就是谈判各方要签订合同。该合同具有一定的法律效力，对谈判各方在今后的交易合作中的行为有一定的约束力。

本任务要求学生能够按照商务谈判合同书的结构、内容及写作要求拟定合同书，能按照合同的签订过程及礼仪签订商务谈判合同，能采取恰当的方式规避合同风险。

【引导案例】

中欧签署重大贸易协定

2020 年 9 月 14 日，中国商务部部长钟山与德国驻华大使葛策、欧盟驻华大使郁白正式签署了《中华人民共和国政府与欧洲联盟地理标志保护与合作协定》(简称《中欧地理标志协定》，以下称《协定》)。

《协定》谈判于 2011 年启动，共历时 8 年。《协定》包括十四条和七个附录，主要规定了地理标志保护规则和地理标志互认清单等内容。《协定》纳入双方共 550 个地理标志（各 275 个），涉及酒类、茶叶、农产品、食品等。

我国地理标志产品丰富。根据《协定》，安溪铁观音、五常大米、四川泡菜等我国第一批 100 个知名地理标志将在《协定》生效后立即获得欧盟的保护，有效阻止仿冒等侵权行为的发生；第二批 175 个地理标志将于《协定》生效后 4 年内获得保护。根据《协定》，我国相关地理标志产品有权使用欧盟的官方标志。同时，《协定》为双方地理标志提供高水平的保护，可为欧盟优质特色产品进入中国市场消除后顾之忧，有利于消费者获得更多优质欧洲特色产品，满足更美好生活的需要。

近年来，中欧贸易规模不断扩大。中欧签署《协定》，相互承诺提供高水平保护，将有利于促进双边地理标志产品贸易，充分体现中欧双方坚持开展自由和开放贸易、支持以规则为基础的多边体制的承诺。

【知识储备】

4.1.1 商务谈判合同书

我国法律界认为，合同又称契约，有广义和狭义之分。广义的合同泛指双方或多方当事人之间订立的发生一定权利、义务关系的协议；狭义的合同专指当事人之间设立、变更、终止民事关系的协议。《中华人民共和国民法典》第四百六十四条规定：“合同是民事主体之间设立、变更、终止民事法律关系的协议。”第四百六十五条规定：“依法成立的合同，受法律保护。”

问题与思考：“合同”和“协议”一样吗？

1. 合同书的结构

无论哪种形式的合同书，一般都由标题、约首、正文和约尾四部分构成。

1）标题

标题即合同名称，它提示合同的性质和种类。标题的位置在合同首页上方居中。

2）约首

约首位于标题之下，包括签订合同当事人名称、合同编号及签约地点、时间等。

当事人名称是必须写的内容，签约地点、时间可以写在约首，也可以在约尾注明。为使正文叙述方便，当事人名称分别用代称。在约首中，应将当事人名称的全称写在代称的后面。代称通常写成“甲方、乙方”“供方、需方”“卖方、买方”“借款方、贷款方”“发包方、承包方”等。

当事人名称可以左右并列，也可以上下分列。合同编号一般写在标题下方右侧。签约地点、时间可以写在当事人名称下方，也可以与当事人名称左右并列；当事人名称写在约首左侧，签约地点、时间写在约首右侧。

3）正文

正文包括开头和主体两部分。开头部分也称引言，说明订立合同的目的、根据等。开头应力求简明扼要。主体部分也称具体内容部分、基本条款部分，写当事人协商一致的内容，形成合同书的正式条文。

4）约尾

约尾实际上是补充条款或是为了工作方便而提供的信息，一般包括下列内容。

（1）合同书的份数及保存办法。

（2）合同规定生效和作废的条件与日期。

（3）双方单位的地址、电话、传真、电报挂号。

（4）署名落款。双方单位盖章，盖单位章或合同专用章，以及法定代表人和经办人签名印章。

（5）合同附件（一般为表格、图纸、资料、实样等，与合同具有同等法律效力）。

2．合同书的主要内容

1）一般条款

《中华人民共和国民法典》第四百七十条规定，合同的内容由当事人约定，一般包括下列条款。

（1）当事人的姓名或者名称和住所。该项条款反映在合同书的约首和约尾。

（2）标的。合同双方当事人权利义务所指向的共同对象，叫作合同的标的。这是签订合同的目的和前提。标的可以是某种实物或货币，也可以是某项工程或某项脑力劳动的成果。合同标的与谈判标的一致，如商品、劳务、工程项目等，都是谈判合同必须明确的标的。没有标的，合同双方当事人的权利和义务就无法落实，经济合同也就无法履行。

（3）数量。订立合同必须有明确的数量规定，数量是衡量标的的尺度，对数量的要求要准确、具体，不能含糊笼统。计量单位和计量方法必须明确，数据要求准确，计重量的产品还必须明确是毛重还是净重。如果标的的数量允许或有必要规定正负差、合理磅差、自然损耗率，合同上就要规定清楚，以免引起不必要的争议。

（4）质量。质量是指标的特征和优劣程度，是标的内在质量和外观质量的综合指标，包括名称、品种、规格、型号、质量指标等。对质量标准的要求也要明确、具体，如写明具体的国际标准、国家标准、部颁标准、地方标准等；若是双方协商标准，应在合同中写明指标和数据，或另附协议，或提交样品。

（5）价款或者报酬。价款就是产品或商品的价格，在租赁合同中指租金，在借款合同中指利息；报酬是指从事劳务所得到的酬金，在承揽合同中指加工费，在保管合同中指保管费，在运输合同中指运输费等。在签订合同书时，合同双方当事人必须对标的价款或报酬协商一致，并在合同书中明确标明支付的货币名称、数额及计算标准、支付时间等。

（6）履行期限、地点和方式。履行期限是指合同当事人完成合同书所规定的各项义务的时间界限。它是确定合同是否按时履行的标准。合同当事人必须在规定时间内履行自己的义务，否则应承担违约或迟延履行的责任。履行地点指合同当事人履行合同义务的具体地点，如交货地、施工地等。履行地点直接关系到履行的义务和费用，对此应做出明确约定，以便按约定地点履行合同。履行方式指合同当事人履行义务的方法，一般包括标的的交付方式、价款或报酬的结算方式及运输方式、计量方式、验收方式等。当事人订立合同时必须明确具体的履行方法。

（7）违约责任。违约责任是指合同当事人一方或各方，由于自身过错而没有履行合同义务，依法和依约所应承担的责任。

（8）解决争议的方法。为解决可能在合同履行过程中出现的纠纷和争议，合同双方当事人应将合同的变更、解除、争议、仲裁等解决纠纷、争议的办法在签订合同时就商定清楚，明确写入条款，如发生纠纷，应首选通过协商解决，解决不了的，可以调解或仲裁、诉讼。

2）特有的必备条款

这些条款有些是按合同性质必须具备的，有的是按有关法律法规规定必须有的。例如，供用电合同中的“设计、安装、试验与接电”条款，技术合同中的“侵权和保密”条款，仓储保管合同中的“货物损耗标准和损耗处理”条款等。

3）其他条款

合同当事人一方要求规定的条款或经双方协商的其他条款。

小链接

商品买卖合同（范本）

合同编号：________

出卖人：________　　　　签订地点：________

买受人：________　　　　签订时间：　　年　月　日

第一条 标的、数量、价款及交（提）货时间

标的名称	牌号商标	规格型号	计量单位	数　量	单　价	金　额	交（提）货时间及数量
合计							
合计人民币金额（大写）：							

第二条 质量标准：________

第三条 出卖人对质量负责的条件及期限：________

第四条 包装标准、包装物的供应与回收：________

第五条 随机的必备品、配件、工具数量及供应办法：________

第六条 合理损耗标准及计算方法：________

第七条 标的物所有权自________时起转移，但买受人未履行支付价款义务的，标的物属于________所有。

第八条 交（提）货方式、地点：________

第九条 运输方式及到达站（港）和费用负担：________

第十条 检验标准、方法、地点及期限：______________________________

第十一条 成套设备的安装与调试：______________________________

第十二条 结算方式、时间及地点：______________________________

第十三条 担保方式（也可另立担保合同）：______________________________

第十四条 本合同解除的条件：______________________________

第十五条 违约责任：______________________________

第十六条 合同争议的解决方式：本合同在履行过程中发生的争议，由双方当事人协商解决；也可由当地工商行政管理部门调解；协商或调解不成的按下列第____种方式解决：

（一）提交__________________仲裁委员会仲裁；

（二）依法向人民法院起诉。

第十七条 本合同自________________起生效。

第十八条 其他约定事项：______________________________

出卖人	买受人	鉴（公）证意见
出卖人章	买受人章	
住所	住所	
法定代表人	法定代表人	
委托代理人	委托代理人	
电话	电话	
传真	传真	
开户银行	开户银行	鉴（公）证机关章
账号	账号	经办人
邮政编码	邮政编码	年　月　日

3. 涉外经济合同一般条款

按照法律规定，涉外经济合同一般应当具备以下条款。

（1）合同当事人的名称、国籍、主营业场所或住所。

（2）合同签订的日期、地点。

（3）合同的类型和合同标的的种类、范围。合同标的的技术条件、质量、规格、标准、数量。

（4）履行的期限、地点和方式。

（5）价格条件、支付金额、支付方式和各种附带的费用。

（6）合同能否转让或合同转让的条件。

（7）违反合同的赔偿和其他责任。

（8）合同发生争议时的解决方法。

（9）合同使用的文字及其效力。

上述条款是各类涉外经济合同都应具备的主要条款，但在不同类型的合同中，各条款的具体内容和表述方式是不同的，而且有些合同除应具备上述条款

涉外货物买卖合同范本

外，还应根据需要写入其他一些条款。涉外经济合同所涉及的领域十分广泛，种类很多，而且使用频率较高、适用范围较大，比较有代表性的是涉外贸易合同。

4．合同书的写作要求

合同书是法律文书，应依照法律的规定和要求，以认真严肃的态度来起草。写作中微小的疏忽和差错，都可能给以后带来麻烦。合同书写作的基本要求是要遵循法规、符合政策和原则，除此之外，还要注意以下三个方面。

（1）条款完备、具体。合同书中必备的各构成部分不能缺少，反映合同内容的各项条款不能有遗漏。有的条款，如产品技术标准和规格、计量单位、包装标准、违约责任等，都要写得很具体，切忌含混笼统。

（2）表述准确、严密。合同书文字表述应力求准确、严密，遣词造句要小心斟酌，不可马虎，切忌语义不明，引起歧义。

（3）字迹清楚、文面整洁。合同书订立后，一经签字盖印，即具有法律效力。合同书要求文面整齐干净，字迹清楚工整，一般不许涂改；如果不得已要修改，应在修改处加盖双方当事人印章。

小链接

写错一字，痛失百万

沈阳某物资公司与福州某进出口公司签订了一份金额达 500 万元的进口层板的购销合同。合同规定三个月内交货，并由物资公司交付进出口公司 200 万元作为保证合同履行的定金。如果进出口公司违约，就双倍退还定金。可是，进出口公司在规定期限内没有按时交货，只将 200 万元退还给物资公司。物资公司即状告到法院。法院最后裁定：合同上写的 200 万元是预付款性质的订金，而非起担保作用的定金。原来物资公司一时疏忽，错将“定金”写成了“订金”，只好自认倒霉。

4.1.2 商务谈判合同的签订

1. 合同的签订过程

1）最后回顾及整理谈判记录

在商务谈判结束后，谈判双方要进行谈判内容的最后回顾，即整理好谈判记录，查对无误后由谈判双方共同确认。经确认的谈判记录是起草书面协议（合同）的主要依据。

2）正式起草谈判书面协议（合同）

谈判双方达成一致后要签订书面协议（合同），把谈判结果以书面形式的正式文件确定下来，作为以后双方实施交易的依据。书面协议（合同）也叫成交确认书，将严格规定双方的权利和义务，保障双方的权益和交易的顺利进行。因此，协议条款的起草必须认真仔细，要求表述准确、内容全面，不允许有产生歧义的可能，更不允许有疏忽或遗漏，以免出现后患。

在正式签字前对协议（合同）的文本应进行审核，要注意文本内容与谈判结果、谈判记录是否一致，还要注意文本与附件在内容上是否一致。当发现有不一致之处时，应及时沟通或重新磋商，并给予纠正，务必使协议文本能真实地反映谈判的结果。

3）确定签字人

签字人的选择主要出自对协议（合同）履行的保证，在签订一般的交易协议（合同）时，签字人的确认分为以下几种情况。

（1）成交金额不大、内容一般的协议（合同）由业务员或部门经理签字。

（2）成交金额较大但内容一般的协议（合同）由部门经理签字。

（3）成交金额大且内容很重要的协议（合同）由公司经理签字。

（4）涉及政府政策或涉及面较广的协议（合同）由政府代表、企业代表共同签字。

签字人应出示由企业最高领导人签发的授权书，若签字人就是最高领导人，则要证实其身份。对签字人的确认是谈判双方在协议阶段借以保护自身利益的最后机会，若一方对另一方的某些情况有疑问，则应设法调查了解，或要求对协议（合同）进行公证，以免上当受骗。

4）正式签署协议（合同）

商务谈判的协议（合同），一般只要经过双方授权的签字人签字即可。但重大协议（合同）在正式签署时，还要举行签约仪式，有时还邀请高级领导和新闻界人士参加。

2. 签约过程中应注意的主要问题

（1）要确认双方当事人是否具有签约资格，特别是代理谈判。

（2）双方确认按照相关事项拟成的条款是否与合同的目的相符。

（3）订立合同的条款要符合有关法律规定和要求。

（4）确定的合同条款内容不得违反我国法律和社会共同利益。

（5）合同的违约责任条款必须明确、具体。

（6）对对方提出的免责条款要慎重研究，在弄清其范围后，方能表示是否同意。

（7）仔细拟定适用的法律条款和仲裁条款。

（8）在进行跨国商务谈判时，要注意协议里中外文本的一致性。

（9）要认真细致地检查细节性条款的具体内容，不能出现任何差错。

（10）在举行签约仪式时，要注意工作流程中的相关礼仪。

3. 签约仪式的程序

1）签约仪式的准备

（1）签字人与参加人。签字人通常由谈判双方商议确定，但双方签字人的身份应大体相应，有时主谈人不一定就是签字人。另外，对于比较正规的签约仪式，双方都应指定一个助签人。参加签约仪式的人员一般就是双方参加谈判的全部人员。如果一方要增加其他成员，那么应该征得另一方的同意，但是最终双方参加签约仪式的人数应该相近。

（2）签字厅的布置。布置的总原则是庄重、整洁、清静。按照签约仪式的礼仪规范，签字桌需要横着放在室内。在其后，可摆放适量的座椅。其中，在签署双边合同时，可放置两张座椅，分别供双方的签字人就座；在签署多边合同时，正式的规矩是仅放一张座椅，供各方签字人在签字时轮流就座（也可以为每位签字人各提供一张座椅，各方一起坐定后再进行签字）。签字人在就座时，一般面对正门。

在签字桌上，应事先放好待签的合同文本及签字笔等文具。在与外商签署涉外商务合同时还需在签字桌上插放有关各方的国旗。插放国旗时，在其位置与顺序上，必须按照礼宾序列而行。例如，在签署双边涉外商务合同时，有关各方的国旗要插放在该方签字人座椅的正前方。

小链接

签字厅中签字桌和座椅的布置

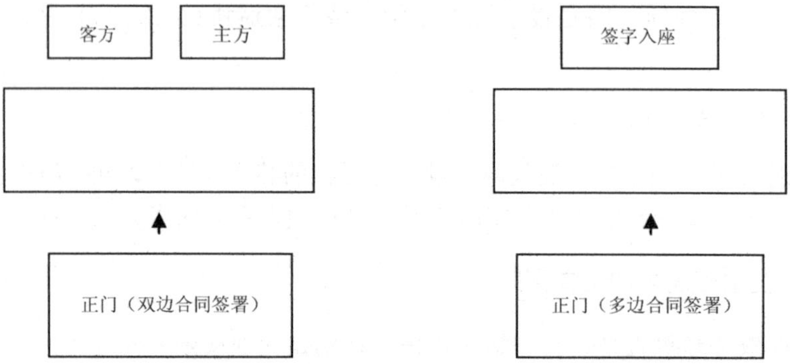

（3）预备合同文本。依照商界的习惯，在正式签署合同前，举行签约仪式的主方应负责准备待签合同的正式文本。同时，主方应会同有关各方一起指定专人负责合同的定稿、校对、印刷与装订。此外，按常规，主方还应为在合同上正式签字的有关各方均提供一份待签的合同文本，必要时，还可再向各方提供一份副本。

在签署涉外商务合同时，比照国际惯例，待签的合同文本应同时使用有关各方法定的官方语言，或者使用国际通行的英文。此外，也可同时并用有关各方法定的官方语言与英文。在使用外文撰写时，应反复推敲，字斟句酌，不要乱用词汇。

（4）安排签字时的座次。签字时各方代表的座次是由主方代为先期排定的。合乎礼遇的做法如下。

在签署双边合同时，应请客方签字人在签字桌右侧就座，主方签字人则应同时就座于签字桌左侧。双方的助签人应分别站立于各自一方签字人的外侧，以便随时对签字人提供帮助。双方其他的随员可以按照一定的顺序在己方签字人的正对面就座，也可以依照职位的高低，依次自左至右（客方）或自右至左（主方）地列成一行，站立于己方签字人的身后。当一行站不完时，可以按照以上顺序，并遵照前高后低的惯例，排成两行、三行或四行。原则上双方随员人数应相近。

小链接

双边合同签约仪式的两种座次安排

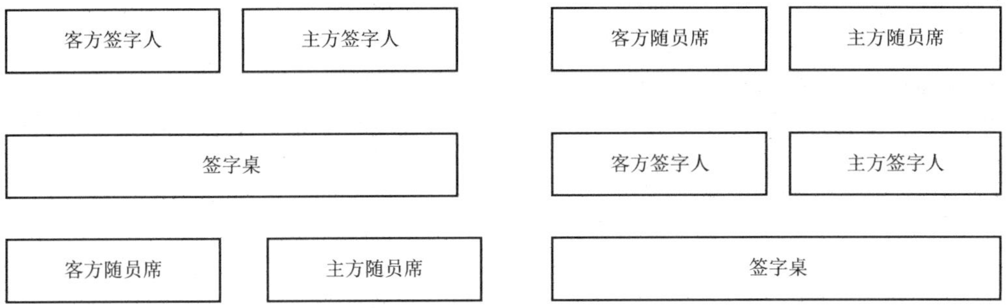

在签署多边合同时，一般仅设一个签字桌。签字时，各方签字人须依照有关各方事先同意的先后顺序，依次上前签字。各方的助签人应随签字人一同行动。在助签时，依右高左低的规矩，助签人应站立于签字人的左侧。与此同时，各方的随员应按照一定的序列，面对签字桌就座或站立。

小链接

多边合同签约仪式的座次安排

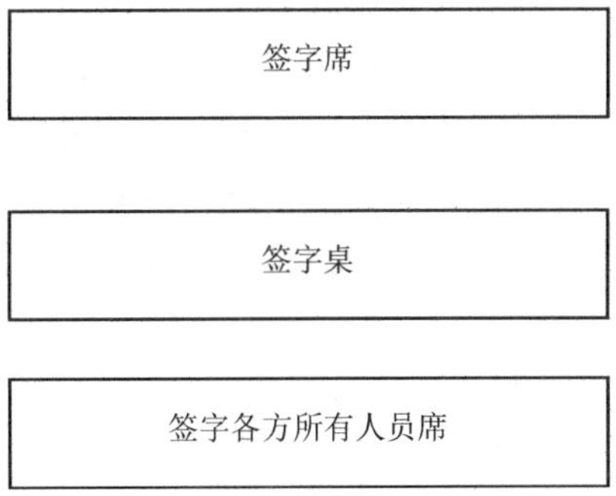

（5）规范签字人员的服饰。按照一般的惯例，签字人、助签人及随员出席签约仪式应当穿着具有礼服性质的深色西服套装、中山装套装，并且配以白色衬衫与深色皮鞋。男士还必须系上单色领带，以示正规。在签约仪式上露面的礼仪人员、接待人员，可以穿自己的工作制服或是旗袍一类的礼仪性服装。

2）签约仪式的程序

签约过程是整个协议（合同）签约仪式的重点，它时间不长，但程序规范、庄重、热烈。签约仪式的程序如下。

（1）签约仪式正式开始。有关人员进入签字厅，在既定的位置上各就各位。

（2）双方的助签人协助签字人打开合同文本，用手指明签字位置。

（3）双方签字人在己方的合同文本上签字。

（4）助签人互相交换对方正式签署的合同文本，签字人再在对方的合同文本上签字。

（5）在互相签字之后，双方再互换合同文本。

（6）双方签字人应紧紧握手，互致祝贺。另外，还可现场相互交换双方刚才使用的签字笔以示纪念。其他随员则应以热烈的掌声表示喜悦和祝贺。

（7）共饮香槟酒互相道贺。在交换已签的合同文本后，有关人员，尤其是签字人当场干上一杯香槟酒，这是国际上通行的用以增添喜庆色彩的做法。

（8）退场。双方最高领导最先退场，客方其他人员随后退场，主方其他人员最后退场。主方人员应将客方人员送至电梯口或大楼门口，握手道别，目送离开。

（9）如需新闻发布，在签约仪式结束后，双方可共同接受媒体的采访。

小链接

错综复杂的纠纷

甲方：某市电机厂

乙方：某大学校办工厂

案情：2018 年 11 月，甲方与乙方签订购销合同。合同具体内容为“由电机厂在 2019 年供应校办工厂装配电扇用的电机 2000 台，每台单价 80 元，自 2019 年 4 月起每月交货 500 台，每批交货后 10 天内付款”。在合同签订三个月后，因电机原材料涨价，甲方与乙方协商，要求将每台电机单价提高到 100 元，并将 2000 台电机改为 1500 台，自 2019 年 5 月起每月交货 500 台。乙方同意了甲方的要求。双方于 2019 年 2 月另行签订了协议。

2019 年 5 月，甲方按新合同规定交货 500 台，乙方依约付款。但 6 月甲方未能在约定日期交货，乙方向其催货，甲方声称因原材料价格上涨幅度过大，每台电机价格需涨至 140 元，否则不能供货。乙方因生产急需只得同意按每台 140 元的价格购买以后交付的电机，甲方遂于 7 月底第二次交货 500 台。乙方在提货后以电机厂逾期交货为由拒付货款，并诉至法院，要求甲方继续履行合同并赔偿损失。甲方提出反诉，要求乙方按每台 140 元的价格支付第二次交货的货款并支付延期付款的违约金。

法院定案：法院经审理认为，双方当事人 2019 年 2 月修订的协议符合法律规定，为有效合同。电机厂除第一批交货外，再未按时交货，应负违约责任。在校办工厂催货时，电机厂提出涨价要求，校办工厂因生产急需而无奈接受，不是真实的意思表示，而是无效民事行为。校办工厂在第二次提货后未按原协议的价格和约定期限付款，也是违约行为，应负一定的违约责任。

最后法院判决：2019 年 2 月的协议有效。电机厂已履行 1000 台，尚未履行的 500 台应按其价值承担 10%的违约金；校办工厂第二次提货 500 台应按每台 100 元支付货款并支付延期付款的违约金；2019 年 2 月的协议终止，不再履行；诉讼费用由电机厂承担 2/3，校办工厂承担 1/3。

4.1.3　合同风险的规避

1. 合同担保

合同担保是指合同双方当事人的一方或第三方以确保合同的切实履行为目的，应另一方要求而采取的保证措施，这是促使合同得以全面履行的法律手段。

（1）保证担保。保证担保是指保证人与合同当事人的一方达成协议，由保证人担保合同当事人的一方履行合同义务的全部或一部分。当债务人不履行被保证的义务时，债权人有权向保证人请求履行或赔偿损失。保证担保是由第三方以连带承担赔偿责任来保证承担义务方履行合同的行为。

（2）定金担保。定金担保是指合同当事人的一方为了证明合同的成立和确保合同的履行，向另一方预先支付一定的金额。定金的数额由双方协商交付总金额的一定比例或一定绝对数额的货币。如果给付定金的一方不履行合同，就会失去定金的所有权，且无权要求偿还定金。而接受定金的一方如果不履行合同，那么按照对等原则，应当双倍偿还定金。如果双方均有过失，进而使合同无效，那么原数退还定金。

（3）留置权担保。留置权担保是指依照合同规定，合同当事人的一方因合同关系留置另一方的财物作为担保合同履行的一种方式。实践中，这种担保表现为运输企业、仓储保管企业在对方不按期或不如数交纳费用时有权留置义务方财物，超过偿付费用期限后可以变卖，费用从价格中清偿，多余的必须退还对方。留置权担保在运用时必须有明文规定，不得随便使用。

（4）抵押权担保。抵押权担保也称质权担保，是合同当事人的一方或第三方为履行合同向另一方提供的财产担保。当负有合同义务的一方不履行义务时，权利人在法律许可的范围内，对义务人事先提供的抵押物可以变卖以清偿价款；若有剩余则退给抵押人，或存放银行，由抵押人领取；在不够给付应当清偿的数额时，权利人有权从负有清偿义务的一方补足。我国很少采用抵押权担保，但在国际经济交往中采用较为普遍。

（5）违约金担保。违约金担保就是一方在不履行或不适当履行合同时，必须给违约者一定的经济制裁，付给另一方一定数量的货币资金。违约金担保是一种强制性担保，只要一方有不履行合同的行为，即使另一方没有受到损失，也要按照合同的约定支付违约金。

2. 合同鉴证

合同鉴证是指有关合同管理机关根据双方当事人的申请，依据国家法律、法令和政策，对商务谈判合同的合法性、可行性和真实性等进行审查、鉴定和证明的一种制度。

合同双方当事人在签订合同后，根据自愿原则，如果有鉴证的要求，就可以在协议签订地或合同履行地的工商行政管理部门提出鉴证申请。若仅有一方当事人要求鉴证，程序也相同。申请合同鉴证也可以委托他人办理。当事人双方或一方向鉴证机关申请合同鉴证的同时，要提供一系列的证明材料，以便鉴证人审查。这些材料包括谈判合同的正副本、营业执照或副本、签约企业法定代理人或委托人的资质资格证明及其他有关材料。在办完以上手续后，工商行政管理部门开始对合同进行鉴证，经过审查，符合鉴证条件要求的，即予以鉴证。

3. 合同公证

合同公证指公证机关根据当事人的申请，依法对谈判合同进行审查，证明其真实性、合法性，并赋予法律上的证据效力的司法监督制度。合同公证对保证当事人的合法权益、预防纠纷、防止无效合同、促进合同的履行有重要作用。

问题与思考：如何辨别与防范合同订立中的陷阱

【任务演练】

模拟商务谈判签约

目标：能够按照商务谈判合同书的结构、内容及写作要求拟定合同书，能按照合同的签订过程及礼仪签订商务谈判合同，能采取恰当的方式规避合同风险。

步骤：任务布置→任务实施→任务完成→任务考核。

内容与要求：

（1）将学习小组结对，分别扮演买方企业与卖方企业。

（2）每两个模拟企业互为谈判对手，分配买方任务和卖方任务。

（3）在经过几轮讨价还价和磋商后促成交易，结束谈判。

（4）谈判结束后进入正式签约阶段。

成果形式：填写任务表（见表 4-1），模拟商务谈判签约过程。

表 4-1　模拟商务谈判签约任务表

角色扮演	任　务	内　容
主方谈判小组	起草商务谈判合同书	
	进行签约仪式的准备	
	制订签约仪式实施方案	
	签约的礼仪常识	
	签约的场景模拟演示	
客方谈判小组	合同条款对照与审查	
	对主方的签约安排回复意见	
	签约的礼仪常识	
	签约的场景模拟演示	

【综合案例】

案例 1

我公司与××有限公司签订×产品购销合同

我公司与××有限公司关于×产品购销的谈判已结束，经商议，由我公司按照谈判议定的交易内容起草合同文本，准备合同签约。

1. 起草合同文本

我公司合同专员整理谈判记录，按照商品购销合同的规范要求起草合同文本。如此时发现有遗漏问题，要及时反映，双方再商议明确。

2. 选择合适的签字人

（1）签字人的选择主要出于对合同履行的保证。本次合同的签订对双方都意义重大，因此应安排双方公司领导来签字。

（2）如果安排的签字人不是公司法人代表，那么还需要准备法人代表委托书等相关法律文书。

3. 签字前再次审核合同文本

（1）在审核合同文本时，应仔细认真，不漏一句话。在审核打印好的合同文本时，务必对照“原稿”。为了确保万无一失，审核时最好由两人进行。

（2）当审核中发现问题时，应注意自己的态度，对属于谈好的条件而对方故意歪曲之处，可以明确地指正。

4. 安排恰当的签约仪式

（1）本次谈判安排双方领导出面签约，签约仪式应隆重一些。双方谈判人员要做好签约仪式方面的准备工作。

（2）在签约时，专设签字桌，按合同签约礼仪操作。

（3）签约结束后，举办庆祝宴会和舞会，以表达对谈判成功的庆贺。

问题：签约过程是否科学合理？

案例2

规避风险才能保收益

张伟大学毕业后，在福州永福路汽配城开了一家汽车零配件商店，主要销售汽车雨刷器。最近张伟有些郁闷——永兴汽车雨刷器总是供不应求。张伟对永兴汽车雨刷器的李老板比较了解，大学打工期间，张伟帮天宇零配件商店销售过永兴汽车雨刷器。永兴汽车雨刷器与其他生产厂家的雨刷器相比技术更新，深受客户的欢迎。张伟开店后一直把永兴雨刷器作为重点销售产品，现在总断货很麻烦，张伟决定去李老板厂里看一看。

来到李老板的厂里，张伟看到李老板也正在为汽车雨刷器供不应求着急呢。李老板的工厂规模小、资金有限，而汽车配件品种多、市场变化大，因此一直很难把握汽车配件生产量和生产周期，都是哪种产品急需就先生产哪种。目前厂里资金紧，留下了一堆汽车零配件订单（包括汽车雨刷器）。李老板看见张伟，了解这个自己创业的大学生有想法、有冲劲，一直想和他加深合作。李老板对张伟说：“我真想多生产点雨刷器给你，可现在实在没钱，你想要雨刷器，只能自己拿钱生产，但我可以多让你2%，你看行不行？我还有两种方案，一是你投资我厂5万元，我把永兴汽车雨刷器福州独家经销权给你并再让利2%；二是你直接参股我厂20万元，给你30%的股份和永兴汽车雨刷器福州独家经销权加多得2%。”张伟想了一下说：“李老板，我来就是想了解一下你供不上货的原因，你提的建议我从没想过，我回去想一下再答复你。”回到商店，张伟开始思考怎样才能更好地解决目前的问题。

现在张伟有三个选择：一是直接拿钱让李老板按自己要求的生产量生产永兴汽车雨刷器，可多得2%，可是自己开店时间太短，具体生产多少张伟心里还真没谱；二是拿5万元买断永兴汽车雨刷器福州经销权并可多得2%，张伟拿出来5万元钱还较容易；三是投资20万元参股李老板的厂获得30%股份做股东，并可获得永兴汽车雨刷器福州经销权加多得2%，可20万元对张伟来说不是小数目，只有抵押老家的房屋才拿得出。况且父母还不一定会答应呢！

假设张伟销售永兴汽车雨刷器可获得3%的利润，自己出钱生产定制汽车雨刷器后可获得5%的利润，投入5万元买断福州经销权后，可多获得2%的利润，再加上包销多获得的3%的利润，实际可获得8%的利润；投入20万元参股李老板的厂后，可比拿5万元买断福州经销权多获得3%的利润。通过图4-1我们可以看到张伟与李老板三种策略组合的结果。

	定制	买断	参股
毛利	5%	8%	11%
让利	2%	5%	8%

图4-1　张伟与李老板三种策略组合的结果

问题：如果你是张伟，那么你会选择哪种策略？为什么？

【拓展阅读】

会谈备忘录（范本）

中国××公司（简称甲方）与××国××公司（简称乙方）的代表，于××年×月×日在××市甲方总部就兴办合资项目进行了初步协商，双方交换了意见，并做出有关承诺。为便于将来继续洽谈，形成备忘条款如下。

一、依据双方的交谈，乙方同意就合资经营××项目进行投资，投资金额大约为××万美元。投资方式待进一步磋商。甲方用厂房、场地、机器设备作为投资，其作价原则和办法也待进一步协商。

二、关于利润分配的原则，没有取得一致意见。乙方认为己方的投入既有资金又有技术，应该占60%～70%，甲方则认为应该按投资比例分成。乙方代表表示，利润分配比例愿意考虑甲方的意见，希望另定时间协商确定。

三、合资项目生产的××产品，乙方承诺在国际市场上销售产量的45%，甲方希望乙方将销售额提高到70%～75%，其余的在中国市场上销售。

四、工厂的规模、合资年限及其他有关事项尚未详细讨论，双方都认为应待第二项内容向各自的上级汇报确定后再商议。

五、这次洽谈虽未能解决主要问题，但双方都表达了合作的愿望。期望在今后的两个月内再行接触，以便进一步协商洽谈合作事宜。再次洽谈的具体时间待双方磋商后再定。

中国××公司	××国××公司
代表：×××(签章)	代表：×××(签章)
××年×月×日	××年×月×日

注：备忘录如实记录谈判中曾经发生过的事实，如记录双方所表达的承诺、一致或不一致的意见等。

学习任务4.2 履行商务谈判合同

【学习目标】

1. 了解合同履行的原则及买卖双方的履约责任。
2. 了解合同变更或解除的方式。
3. 了解处理合同纠纷的途径。
4. 了解索赔与理赔谈判的原则和技巧。
5. 能合理合法地处理履约过程中的问题及纠纷。

【任务描述】

在谈判结束后，谈判人员需要跟踪了解合同的履行情况，并积极处理可能出现的问题与纠纷。

本任务要求学生掌握合同履行过程中的各种法律常识，能够采取合理合法的方式进行合同履行中问题与纠纷的处理。

【引导案例】

履行协议，稳步推进

2020年9月14日，在中德欧领导人峰会召开之际，欧盟方面宣布，中欧已经在会前正式签署了《中欧地理标志协定》，将中国和欧盟两地各100个受到地理标志保护的地方名产纳入保护范围。在中国可以吃到欧洲特产的放心食品，同样，在欧洲也可以享用原滋原味的中国地方名品。

商务部条法司负责人就中欧签署的《中欧地理标志协定》回答记者问指出："协定是近年来中欧之间首个重大贸易协定，对深化中欧经贸合作具有里程碑意义。中欧双方均历史悠久，地理标志资源丰富，存在广阔的合作空间。协定的签署将进一步促进双边地理标志产品贸易发展，扩大中欧贸易规模，进一步巩固中欧全面战略伙伴关系的经贸基础。同时，协定的签署彰显了中国坚持对外开放、持续深化改革和保护知识产权的坚定决心；也充分体现了中欧双方坚持开展自由和开放贸易、支持以规则为基础的多边体制的承诺。在当前形势下，协定的签署必将为中欧及全球经济提振信心。我们希望与欧盟继续携手维护基于规则的自由贸易体系，共同构建开放型世界经济，共同推动世界经济增长。"

就"下一步中欧双方将如何继续推进地理标志保护与合作"，相关负责人指出："接下来，中欧双方将按照各自法律规定履行协定的生效程序，使协定尽早惠及中欧双方企业和民众。双方还将按照协定的相关安排，稳步推进第二批地理标志产品的互认，使更多中欧地理标志得到保护。"

【知识储备】

4.2.1 商务谈判合同的履行

合同履行指对合同规定义务的执行，表现为当事人执行合同义务的行为。合同履行必须合法、确认成立，当事人具有相应的缔约行为能力，当事人的法律地位平等。商务谈判合同的履行是谈判双方实施合同的行为，双方当事人必须按照合同约定或法律规定，全面、正确地完成合同义务。全面、正确地完成合同义务，是对当事人履约行为的基本要求。当事人没有履行合同，要承担相应的责任。

1. 合同履行的原则

合同履行的原则是当事人在履行合同义务时所应遵循的基本准则。除了诚信、公平、平等等基本原则，还须遵循以下原则。

（1）实际履行原则。实际履行原则就是当事人必须严格按照合同所规定的标的来履行。合同规定的是什么标的，就一定要交付什么标的，不能故意更换标的而用其他物品、款项代替，也不能折合现金来代替。

（2）适当履行原则。适当履行原则就是当事人按照合同规定的标的，按质量、数量、期限、地点、方式、价格和包装要求等，用适当的方式全面履行合同。严格来讲，适当履行原则本身就要求当事人在订立合同时，尽量做到具体明确，以便双方遵照执行。

（3）协作履行原则。协作履行原则是指当事人双方基于诚信、合作的原则，团结协作、互相帮助完成合同规定的任务。

（4）情势变更原则。情势变更原则是指在合同有效成立后，某些不可归责于双方当事人的原因导致情势发生重大变化，致使继续履行合同会有失公平，当事人可请求法院或仲裁机构变更或解除合同。

2. 买卖双方的履约责任

1）买方的履约责任

（1）支付货款。支付货款是买方的主要责任。买方必须按照合同规定的时间、地点、付款方式支付货款。

（2）受领货物。根据合同的规定，当卖方交付货物时买方应及时受领货物。否则，如果因买方的疏忽或公然拒不受领货物而给卖方造成经济损失，那么买方必须承担赔偿责任。

2）卖方的履约责任

（1）交付货物。卖方必须按合同规定全面履行交付货物的责任。要求所交付货物的品质、包装和数量及交付货物的方式、地点和时间必须符合合同的规定，符合适用的法律和双方在合同中采用的或公认的国际惯例，以及符合双方在实践中形成的习惯做法。

（2）移交与货物有关的单据。向买方移交单据是卖方的履约责任。货物单据往往是买方提取货物、办理有关检验手续、缴纳税费、向承运人或保险公司请求属于其责任范围内的损害赔偿必不可少的文件。卖方移交单据的时间、地点、方式应按合同规定严格执行。

（3）转移货物所有权。卖方出售货物，收取货款，有责任把货物的所有权通过一定的程序转移给买方。

3. 合同履行应注意的事项

尽管谈判者对合同做了十分周到的考虑，但在合同的执行过程中，总会有一些无法预料的事情发生，这时就要本着“互相了解、互相信任、互惠互利、长期合作”的精神，来做好合同的履行工作。

（1）在履行合同条款的权利和义务时，一定要注意时效性，防止和规避出现违约现象；出现问题应及时调整，化解风险。

（2）合同一旦签订生效，就应交合同管理部门及具体相关部门，按时履行合同条款所规定的义务。对出现违反合同条款的情况及时通知相关负责人。

（3）加强验收手续。无论是货物贸易、服务、咨询，还是工程竣工等均应严格执行验收手续，同时以书面形式保留验收资料。

4. 违约责任的承担方式

一般违约责任的承担方式有以下几种。

1）支付违约金

违约金是指合同双方当事人在合同中约定的，在合同当事人的一方不能履行或不适当履行义务时，向对方当事人支付一定数额的金钱。违约金作为违约责任的承担方式，直接来源于双方当事人合同中的规定，若合同中没有约定违约金条款，则不产生违约的责任。

2）损害赔偿

损害赔偿是指因合同当事人的一方的违约行为而给对方当事人造成财产损失时，违约方向对方当事人所做的经济补偿。

3）继续履行

继续履行是指法院或仲裁机构依据债权人的请求做出要求实际履行的判决或裁决，强迫债务人在指定的期限内履行合同义务。

4）承担侵权责任

因合同当事人的一方违约行为，侵害对方人身、财产权益的，受害方有权依法选择要求违约方承担违约责任或承担侵权责任。

5）采取补救措施

采取补救措施是指在合同当事人的一方违约后，为防止损失的发生或扩大，对方当事人要求违约方按照法定或约定采取退货、减少价款等措施以弥补或者减少对方当事人损失的责任形式。

4.2.2 商务谈判合同的变更

合同的变更，是对原合同的内容进行修改或补充，是指合同在没有履行或没有完全履行之前，由于实现合同的条件发生变化，合同关系的当事人依据法律规定的条件和程序对原合同的某些条款进行修改或补充。

1．双方当事人协商一致，可以变更合同

在一般情况下，合同的变更必须双方协商一致，并在原合同的基础上达成新的协议。在新的协议未达成以前，原合同关系仍然有效。法律、行政法规规定变更合同应当办理批准、登记等手续，依照法律规定执行。

2．一方当事人有权请求人民法院或仲裁机构变更或撤销合同

（1）因重大误解订立的合同。

（2）在订立合同时有失公平的合同。

（3）一方以欺诈、胁迫的手段或乘人之危，使另一方在违背真实意愿的情况下订立的合同。

4.2.3 商务谈判合同的解除

1．合同解除的方式

1）协议解除

双方当事人经过协商同意将合同解除。合同的解除取决于双方当事人意思表示一致，而不是基于一方当事人的意思表示，也不需要有解除权，完全是以一个新的合同解除原合同。

2）行使解除权

解除权，指双方当事人在合同中约定，在合同履行过程中出现某种情况，双方当事人有解除合同的权利。

3）法院裁定

在适用情势变更原则解除合同时，由法院裁决合同解除。有下列情形之一的，当事人可以解除合同。

（1）因不可抗力致使不能实现合同目的。

（2）在履行期限届满之前，一方当事人明确表示或以其行为表明不履行主要义务。

（3）一方当事人延迟履行主要义务，经催告后在合理期限内仍未履行。

（4）一方当事人延迟履行义务或有其他违约行为致使不能实现合同目的。

（5）法律规定的其他情形。

2．合同解除的法律效力

在合同解除后，尚未履行的，终止履行；已经履行的，根据履行情况和合同性质，当事人可以要求恢复原状、采取其他补救措施，并有权要求赔偿损失。

除法律另有规定或当事人另有约定外，债权人可请求损害赔偿的范围，不仅包括债务人不履行的损害赔偿，还包括因合同解除而产生的损害赔偿。因合同解除产生的所应赔偿的损害一般包括：债权人订立合同所支出的必要费用；债权人因失去同他人订立合同的机会所造成的损失；债权人在履行合同义务时，债务人因拒不履行给付义务给债权人造成的损失；当已经受领债务人的给付物时，债权人因返还该物而支出的必要费用。

小链接

某旅行社和王先生签订了去内蒙古旅游的合同，王先生交了全领团费。合同对住宿的约定是“住蒙古包一晚，住三星级酒店三晚”。在合同签订后的第四天，由于未能招揽到足够的游客，旅行社取消了团队行程。旅行社通知王先生，请他随另一家旅行社去内蒙古旅游，并且住宿已经变更为“住蒙古包两晚，住三星级酒店两晚”。王先生拒绝了旅行社的要求，并向旅游管理部门投诉。

旅行社在两个方面违反了《合同法》的规定：一是旅行社在转让合同义务时，没有取得游客王先生的同意；二是转让后的旅游合同对原合同住宿标准和档次做了实质性的改变，旅行社的违约显而易见。

3. 合同的转让

合同除了可以变更和解除，还可以转让。谈判合同的转让，并不是指转让合同本身，而是指合同主体的转让。具体地说，就是合同中一方当事人由于某种原因退出原来的经济法律关系，在征得合同另一方当事人同意并不变更合同内容、条款的情况下，可将合同规定的权利、义务转让给第三方。

合同的转让和合同的变更是不同的。合同的转让不改变合同的内容，仅仅改变合同的主体。合同的变更则恰恰相反，它不改变合同的主体，只改变合同的内容。合同的转让要先保证原合同当事人的同意，而合同的变更不需要这个前提。

有些特殊的合同转让，还必须经过有关部门的同意。例如，涉及国家指令性计划的产品，转让合同除了要事先征得原当事人的同意，还要取得下达该计划的业务主管部门的同意才能转让，否则转让无效。

最后，合同的转让必须符合法律要求，不得违背国家的有关法令政策，不得侵犯国家的公共利益。此外，在转让前，还要审查第三方的权利能力和行为能力及经营范围，如果发现第三方没有转让合同中规定的经营项目就不得转让，否则，转让应视为非法与无效。

小链接

游客张先生和某国际旅行社签订了出境游旅游合同。由于有重要客户需要接待，张先生无法如约前往旅游。根据合同约定，假如张先生就此放弃旅游，损失会很大。张先生向旅行社提出，由张先生的朋友李先生顶替该名额。由于时间紧迫，无法及时办理护照、签证等相关手续，旅行社拒绝了张先生的要求。在协商未果的情况下，张先生向旅游管理部门投诉。

张先生是作为债权人转让权利，因此只需要通知债务人即可，也就是说，张先生只要通知旅行社自己的合同权利已经转让给了李先生，旅行社必须无条件接受，不得以任何理由加以拒绝。

4.2.4 处理合同纠纷

在合同履行的过程中，由于一方或多方的原因，或者由于不可抗力，会发生合同条款乃至条款之间关系方面的争论。合同纠纷是商务谈判过程中的一个阶段，在处理合同纠纷的过程中，要运用到各种谈判知识，也就是说，合同纠纷的处理本身也会构成一场新的谈判。

1. 处理合同纠纷的途径

1）协商处理

协商处理是指在纠纷发生后，双方当事人自行磋商，并都做出一定的让步，在双方当事人都认为可以接受的基础上达成谅解，以求得问题的圆满解决。协商处理的优点是不用第三方介入，气氛比较友好。争议如得以解决，可以不经仲裁或司法诉讼，省时、省钱、省力，因此协商处理的办法被普遍采用。

同步案例：以严密推理解决合同履行中的纠纷

2）调解处理

调解处理是指在纠纷发生后，由第三方从中调停，促进双方当事人和解，以求得合同纠纷的解决。调解处理作为一种由第三方来说服双方当事人的调停工作，目的是希望双方当事人互谅互让，平息争端，自愿让步而达成协议。这种化解矛盾的方式也常被人们运用于各种矛盾纠纷的处理中。

3）仲裁处理

仲裁又称公断。合同当事人的任何一方，对合同纠纷均可请求裁定，由仲裁机关做出裁决，即仲裁，但前提是合同中有仲裁条款或事后达成书面仲裁协议。仲裁具有行政和司法的双重性质。

4）诉讼处理

当出现合同纠纷时，当事人中的任何一方均可向法院提起诉讼，通过司法手段解决争端。

同步案例：华为胜诉三星

2. 索赔与理赔

1）索赔与理赔的特点

买卖双方在履行合同的过程中发生纠纷，对纠纷的处理往往归结为索赔与理赔，即交易一方认定对方违约对己方造成损害而向对方索取赔偿，被索赔的一方则对索赔的要求进行处理。索赔和理赔涉及面广，业务技术性强，需要审慎对待。在索赔与理赔时，双方需要采用一定的形式。与合同谈判相比，索赔与理赔的谈判性质是截然不同的。

（1）双方的心情和态度不同。合同谈判是为达到共同目的或目标而进行的，双方都从合作的愿望出发，本着积极合作的态度，努力寻求一致点。而索赔与理赔的磋商是因合同执行中发生争议而引起的，双方为了维护己方的利益，尽量把违约责任推给对方。一旦一方提出索赔要求，另一方就企图全部或部分拒绝赔偿。

（2）内容和要求不同。合同谈判主要是解决怎样统一思想、寻求合作目标、达成协议的问题。而索赔与理赔谈判的重点是解决分清责任，以及索赔与理赔的具体数量问题。

（3）方法不同。合同谈判可以开门见山，一开始就接触实质性目标和条件。索赔与理赔谈判则要先弄清事实、分清责任，然后才能洽谈具体赔偿问题。

2）索赔与理赔的准备

索赔与理赔的谈判比合同谈判更艰巨、更复杂，因此，从事此项工作的人员需要有充分的思想准备，并做好细致的准备工作。具体准备工作主要包括如下内容。

（1）按规定期限取得索赔证据。索赔必须在合同规定的索赔期限内，提出有力的索赔证据。因此，必须在货物到达后，立即进行检测和鉴定，提出索赔的一方要在规定期限内向对方提出索赔要求。

（2）查明造成损害的实际情况，分清责任。一般来说，与索赔纠纷有关的责任人有：卖方、买方、承运部门、保险公司及其他负责人。若事故不明，无法确定责任归属人或责任对象，不仅解决不了索赔问题，还会误事。这里所说的事故包括所交货物的数量出现短缺、品质和规格不符，因交货延迟致使买方遭受损失，因包装不良而使货物破损等情况。买方要提出索赔，必须先确定出现以上情况的责任究竟是在卖方还是在承运部门。如果是由于卖方疏忽，或者故意少装或以低劣产品蒙混交易，那么索赔对象为卖方；如果是由于运输部门的责任，那么应根据托运文件及其条件、规定与承运部门交涉。

（3）认真准备所需证据和各项资料。索赔谈判涉及许多技术问题，需要大量的资料。除需要商品检验机构出具的质量检验证明外，必要的索赔证据一般还包括：提单、发票、保险单、装箱单、磅码单正本或副本及索赔清单。

（4）认真制订索赔方案。在索赔方案中，除列明索赔案情和附以必要的证据外，还要制订出索赔的方案。一般索赔方案要由企业主管业务的领导审核，涉外的重大索赔案件要由上级领导机构审核。

3）索赔与理赔的原则

（1）实事求是原则。这是指严格按照合同规定的条款，是什么问题就解决什么问题，应该索赔或理赔多少就索赔或理赔多少，不可任意扩大或缩小。

（2）友好协商原则。这是指尽可能通过友好协商的方式解决纠纷。在交易活动中，索赔与理赔时有发生，不能因为一次索赔与理赔就把关系搞得很紧张，进而影响以后的贸易往来。当然，如果通过友好协商仍不能解决问题，那么也应区别情况，采取调解、仲裁或诉讼的方式解决。

（3）公平合理原则。这是指在索赔与理赔的谈判中，不要借机给对方出难题，通过索赔与理赔谈判，既要有助于问题的解决，又要注意维护和发展双方的长期业务关系。

（4）有理有节原则。索赔与理赔谈判的依据是原谈判合同中规定的损害赔偿的条款。赔偿条款分为以下两种。

一种是罚金条款，即规定在一方违反合同规定义务的情况下，应向对方支付约定的金额，作为向对方遭受损失的赔偿。这种条款一般适用于不按期交货或延期接受货物而使对方遭受损失的赔偿。但支付罚金并不意味着免除应尽的合同义务，合同的条款仍须继续执行。

另一种是异议索赔条款，即规定在一方违反合同规定的义务时，另一方提出有关索赔依据、索赔办法和索赔时间。异议索赔条款通常适用于品种、质量、数量方面的损失索赔。只有严格按照合同条款进行索赔与理赔谈判，才能做到有理、有利、有节，从而使谈判取得预期效果。

小链接

中国某贸易公司与法国某公司签订了货物贸易合同，进口热轧卷板 5000 吨。随后，中方开具了信用证，合同约定的装运期为 2019 年 6 月 30 日，其中第 14 条规定，如果卖方不能按合同规定日期交付，对买方的补救办法包括：一是解除合同，确保买方利益不受损失；二是卖方经买方同意，延期交付货物，买方给予延 15 天的优惠期，但卖方需支付违约金 77 500 美元。但在合同执行过程中，法方又要求修改了信用证部分条款，将货名由“热轧卷板”改为“热轧铁板”，单价上升为 313 美元/吨，总额为 1 565 000 美元。但法方在收到信用证后未能如期交货，中方提起仲裁请求，内容包括：①要求支付合同约定的违约金 77 500 美元；②支付开证费 50 000 元人民币；③支付应得利润 1 915 000 元人民币。理由是中方公司在 2019 年 5 月 7 日与最终用户签订了购销热轧卷板合同，单价为人民币 3690 元/吨，总货款为 18 450 000 元人民币。但由于法方公司未按时交货，造成中方公司无法履行与客户的合同、利润损失达 1 915 000 元人民币。

法方公司辩称，他们没有交付热轧铁板是由于他们的供货商没有如约履行合同，并非他们的故意行为。至于要求支付违约金，法方公司认为中方公司已经要求解除合同，违约金问题便不存在。至于给中方公司造成的利润损失，法方公司事前不知道中方公司与其他公司签订了销售热轧卷板的购销合同。《联合国国际货物买卖合同公约》与中国的《合同法》都规定，合同一方当事人对在与另一方订立合同时，不能预见的对方的损失不负责任，因此，也不予以赔偿。

4）索赔与理赔谈判的技巧

对待索赔与理赔谈判，买卖双方的态度是不同的。一般索赔一方表现为积极主动、心情迫切，希望问题解决得越快越好；理赔一方则常常表现为消极被动、能拖就拖、能不赔就不赔、能少赔就少赔。因此，索赔与理赔谈判往往是激烈的，这就要求参与人员既要坚持原则，又要注意方法。

（1）把握好时机。索赔一方要在规定的期限内提出索赔要求。关于索赔期限，除原合同中有特殊规定外，通常规定货物索赔期限为货物到达目的地后的 30～45 天。超过了索赔期限，即使索赔一方能提供充分有力的证据，对方也会拒绝受理。

（2）划清责任在先，讨论索赔在后。在索赔与理赔谈判中，要先把合同纠纷弄清楚，分析原因，明确责任，在此基础上再讨论索赔问题。在处理贸易纠纷和索赔中，索赔一方不仅要掌握对方理赔的态度和可能采取的对策，还要了解有关法律、货运、储存、检验和公证手段等情况。此外，进出口业务的索赔还要掌握国际贸易管理方面的知识，以便掌握谈判的主动权。

（3）要善于利用对方维护其信誉的心理。一个有声誉的企业，会希望尽快解决索赔纠纷，以免事态扩大影响到企业业务的开展。索赔一方如能及时掌握这一点，就应当适时地给对方施加一些压力，如制造舆论、提出要通过仲裁和法律解决，以求对方及早做出让步，从而获得满意的结果。

（4）分寸适度。在索赔与理赔谈判中，既要据理力争，又要表现出充分的耐心，不要急于求成，以免造成僵局。此外，不到万不得已，不要轻易申请仲裁或诉讼，以免影响双方今后的合作。

小链接

李总驾驶一辆轿车到天怡大酒店用餐，天怡大酒店由泊车员统一负责停放客人车辆。由于酒店泊车员驾驶不慎，李总的轿车撞上酒店石柱，造成车辆严重受损。

李总要求天怡大酒店赔偿 4 万元车辆损失费。天怡大酒店在请保险公司王先生鉴定车辆受损情况后提出赔偿 2.5 万元车辆损失费。李总问："为什么只赔偿 2.5 万元？"保险公司王先生说："汽车修理费 4000 元，汽车零件费 2 万元。"李总说："我已向朋友咨询过，车辆损失赔偿还应该包含车辆贬值损失费，为什么没有赔偿车辆贬值损失费？"天怡大酒店和保险公司王先生以"根本没听说过赔偿车辆贬值损失费"为由不予赔偿。李总决定向法院起诉天怡大酒店。

法院受理了李总的诉讼并委托车辆认证中心对轿车贬值损失情况进行了鉴定，鉴定结果为车辆修复后部分功能受损，贬值 2.5 万元。最终法院判决天怡大酒店赔偿李总 4.9 万余元，包括汽车修理费 4000 元，汽车零件费 2 万元，车辆贬值损失费 2.5 万余元。李总胜诉。

【任务演练】

模拟商务谈判履约

目标：掌握合同履行的原则、买卖双方的履约责任，能准确判断一般合同履行中存在的问题，能选择合适的途径解决和处理合同纠纷。

步骤：任务布置→任务实施→任务完成→任务考核。

内容与要求：

（1）将学习小组结对，分别扮演买方企业与卖方企业。

（2）每两个模拟企业互为谈判对手，确定买卖双方的履约责任和义务。

（3）假定在履约过程中卖方受到不可抗力等客观因素影响，如台风、地震，买卖双方进行沟通和谈判。

成果形式：制作场景演示脚本，模拟商务谈判履约过程。

【综合案例】

案例 1

谁该承担责任

某电子管厂与一个农场签订了一份加工镀锡铜线联营合同。合同规定：联营厂的主要机械设备技术由电子管厂负责提供，联营厂的场地、厂房及生产人员由农场负责解决，合同有效期为 10 年。此外，合同还对利润分成的比例和违约责任等做了明确规定。

在合同签订后，农场按合同规定进行了场地清理、技术工人培训及厂房建造。但由于市场对电子管的需要情况发生变化，电子管厂的上级机关决定由该厂自己生产镀锡铜线。据此，电子管厂单方终止联营，造成农场直接损失 5 万元。电子管厂强调自己违约的原因在于上级机关的决定，故不愿承担赔偿责任。虽然有关部门多次调解，但均不见效。农场提起诉讼，要求电子管厂赔偿损失。在处理此案时，有两种不同的意见：第一种意见认为，电子管厂不应赔偿农场的损失；第二种意见认为，农场所受到的经济损失是电子管厂违约造成的，因此提出要电子管厂赔偿 5 万元的直接损失是合理的。

问题：案例中哪种意见正确，为什么？

案例 2

两家公司的合同纠纷

甲公司原业务员张某在火车上遇到与甲公司有长期业务关系的乙公司经理陈某，闲聊中张某得知乙公司正准备进行技术改造，需购置一台精密仪表。张某表示甲公司有这方面的业务关系，可以代为采购，双方达成协议。

乙公司按规定时间向甲公司寄去预付款 10 万元人民币。到合同约定的交货日期，甲公司却以张某在与乙公司签订合同时已是下岗人员，没有该公司业务代理权为由拒绝履行合同；乙公司认为甲公司并没有把解除张某业务代理权的情况通知自己，且张某仍持有盖有甲公司合同专用章的空白合同书，自己没有过错。双方为此发生纠纷。经协商，甲公司同意在 15 日内履行合同，乙公司同意追加 1%的代理费。但 15 日后，甲公司仍未能购到乙公司需要的精密仪表。乙公司催告甲公司因时间紧迫，只能给 10 日的宽限期，届时仍不履行合同将解除合同并追究责任。但期限过后，甲公司仍未购到乙公司急需的精密仪表。乙公司为此损失 15 万元人民币。于是乙公司提出解除合同，要求甲公司退还预付款并赔偿损失。

问题：这个案例是否存在合同的变更？乙公司有权解除合同吗？

【拓展阅读】

谈判合同变更和解除条件

符合下列情况之一的，谈判合同即可予以变更或解除。

（1）双方一致同意。

（2）客观因素变动。

（3）一方无法履行。

（4）一方严重违约。

（5）发生突发事件。

谈判合同变更或解除的程序

变更或解除谈判合同，一般要经过如下程序。

（1）当一方需要变更或解除合同时，应该以书面形式及时向对方发出变更或解除的建议。

（2）一方变更或解除合同的建议必须征得对方的同意，在对方表示同意后，有关合同的变更或解除即发挥效力。

（3）变更或解除合同的建议和答复，必须在双方协议期限内或有关业务主管部门规定的期限内提出和做出。

（4）涉及国家计划产品或项目的谈判合同的变更和解除，在签订新协议之前应报下达该计划项目的业务主管部门批准。

（5）因变更或解除合同发生纠纷的，依据法定的解决纠纷的方式处理。

办理合同诉讼手续要注意的程序

办理合同诉讼手续一般要经过如下程序。

（1）起诉。起诉应在合同履行地或合同签订地向管辖内法院提出，这样案件才能被受理。

（2）起草诉状。诉状应写明原、被告单位的名称、所在地、法定代理人的姓名和委托代理人的姓名等。法定代理人，除委托律师外，一般还可以委托法院允许的其他人担任起诉代理人，但必须写委托书说明委托事项。此外，还要写明是起诉直接签订合同的单位还是委托签订合同的单位。

起诉的前提：必须有明确的被告和具体的诉讼请求及事实根据；被告必须有不履行合同或不完全履行合同的行为。在提交书面诉状的同时，还要提供有关资料证据，包括合同的协议书、来往函电、单据及其他原始凭证。

（3）起诉答辩。应诉一方在接到法院送达的起诉书副本后，要在规定期限内提出答辩书并提交法院。在受理诉讼过程中，法院本着调解原则进行司法调解。在无法进行调解的情况下，法院以事实为依据、以法律为准绳做出判决。任何一方对第一审判决不服的，可在规定期限内向上一级法院上诉。经上一级法院判决或驳回上诉的，就必须坚决执行，不能再行上诉。

巩固提高（综合练习 4）

参考答案

项目 5 国际商务谈判

学习任务　了解跨文化商务谈判

【学习目标】

1. 了解国际商务谈判的含义与特征。
2. 了解国际商务谈判中的文化差异和影响。
3. 掌握各国商人谈判的基本风格。
4. 能根据国际商务谈判的具体对象采取相应的对策与方法。

【任务描述】

随着经济全球化与区域化的发展，各个国家为了发展经济都积极地参与国际商务活动，因此，国际商务谈判就不可避免。与国内商务谈判相比，国际商务谈判有其鲜明的特点，尤其是由于文化背景不同各国商人谈判风格迥异。因此，有必要了解东西方文化差异的主要表现，以及这些文化差异对国际商务谈判的影响。另外，许多国家和地区在国际商务谈判中都具有独特的谈判风格，了解并掌握这些国家和地区商人的谈判风格与合作禁忌对谈判工作的进行有着积极作用。

本任务要求学生认识国际商务谈判，了解文化差异对国际商务谈判的影响，能够解读不同地区与国家商人的谈判风格。

【引导案例】

张先生商务旅行的收获

张先生是一家进出口公司的业务经理，由于工作的关系经常与外商接触。今年夏天，张先生又做了一次商务旅行，由印度、沙特阿拉伯抵达欧洲，在英国逗留数日后，越大西洋抵达美国、巴西，后经日本回国。这次商务旅行给张先生印象最深刻的是各国交流习惯的巨大差异。

在日本，人们经常聚集在一起，商人之间的身体距离很近，连对方的呼气都能感觉到；而在英国和美国，人与人之间的身体距离很大，一旦某人闯入你身体附近的“势力范围”，通常他都会说“对不起”，尽管他离你还有10厘米。

在阿拉伯国家，商人的时间观念弹性很大，迟到一两个小时或推迟几天是常见的事，商人只是将其笼统地归为“真主的旨意”；而在欧美国家，商人的时间观念通常很强。

在印度，商人们在业务谈判之前总是花很长时间做一些社交性的讨论，迟迟不肯转入正题；而在美国，商人谈判时往往喜欢单刀直入、直奔主题。

在印度，点头往往意味着“不”或“不同意”，令外国人一时难以适应。

在日本，电话交谈一般是打电话者先讲；而在美国，通常是接电话者先报出部门、职务、姓名。

……

张先生回到公司后，在公司的内部通信平台上将自己的上述发现整理发表出来。同事们读了感到很有收获。

这个案例，从侧面反映了不同国家、不同民族、不同地域的人，其价值观、生活方式、消费习俗、文化背景和宗教信仰等差异极大，因而形成了各具特点的谈判风格，而这些是我们在进行国际商务谈判时应该了解和掌握的。谈判人员只有了解了世界各国和地区的商人的不同谈判风格，才能在谈判中采用适当的谈判策略，取得谈判的成功。

【知识储备】

5.1.1 文化差异与商务谈判

1. 国际商务谈判的含义

国际商务谈判是商务谈判的一种，它是指在国际商务活动中，不同国家和地区的商务活动当事人为了各自的利益，为了达成某项交易，通过信息交流，就交易的各项内容进行协商，旨在达成参与各方都能够接受的协议的过程。

不论是国家间的货物买卖，还是外资、技术的引进，都不可避免地需要经过一个当事人就所要开展的业务进行磋商，以求达成协议的过程，这个过程就是人们所说的国际商务谈判过程。实践证明，谈判是人们进行对外经济贸易活动的一个极其重要的环节，凡是涉及有关交易的价格和其他交易条件确定的问题，通常都要通过谈判来解决。谈判的结果如何，直接关系着国家的宏观利益和企业的微观利益。

国际商务谈判具有以下特征。

（1）谈判主体是跨越国界的当事人。在国际商务谈判中，不管是双边谈判还是多边谈判，谈判主体中都至少有一方是国（境）外的当事人。其当事人可以是法人、自然人或其他经济组织，也可以是政府部门。

（2）谈判复杂，难度较大。由于谈判者来自不同的国家和地区，有着不同的社会文化背景和政治经济体制，人们的价值观念、思维方式、行为方式、语言及风俗习惯各不相同，从而使影响谈判的因素大大增加。而且国际商务的内容十分广泛，它包括国际货物贸易、技术贸易、补偿贸易、租赁贸易、合资合作经营等国际经贸业务。例如，一项国际货物买卖谈判，当事人不仅要洽谈货物本身的数量、质量、包装、价格、交货时间与地点、违约与索赔等问题，而且要顾及当事人所在国家的外贸政策、外汇政策、国际结算、国际货物运输与保险、进口或出口地的法律规范和商业习惯及宗教信仰等问题。因此，国际商务谈判的客体所涉及的内容和范围要比国内商务谈判复杂得多。

（3）具有较强的政策性。国际商务谈判既是一种商务交易的谈判，也是一项国际交往活动，具有较强的政策性。由于其商务关系是国与国或地区之间整体经济关系的一部分，常常涉及两国之间的政治关系和外交关系，因此，在谈判中有时两国或地区的政府常常会干预和影响谈判。基于此，国际商务谈判必须贯彻执行国家的有关方针政策和外交政策。同时，还要注意国别政策，以及执行对外经济贸易中的一系列法律和规章制度。

（4）遵守国际商法与国际惯例。国际商务谈判必然要涉及国际贸易、国际结算、国际保险、国际运输等一系列问题，因此，在国际商务谈判中要以国际商法为准则，以国际惯例为基础。谈判人员要熟悉各种国际惯例、熟悉对方所在国的法律条款、熟悉国际经济组织的各种规定和国际法。这些问题是一般国内商务谈判不会涉及的，要引起特别重视。

国际商务谈判的基本原则

2．东西方文化的差异

文化是指一个特定的群体在一定时期内形成的一系列习俗、规范和准则的总和。它对于不同民族、不同国家的社会发展起着规范、导向和推动作用。中西方传统习惯、价值观念、宗教信仰、思维方式等的不同，使得中西方文化表现出诸多差异。这些差异则直接或间接地影响着国际商务谈判。一般而言，东西方文化的差异主要表现在以下几个方面。

（1）语言。一个民族所使用的语言与该民族所拥有的文化之间存在密切联系。语言是文化的产物，也是文化的载体，它是最直接体现文化构成的因素，也最能反映文化差异。它不仅包含各民族的历史和文化背景，而且蕴含各民族的人生观、生活方式和思维模式。语言和文化相互影响，相互作用。在跨文化交流中，不同文化之间的差异对谈判语言有着明显的制约作用。

（2）宗教信仰。宗教是人类社会发展到一定阶段的历史现象，它既不是从来就有的，也不是永恒的，而是有其产生、发展和消亡的过程。宗教既是一种特定形态的思想信仰，又是人类一种普遍的文化现象，包含丰富的文化内涵。世界上有三大宗教：基督教、佛教和伊斯兰教。基督教的新教主要流行在北欧、北美和澳大利亚，基督教的天主教主要流行在西欧和南美国家；亚洲很多地区信奉佛教；中东及北非大体上属于伊斯兰教范围。不同的宗教有着不同的文化倾向和戒律，从而影响到人们认识事物的方式、行为准则和价值观念。

（3）价值观。价值观是人们对客观事物的意义和重要性的总评价。这种评价使个人行为带有稳定的倾向性。每一种文化都有其特定的价值观支配着人们的行为。不同国家的人们在价值观上的差异，经常使跨国公司的管理者感到困惑。另外，来自不同国家或地区的人们价值观的不同，也使其在经营管理、决策方式等方面存在较大差异。

（4）历史传统。不同国家、不同民族的历史、文化传统是造成文化差异的重要因素。一般来说，具有悠久历史传统国家的人们在思想上会比较保守，在行动上害怕冒险，喜欢寻求稳定。相反，历史短暂的国家，尤其是各国移民所

同步案例：语言差异引起的误会

组成的国家的人们富有冒险精神，敢于不断地开拓新领域。

（5）习俗与礼仪。涉外商务谈判中各国的文化背景、风俗习惯和民族特色与国内谈判有很大的差异，因此要熟知涉外礼仪的内容和要求，注意社交规范，尊重对方国家的文化和风俗习惯。

小链接

阿拉伯：不要让他们看你的鞋底，因为它是肮脏的，且代表低下的。

伊斯兰教国家：不要使用你的左手，因为有卫生顾虑。

法国：当提到关键点时，专注与直视对方的眼睛是必要的。

日本：当你的同事深吸一口气，然后从齿缝呼出时，那表示真正遇到麻烦了。

3. 文化差异对谈判的影响

（1）谈判的认识。不同文化背景的谈判者对谈判的认识存在很大差异。在美国，人们通常认为，谈判的首要目的就是与对方达成协议，双方达成协议就是交易的结束，至少是有关这项交易的磋商的结束。而在日本，人们将双方达成协议和签署合同视为正式开始了合作关系。文化差异使得谈判的规则和理念相去甚远。

（2）沟通的障碍。文化会影响沟通行为，主要表现在语言沟通、非语言沟通和沟通方式的差异。有时，同样的动作语言传递着截然相反的信息。为了避免在国际谈判上冒犯谈判对手，谈判者应特别重视了解对方国家的沟通行为及某些特殊习惯。

（3）时间观念。时间所代表的意义因文化而异。当一个美国人和一个亚洲人说“你为什么不找个时间过来”时，对双方而言，这句话存在不同的意义。在美国，这句话以正式的语调陈述，隐含来访之前需事先通知；对亚洲人而言，这句话的意思是不必事先预约，不管早晚，任何时间来访都欢迎。在美国，时间和事情的重要性通常有直接的关系，当事情重要时，需要立即注意与行动。在某些国家则刚好相反，重要的事情需要更多的时间仔细考虑。文化对时间的定义影响着谈判的进行，因此，国际谈判中许多误会的产生，常起因于不同国情文化对时间的认知差异。

（4）决策结构。谈判的重要准则之一是要和拥有一定决策权的人谈判，至少也是与那些能够积极影响有关决策的人员谈判。这就需要谈判者了解对方企业的决策结构与决策权限，了解能够对对方决策产生影响的各种因素。企业的决策结构、决策权限与受文化影响的一国的政治经济制度、法律制度和企业制度有关。由于不同国家的政治经济制度、法律制度和企业制度等存在很大的差异，因此国际商务活动中的决策结构也有着很大的不同。而同样是在企业拥有决策权的情况下，企业内部的决策权限在不同的国家和地区也会有很大的差异。跨文化商务活动可能面临决策结构差异和不同程度的政府介入，因此在谈判可行性研究中对谈判对手的分析远比国内商务谈判复杂。

（5）法制观念。具有不同文化的国家对于伦理和法制的观点存在差异。中国人习惯于回避从法律上考虑问题，而侧重于从伦理道德上考虑问题；大多数西方人则更多的是从法律上考虑问题。在中国，“伦理至上”的观念始终占据人们思想的重要地位，一旦发生纠纷，就会想该如何赢得周围舆论的支持。“得道多助，失道寡助”，这在中国人看来有着极其特殊的内涵和意义。日本人不喜欢谈判有律师参与，认为这是一种缺乏诚意的表现。而西方人与此不同，他们对于纠纷的处置惯用法律的手段，而不是靠良心和道德的作用。例如，美国人在进行商务谈判，特别是在国外进行谈判时，一定会带上自己的律师。所以，在国际商务谈判中应注意不同国家法律制度的差异，以及这些法律制度得以遵照执行的程度。在国际商务谈判中，谈判者不仅需要遵守那些自己并不熟悉的法律制度，还必须充分理解有关的法律制度，了解其执行情况，否则就很难使自身的利益得到切实保护。

4．应对文化差异的策略

（1）正视文化差异，建立跨文化的谈判意识。文化差异是客观存在的，谈判者要适应国际商务谈判中出现的文化差异，正视文化差异，加强跨文化的谈判意识，认识到不同文化类型背景的谈判者在需求、动机、理念、信念上的不同，学会与不同文化、价值观、思维方式相融合，了解、接受、尊重对方的文化。

（2）做好跨文化谈判的准备工作。谈判的文化差异准备工作必不可少，所有准备必须考虑到可能的文化差异。就拿场地布置来讲，场地布置方面的文化差异可能对合作会有微妙的影响。例如，在等级观念较重的文化中，如果房间安排不当、较随便，就可能引起对方的不安，甚至恼怒。像韩国商人，他们对谈判前的准备工作十分重视，如果他们坐在谈判桌前，那么说明他们已对对方有一定的了解，并做了充分的准备。因此在谈判前，谈判者要全面了解对方的协议期望，对方的民族习性、谈判手段和语言文化，对方的实际决策者及实际决策者在组织中所处的位置，对方的职权范围，以及了解己方将要接触的文化所特有的谈判技巧。

（3）选择一个真正的跨文化翻译者。不同文化中的观点和概念有明显的差异。这种因语言和文化禁忌而引起的文化差异会成为谈判的主要障碍。有时候，即使懂得某种语言，也常不能完全理解文化特有的细微差别及其蕴含的意义。一般而言，不同文化中是没有相同概念的，为了能完全理解，必须有详尽的沟通、描绘、案例和解释。一个真正的跨文化翻译者可以帮助谈判者用恰当含义的句子进行回答，并能影响整个谈判进程。

一种文化确立了一种世界观，即一种观察现实的独一无二的视角，一种与众不同的思想、价值观和信仰。而国际商务谈判是一种复杂的跨国界、跨文化的经济活动，这属于不同思维方式、抒发感情方式及行为方式的谈判，比单一的文化环境下的谈判具有更大的挑战性。因此，为了培养敏锐的沟通技巧，谈判者必须学会通过某种与自己文化不同的视角进行观察，始终注意彼此间的文化共性和差异，从而更好地理解别人。只有对这些独特的文化具有一定程度的了解，才能更好地推动国际商务活动的开展。

国际商务谈判人员应具备的素质

小链接

来自中国的商务谈判代表和其他12名不同专业的专家组成一个代表团，去美国采购大约3000万美元的化工设备和技术。美方自然想方设法地令他们满意，其中一项是在第一轮谈判后送给代表团每人一个小纪念品。纪念品的包装很讲究，是一个漂亮的红色盒子，红色代表发达。可当代表团的代表们高兴地按照美国人的习惯当面打开盒子时，每个人的脸色却显得很不自然——里面是一顶高尔夫帽，但颜色是绿色的。美国商人的原意是在签完合同后，大伙去打高尔夫球。但他们哪里知道“戴绿帽子”是中国男人的忌讳。最终代表团没签下合同，不是因为美国人“骂”人，而是因为他们对工作太粗心，连中国男人忌讳“戴绿帽子”这点常识都搞不清，怎么能放心把几千万美元的项目交给他们？由此可见，美国人这次谈判失败是由于他们不了解中国文化。

5.1.2 世界各国的谈判风格

1. 谈判与谈判风格

风格是指工作或生活上一贯表现的态度、行为及内涵、人品的等级。商务谈判人员在谈判中常常使用一些惯用的手段，也会表现出一定的组织特色和个人的个性，从而体现一定的谈判风格。所谓谈判风格，主要是指在谈判过程中，谈判人员所表现出来的言谈举止、处事方式及习惯爱好等特点。具体来讲，谈判风格是对谈判人员文化积淀的折射和反映；谈判风格有其自身的特点，不同国家或地区的谈判风格存在显著的差异；谈判风格历经反复实践和总结，被某一个国家或民族的商人所认同。 由于文化背景不一样，不同国家、地区的谈判者具有不同的谈判风格。

谈判风格对谈判有着不可忽视的作用，甚至关系到谈判的成败。因此，学习和研究谈判风格具有重要的意义和作用。

（1）营造良好的谈判气氛。良好的谈判气氛是保证谈判顺利进行的首要条件。如果我们对谈判对手的谈判风格十分熟悉，那么我们的言行举止会十分得体，能比较快地赢得谈判对手的好感，使谈判对手从感情和态度上接纳我们。在这样的氛围下开展谈判，深入探讨问题，自然会容易得多。谈判风格是一种看不见、摸不着的东西，但它会在谈判中反复地表现出来，并成为从始至终起重要作用的因素。我们可以通过了解对方的民族、宗教、习惯、习俗、文化背景、思维方式、价值取向等来掌握其谈判风格。

（2）为谈判策略提供依据。学习和研究谈判风格不仅仅是为了营造良好的谈判气氛，更重要的意义是为谈判策略的运筹提供依据。如果我们不研究谈判对手的谈判风格，不了解谈判风格的形成、表现形式及其作用，或者缺乏这方面的知识，就会在确定谈判策略时束手无策，更谈不上主动地根据谈判对手的谈判风格设谋用略。谈判风格所涉及的知识领域非常广阔，既有天文的、地理的、社会的、宗教的、民俗的、文化的，又有心理的、行为的、政治的、经济的，等等。这些知识本身就会为谈判设谋提供依据和帮助。

（3）有助于提高谈判水平。商务谈判往往是很理性化的行为，但理性往往受到非理性或感性的东西的引导或驱使。谈判风格在认识上有可能是理性的，但其表现形式多为感性的。我们研究和学习谈判风格的过程本身，就是一种学习和提高的过程。我们要汲取不同国家、不同民族和地区的谈判风格中优秀的东西，拿来为我所用，汲取他们优秀的谈判经验与艺术，减少失误或避免损失，进而形成自己的谈判风格，或者使自己的谈判风格更加完善、更加完美。

2. 美国人的谈判风格

美国人在国际商务活动中总有一种富国、强国的自信和自负，处处流露出优越感，谈吐较直率大方，显得轻松和好打交道。他们讲究高效，不愿拖泥带水，因此谈判时要直截了当，时间安排要紧凑。同美国人做生意请懂行的律师做顾问是不可缺少的。

（1）自信心强，自我感觉良好。美国是世界上经济技术非常发达的国家之一，综合实力雄厚。美国人对自己的国家深感自豪，对自己的民族具有强烈的自尊感和荣誉感。这种心理在他们的贸易活动中能够充分地表现出来。他们在谈判中，自信心和自尊感都比较强，加之他们所信奉的自我奋斗的信条，常使与他们打交道的外国谈判者感到美国人有自我优越感。

美国人的自信表现在他们坚持公平合理的原则上。他们认为进行交易，双方都要有利可图。在这种原则下，他们会提出一个“合理”方案，并认为十分公平合理。他们的谈判方式是喜欢在双方接触的初始就阐明自己的立场、观点，推出自己的方案，以争取主动。在双方的洽谈中充满自信，语言明确肯定，计算也科学准确。美国人的自信，还表现在对本国产品的品质优越、技术先进性毫不掩饰的称赞上。他们认为，如果一个人有十分的能力，就要表现出十分来，不要遮掩、谦虚，否则很可能被看作无能。美国人的自信还表现在他们喜欢批评别人、指责别人上。当谈判不能按照他们的意愿进行时，他们常常直率地批评或抱怨。这是因为，他们往往认为自己做的一切都是合理的，缺少对别人的宽容与理解。

（2）讲究实际，注重利益。美国人做交易，往往以获取经济利益作为最终目标。所以，他们有时对在谈判中要考虑其他方面的因素，如由政治关系所形成的利益共同体等表示不可理解。尽管他们注重实际利益，但他们一般不漫天要价，也不喜欢别人漫天要价。他们认为，做买卖要双方都获利，不管哪一方提出的方案都要公平合理。美国人做生意时更多考虑的是做生意所能带来的实际利益，而不是生意人之间的私人交情。

美国人注重实际利益，还表现在他们一旦签订了合同，就非常重视合同的法律性，合同履约率较高。在他们看来，如果签订合同不能履约，就要严格按照合同的违约条款支付赔偿金和违约金，而没有再协商的余地。所以，他们十分注重违约条款的洽谈与执行。

（3）热情坦率，性格外向。美国人多性格外向。他们的喜怒哀乐大多通过他们的言行举止表现出来。在谈判中，他们精力充沛，热情洋溢，不论是陈述己方观点，还是表明对对方的立场态度，都比较直接坦率。如果对方提出的建议他们不能接受，那么他们也是毫不隐讳地直言相告，甚至唯恐对方误会了。

（4）重合同，法律观念强。美国是一个高度法制的国家。美国人认为，交易最重要的是经济利益。为了保证自己的利益，最公正、最妥善的解决办法就是依靠法律，依靠合同，而其他的都是靠不住的。因此，他们特别看重合同，会十分认真地讨论合同条款，而且特别重视合同违约的赔偿条款。一旦双方在执行合同条款中出现意外情况，就按双方事先同意的责任条款处理。因此，美国人在商务谈判中对于合同的讨论特别详细、具体，也关心合同适用的法律，以便在执行合同的过程中能顺利地解决各种问题。美国人重合同、重法律，还表现在他们认为商业合同就是商业合同，朋友就是朋友，两者之间不能混淆。

（5）注重时间，讲究效率。美国是一个经济高度发达的国家，生活节奏比较快。这使得美国人特别重视、珍惜时间，注重活动的效率。因此，在商务谈判中，美国人常抱怨其他国家的谈判者拖延时间，缺乏工作效率，而这些国家的人也埋怨美国人缺少耐心。美国人的谈判特点是开门见山，报价及提出的具体条件也比较客观，水分较少，很有工作效率。美国人注重时间还表现在做事要一切井然有序，有一定的计划性，不喜欢事先没安排妥当的不速之客来访。与美国人约会，早到或迟到都是不礼貌的。

小链接

美国的电子机械制造商（华格纳公司）向中国台湾的中小企业（三友公司）提议双方共同研究半导体。

虽然三友公司规模不大，仅有两百名员工，但是它在这项专业技术领域中开发出世界上最先进的技术。华格纳公司极欲得到这项技术，便以典型的美式做法向三友公司提出技术合作的要求。

华格纳公司的高级主管极力向三友公司的董事长游说这项研究的发展性。三友公司董事长顾虑重重，一来担心技术合作会削减自己技术开发的独立精神，而造成依赖华格纳公司的局面；二来忧虑将来若是达到生产的阶段，势必得由资金雄厚的华格纳公司来发号施令。

除此以外，三友公司董事长也慎重考虑是否有技术合作的必要性。双方谈判了将近 10 个月，互访对方的总公司，但是三友公司董事长仍然犹豫不决。而华格纳公司正好在此时犯下了致命性错误。

华格纳公司的副总裁对于谈判的迟迟未获进展感到焦躁不满，他说："事实上，本公司拥有足够买下三友公司的雄厚财力。"

他在会议上说出这句话，实在不够高明。因为三友公司董事长一手创建这家公司，发明了数百种产品，不但深深引以为傲，而且具有一份浓厚的感情，所以他听到这句话之后便不再迟疑。

"很遗憾，我决定不与贵公司进行技术合作。"

3. 日本人的谈判风格

（1）讲究礼仪，要面子。日本人讲究礼仪是世界闻名的，在同对方谈判或交往时，注意自己的穿着打扮、举止行为和谈吐方式，不大大咧咧。在和日本人见面时，最好送一些包装精美的小礼品作为纪念，要注意选择宾馆和交通工具的档次。日本人对客户在日本访问时下榻的宾馆和乘车档次比较注意，往往以此衡量客户公司的实力。

日本人所做的一切，都受严格的礼仪约束。虽然许多礼节在西方人看起来有些可笑或做作，日本人做起来却一丝不苟。正因为如此，如果某外国人不适应日本人的礼仪，或者表示出不理解、轻视，这个外国人就不大可能在推销和采购业务中引起日本人的重视，更不可能获得日本人的信任与好感。

要面子是日本人最普遍的心理。在商务谈判中表现最突出的一点就是，日本人从不直截了当地拒绝对方，喜欢采用暗示或婉转的表达方法，来提出自己的要求或拒绝对方。

（2）具有强烈的群体意识，集体决策。日本文化所塑造的价值观念与精神取向都是集体主义的，以集体为核心。日本人认为人们要循众意而行，将个人的意愿融于和服从于集体的意愿。因此，日本人认为，寻求人与人之间的关系和谐是最为重要的。任何聚会和商务谈判，如果是在这样的感觉和气氛下进行的，那么这将存在一种平衡，一切也就进行得很顺利。日本人在提出建议之前，必须与公司的其他部门和成员商量决定，这个过程十分烦琐。但一旦决定下来，行动起来就会十分迅速。

（3）注重建立个人的人际关系。日本人做生意更注重建立个人之间的人际关系，以至于许多谈判专家都认为，要与日本人进行合作，朋友之间的友情、相互之间的信任是十分重要的。日本人特别强调能否同外国合作者建立可以相互信赖的关系，并十分注重长期保持这种关系。在商务谈判中，如果与日本人建立了良好的个人友情，特别是赢得了日本人的信任，那么，日本人认为合同条款的商议是次要的。欧美人愿意把合同条款写得尽可能具体详细，日本人却认为，双方既然已经十分信任、了解，一定会通力合作，即使万一做不到合同所保证的内容，也可以再坐下来谈判，重新协商合同的条款。因而与日本人洽谈，要先获得日本人的信任。

（4）有耐心，考虑周全。日本人在谈判中的耐心是举世闻名的。日本人的耐心不是缓慢，而是准备充分、考虑周全，洽商有条不紊，决策谨慎小心。为了一笔理想的交易，他们可以毫无怨言地等上两三个月，因为在他们看来，只要能达到他们预想的目标或取得更好的结果，时间对于他们来讲就不是第一位的。 另外，日本人具有耐心还与他们交易中注重个人友谊、相互信任有直接的联系，因为要建立友谊、信任就需要时间。耐心使日本人在谈判中准备充分。所以，与日本人谈判，缺乏耐心或急于求成的人恐怕会输得一败涂地。

4．俄罗斯人的谈判风格

（1）固守传统，缺乏灵活性。苏联是个外贸管制的国家，是高度计划的外贸体制，任何企业或个人都不可能自行进口或出口任何产品，所有的进出口计划都要经过专门的部门讨论决定，并经过一系列环节审批、检查、管理和监督。在这种高度计划体制中，人们已习惯于照章办事，上传下达，忽视了个人创造性的发挥。苏联解体后，俄罗斯由计划经济向市场经济转变，外贸政策有了巨大变化，企业有了进出口自主权，对外贸易大幅增长。政府给予外国投资者的优惠政策大大地吸引了欧美投资者。但是，在涉外谈判中，一些俄罗斯人还是带有明显的计划体制的烙印。在进行正式洽商时，他们喜欢按计划办事，如果对方的让步与他们的具体目标相吻合，就容易达成协议；如果对方的让步与他们的目标有差距，那么想要他们让步特别困难。甚至他们明知自己的要求不符合客观标准，也拒不妥协让步。

一些俄罗斯人缺乏灵活性，还因为他们的计划制订与审批要经过许多部门、许多环节，这必然要延长决策与反馈的时间。这种传统体制也僵化了人们的头脑，因为体制严格的计划性束缚了人们个性能力的发挥。此外，这种体制要求经办人员对所购进商品的适用性、可靠性和质量进行审查，并要对所做出的决策承担全部责任，因此，他们非常谨慎，缺少敏锐性和创新精神，墨守成规。

（2）对技术细节感兴趣。俄罗斯人的谈判能力很强，这源于这个民族的传统。这一点美国人、日本人都感受至深。俄罗斯人特别重视谈判项目中的技术内容和索赔条款。这是因为引进的技术要具有先进性、实用性，而技术引进项目通常都比较复杂，对方在报价中又可能有较大的水分，为了尽可能以较低的价格购买最有用的技术，俄罗斯人特别重视技术的具体细节，索要的东西也包罗万象，如详细的车间设计图纸、零件清单、设备装配图纸、原材料证明书、化学药品和各种试剂、各种产品的技术说明、维修指南。鉴于此，在与俄罗斯人进行洽商时，要有充分的准备，因为可能要就产品的技术问题进行反复磋商，而为了能及时准确地对技术方面进行阐述，在谈判中要配置技术方面的专家；要十分注意合同用语的使用，语言要精确，不能随便承诺某些不能做到的条件；对合同中的索赔条款也要十分慎重。

（3）善于在价格上讨价还价。俄罗斯人十分善于与外国人做生意。说得简单一点，他们非常善于寻找合作与竞争的伙伴，也非常善于讨价还价。如果他们想要引进某个项目，就会先对外招标，引来数家竞争者，从而不慌不忙地进行选择，并采取各种离间手段，让争取合同的竞争者之间竞相压价，从而从中渔利。

俄罗斯人在讨价还价上堪称行家。许多比较务实的欧美商人都认为，不管报价是多么公平合理，俄罗斯人都不会相信，都要千方百计地挤出其中的水分，达到他们认为理想的结果。所以，专家建议，对俄罗斯人的报价策略有两种形式。一种是报出己方的标准价格，然后力争做最小的让步。己方可以事先印好一份标准价格表，表上所有价格都包含适当的溢价，给以后的谈判留下余地。另一种是公开在己方的标准价格上加上一定的溢价，并说明这样做的理由是同其做生意承担的额外费用和风险。因为在政治体制不稳的环境中做生意的风险与费用是难以估量的。一般来讲，第二种策略要好些，因为如果在报价之初就定死一个价格，那么在几个星期甚至数月后，情况可能发生很大变化。俄罗斯人开低价常用的一个办法就是以“我们第一次向你订货，希望你给个最优惠价，以后我们会长期向你订货”“如果你们给我们以最低价格，我们会在其他方面予以补偿”引诱对方降低价格。要避免这种价格陷阱，专家的忠告是“不要太实在，报个虚价，并咬牙坚持到底”。

（4）易货贸易。俄罗斯人喜欢在外贸交易中采用易货贸易的形式。易货贸易的形式比较多，如转手贸易安排、补偿贸易、清算账户贸易，从而使贸易谈判活动变得十分复杂。

在对外贸易中，俄罗斯人采用易货贸易的形式也比较巧妙。他们一开始并不一定提出货款要以他们的产品来支付，因为这样一来，对需要硬通货做交易的公司缺乏吸引力，也使他们自己处于劣势地位。他们在与外国商人洽商时，在拼命压低对方的报价后，才开始提出用他们的产品来支付对方的全部或部分货款。由于外国商人已与俄罗斯人进行了广泛的接触，谈判的主要条款都已商议妥当，因此在俄罗斯人使出这一招时，往往感到很为难，也容易妥协让步。20 世纪 80 年代末期，中俄两国之间易货贸易发展十分迅速，但近年来，俄罗斯开始限制生产资料等自然资源的外流，从而使易货贸易的势头有所减弱。

需要指出的是，如果俄罗斯人提出，只有当你接受他们的易货商品，或者帮助他们把某些商品销售给支付硬通货的第三方时，他们才能支付你的货款，那么，你一定要认真考虑其中所涉及的时间、风险和费用。虽然易货贸易是一种好的交易形式，但当你交易的商品没有市场时，那么，还不如没有这种交易。

（5）注重礼仪。俄罗斯是礼仪之邦，俄罗斯人热情好客，注重个人之间的关系，愿意与熟人做生意。他们的商业关系是建立在个人关系基础上的。俄罗斯人重视仪表，喜欢打扮。在商务活动中，他们也注意对方的言谈举止，如果对方仪表不错，那么他们会比较欣赏；相反，如果对方不修边幅就坐到谈判桌前，那么他们会很反感。所以，在与俄罗斯人交往时，要注重礼仪，以赢得他们的好感、诚意与信任。

小链接

一个俄罗斯代表团到中国洽商一个合资项目。该项目由中方人员提供设备和人员培训，共计 120 万元人民币；俄方以厂房、土地作价投资，共计 40 万元人民币。按照国际惯例，双方合资项目的利润分成可按投资比例确定，但俄方坚持他们得 80%的利润，中方只得 20%，这种明显不合理的要求自然导致谈判破裂。

5. 英国人的谈判风格

英国是最早的工业化国家，早在17世纪，英国的贸易就遍及世界各地，但英国人的民族性格是传统、内向、谨慎的。英国人从事贸易的历史较早，范围广泛，其贸易洽商特点不同于其他欧洲国家。

（1）英国人不轻易与对方建立个人关系。即使本国人，个人之间的交往也比较谨慎，很难一见如故。他们不轻易相信别人、依靠别人。这种保守、传统的个性，在某种程度上反映了英国人的优越感。但是一旦英国人与某个人建立了友谊，他们就会十分珍惜，长期信任这个人，在生意关系上也会十分融洽。

（2）等级观念较强。尽管英国是老牌的资本主义国家，但那种平等和自由更多地表现在形式上。在英国人的观念中，等级制度依然存在，这就是为什么英国还保留象征性的王室统治。在社交场合，“平民”与“贵族”仍然是不同的。

（3）对谈判缺乏重视。英国人对谈判本身不如日本人、美国人那样看重，相应地，他们对谈判的准备也不够充分、不够详细周密。他们善于简明扼要地阐述立场和陈述观点。在谈判中，他们更多的表现是沉默、平静、自信、谨慎，而不是激动、冒险和夸夸其谈。他们对于物质利益的追求，不如日本人表现得那样强烈，不如美国人表现得那样直接。他们宁愿做风险小、利润也少的买卖，也不喜欢做风险大、利润大的买卖。

（4）履约率较低。英国商人的一个共同特征就是不能保证合同的按期履行，不能按时交货。虽然英国人为此也做了很大努力，但效果不明显。原因众说纷纭，较为信服的论据就是，英国工业历史较为悠久，但近几个世纪发展速度放慢，英国人更追求生活的秩序与舒适，而勤奋与努力是第二位的。另外，英国的产品质量高、性能优越、市场广泛，这又使英国人忽视了现代贸易应遵守的基本要求。

（5）缺乏灵活性。英国人通常采取一种非此即彼，不允许讨价还价的态度。因此，在谈判的关键阶段，英国人表现得既固执又不愿花费很大力气，而不像日本人那样，为取得一笔大买卖竭尽全力。

（6）有特殊的传统习惯。在同英国人进行商务活动时要了解英国人的传统习惯和生活特点。例如，在洽谈时，以穿轻便衣服为好，而在其他正式场合，则穿考究的服装；在休假（一般在7、8月）和圣诞节、复活节等重大节日期间一般不进行商务活动。此外，英国人爱好名酒和名贵鲜花，送礼一般喜欢在晚餐后进行；资料和样品在谈判前要准备妥当，在介绍时要重点突出，不可占用太长时间；回答问题也要有较强的针对性；在进行商务活动时不要涉及其他政治问题。

小链接

英国人的交际礼仪在欧洲是有代表性的。恪守礼节，但率真务实；追求个性，但遵守公德。在交际中不喜欢虚假，就算是客套，也是实打实的客套。而你要是在英国人面前客套做假，那受苦的就是你自己了。如果英国人请客，那么点菜绝不铺张，够吃即可；若菜少了，你尽管提出再加，他会很乐意的。如果他问你吃好了吗？你想客套一下，那你就饿着吧。就像在宴会上，英国人敬酒不劝酒，宾主饮多少全随自便。若不会喝酒，更不勉强，你提出要果汁他也会很高兴。英国人一般不轻易宴请来访者，如果要为你设宴，就说明他对会谈表示满意，或者是愿意与你进一步交往。你要客套一下“不麻烦了吧”或“不用破费了吧”，他绝不会再说第二遍“请”字，因为他认为你这是拒绝了他。

6. 德国人的谈判风格

一般来说，德国人谈判时有以下几个特点。

（1）德国商人素质较高。德国经济发达，商户的素质较高，因此同德国人进行商务活动时应注意对产品的技术标准要求要高，对出口商品一定要把好质量关。德国人擅长谈判，善于讨价还价，善于抓住对方心理进行商谈。

（2）工作认真，风险意识强。德国企业在融资时，一般都要通过银行进行，在资金问题上，德国人的风险意识很强，因此在谈判时要有详细的准备，以解除其风险疑惑。德国人工作严肃认真，信守合同，讲究信誉，因此在同德国人接触时要特别注意认真，不得马虎行事。

（3）谈判效率高。德国人的座右铭是“马上解决”，他们不喜欢对方支支吾吾，以及“研究研究”“考虑考虑”等拖拖拉拉的谈判语言。他们具有极为认真负责的工作态度和高效率的工作程序。所以，在德国人的办公桌上，看不到搁了很久、悬而未决的文件。德国人认为，一个谈判者是否有能力，只要看一看他经手的事情是否快速有效地处理就清楚了。

（4）准备充分。德国人在谈判之前的准备比较充分，他们不仅研究要购买的产品的问题，还研究销售产品的公司，包括该公司所处的大环境，该公司的信誉、资金状况、管理状况、生产能力，等等。不同于那种只要有利可图就与之做生意的赚钱公司，他们不喜欢与声誉不好的公司打交道。

（5）重合同，守信用。德国人很善于商务谈判，他们的讨价还价与其说是为了争取更多的利益，不如说是工作认真、一丝不苟。他们严守合同，认真研究和推敲合同中的每一句话和各项具体条款。一旦达成协议，就很少出现毁约行为，所以德国人的合同履约率很高，在世界贸易中有着良好的信誉。

（6）自信固执。德国的工业非常发达，产品质量非常好。所以，德国商人对自己的产品很有信心，在谈判中常会以德国的产品作为衡量标准。在谈判中，他们重视并强调自己提出的方案的可行性，不轻易向谈判对手做较大的让步（让步的幅度一般在20%以内），而是千方百计地使谈判对手让步。

（7）注重形式，表达直接。在商务交往中，德国人比较注重形式，强调个人才能，喜欢显示自己的身份，重视以职衔相称；喜欢用直接的、坦率的、直言不讳的语言表达自己的意愿，并在详细规定谈判的议题之后准备好一份计划表。此外，德国人对发展个人关系和商业关系都很严肃，在交往上十分严肃正统，十分注重礼节、穿戴、称呼。

总之，德国人的谈判风格为冷静、审慎、稳重、严谨、自信。

7. 法国人的谈判风格

法国人具有浓厚的国家意识和强烈的民族、文化自豪感，浪漫，富有幽默感，同时又十分坚强。法国人的谈判风格一般具有以下几个特点。

（1）珍惜个人之间的友谊，并且影响到生意。一些谈判专家认为，如果你与法国公司的负责人或谈判人员建立了友好、相互信任的关系，那么你就建立了牢固的生意关系。同时，你也会发现他们是十分容易共事的伙伴。在实际业务中，许多人发现，与法国人不要只谈生意上的事，在适当的情况下，与法国人聊聊社会新闻、文化、娱乐等方面的话题，更能增进双方关系，营造良好的会谈气氛。

（2）在谈判中坚持使用法语。法国人具有一个人所共知的特点，就是坚持在谈判中使用法语，即使他们的英语讲得很好也是如此。而且在这一点上很少让步。因此，专家指出，如果一个法国人在谈判中对你使用英语，那么这可能是你争取到的最大让步。至于为什么这样，原因有很多，可能是法国人爱国的一种表现，也有可能是法语会使他们减少语言不通产生的误会。

（3）偏爱横向谈判。法国人偏爱横向谈判，他们喜欢先为谈判合同勾画出一个大致的轮廓，然后达成原则合同，最后确定合同中的各项内容。所以，法国人不像德国人那样签订合同之前认真、仔细地审核所有具体细节。法国人的做法是签署交易的大概内容，如果合同执行起来对他们有利，那么他们会若无其事；如果合同执行起来对他们不利，那么他们也会毁约，并要求修改或重新签约。

（4）重视个人的力量。法国人大都重视个人的力量，很少有集体决策的情况。这是由于他们组织机构明确、简单，实行个人负责制，个人权力很大。在商务谈判中，也都是由个人决策负责，谈判的效率也较高。即使专业性很强的洽谈，法国人也能一个人独当一面。

（5）严格区分工作时间和休息时间。法国人这种劳逸结合与日本人的工作狂有极大的反差。法国 8 月是度假的季节，全国上下，各行各业的职员都休假，这时候你想与法国人做生意是徒劳的。如果是在 7 月份谈的生意，那么 8 月份也不会有结果。此外，法国人喜欢在晚餐时约会，用餐时间长，喜欢喝名酒。

（6）注重承诺。在同法国人进行商务活动时，应注意严格按事先约定的时间、地点和交谈内容进行，不要迟到，穿着要讲究；提供给法国人的材料和相关的实物样品要翔实、完备和讲究质量；合同条款要细致周到；一旦签订合同，就要严格按照双方约定的条款执行。

8．北欧人的谈判风格

北欧主要是指挪威、丹麦、瑞典、芬兰和冰岛等国家。

北欧是一个文化、经济高度发达的地区。这几个国家地域广阔、人口稀少、社会政治经济十分稳定，与世界各地的贸易交往也具有较长的历史。北欧人的谈判风格主要有以下几个特点。

（1）北欧人十分讲究文明礼貌，也十分尊重具有较高修养的商人。他们在与外国人交往时比较讲究礼仪，不论是正式还是非正式的谈判，只要他们是东道主，就会安排得有条不紊，尽量让客人满意。

（2）北欧人对自己产品的质量非常看重，其产品质量在世界上也是非常好的。他们更倾向于具有高附加值的、高度专业化的产品出口。他们在工作期间严肃认真，一丝不苟，但娱乐时间绝不工作。

（3）北欧人在谈判中十分冷静，即使在关键时刻也不动声色，耐心、有礼貌，但他们不喜欢无休止地讨价还价。他们与你做生意，主要是因为他们确认你的公司的产品在市场上是十分优秀的，他们信得过你。但如果你只为自己利益着想，忽视了他们的利益或建议，他们就会改变对你的看法，很可能放弃与你做生意。

（4）北欧人的一个共同特点就是喜欢桑拿浴，这已经成为他们生活的一部分。在与北欧人洽商时被他们邀请洗桑拿，说明受到了他们的欢迎，这是一个好的开端。但如果不能适应长时间的热气，那么也要提出，这不是丢面子的事情。在许多情况下，可以在洗桑拿浴时与他们交谈，这可以免除正式谈判的许多不便。

9. 拉丁美洲人的谈判风格

在同拉丁美洲人进行商务活动时应注意了解拉丁美洲市场需求和关税条例。拉丁美洲的国际自由贸易区是同外国联系活动的市场之一，信息较灵通，是寻找贸易合作伙伴的理想场所，是了解拉丁美洲市场的重要窗口之一。到拉丁美洲进行商贸活动，一般都要通过这里进入市场；拉丁美洲商人自尊心强，喜欢朋友式的相互交流洽谈，厌恶盛气凌人的作风；发展代理网络，建立代理机构和代理人，也是同拉丁美洲人进行商贸活动不可缺少的。

（1）与拉丁美洲人做生意，要表现出对他们风俗习惯、信仰的尊重与理解，努力争取他们对你的信任。同时，避免流露出与他们做生意是对他们的恩赐，一定要坚持平等、友好互利的原则。

（2）由于拉丁美洲由众多的国家和地区构成，国际间的矛盾冲突较多，要避免在谈判中涉及政治问题。

（3）在中南美国家中，各国政府对进出口和外汇管制都有不同程度的限制，而且差别较大。一些国家对进口证审查很严，一些国家对外汇进出国境有繁杂的规定和手续。所以，一定要进行认真调查研究，有关合同条款也要写清楚，以免发生纠纷。

（4）和处事敏捷、高效率的北美人相比，中南美人显得十分悠闲、乐观，时间观念也较淡漠。这种悠闲表现在众多的假期上，常常在洽商的关键时刻，他们要去休假，生意就只好等休假完了再商谈。拉丁美洲人也很看重朋友，商业交往常带有感情成分。

（5）拉丁美洲人不重视合同，常常是签约之后又要求修改，合同履约率也不高，特别是不能如期付款。另外，这些国家经济发展不平衡，国内时常出现高通货膨胀率。所以，在对其出口交易中，力争用美元支付。

（6）拉丁美洲地区国家较多，不同国家谈判人员的特点也不相同。例如，阿根廷人喜欢握手，巴西人以好娱乐、重感情而闻名，智利、巴拉圭和哥伦比亚人做生意比较保守。拉丁美洲地区的女性地位较低，拉丁美洲人也不愿意同女性进行谈判。

总之，只要你不去干预这些国家的社会问题，耐心适应这些国家的人做生意的节奏，你就会同他们建立良好的个人关系，从而保证谈判的成功。

10. 韩国人的谈判风格

（1）谈判经验丰富。韩国商人在长期的对外贸易实践中积累了许多经验。他们在参照国际惯例的基础上，根据本国的国情采取了一些独特的做法，常在对自己不利的贸易谈判中战胜谈判对手，被西方发达国家称为“谈判强手”。

（2）注重谈判前的调查。韩国商人对贸易谈判相当重视，不对对方有一定的了解，他们是不会与对方坐在谈判桌前的。这种了解包括对方的经营项目、资金、规模、经营作风及有关商品的行情等，而这种了解一般通过国内外的有关咨询机构进行。

（3）重视谈判地点的选择。谈判地点的选择是很重要的，韩国商人尤其重视这一点。他们比较喜欢将谈判地点安排在有名气的酒店，如果是他们选择的地方，他们会按时到达，一般主谈人，即“拍板者”总是走在最前面。初谈阶段，他们首先要做的就是获得对方的好感，彼此信任，营造一个和谐信赖的气氛，然后才开始谈判。

（4）逻辑性较强。韩国商人做事喜欢条理化，谈判也不例外，尤其是较大规模的谈判，往往是直奔主题，开门见山。谈判的方法很多，而韩国商人喜欢用下面两种：横向协商法，即在进入实质性谈判后，先列出需要讨论的条款，然后逐条逐项磋商；纵向协商法，即对共同提出的条款，逐条协商，在取得一致后再转入下一条。此外，韩国商人有时也把这两种方法结合起来使用，总之，一切以自己的需要为主。同时，在谈判中，韩国商人较爽快，非常善于讨价还价，即使妥协也是进取性的妥协，以退为进。

（5）注重谈判策略和技巧。韩国商人谈判重策略，善于把中国古代军事思想运用到现代的谈判桌上，总是用不太主要的问题去佯攻，以掩盖他们的主要目标，趁对方不留神就“钻空子”。在谈判中，韩国商人惯于用“苦肉计”，率先忍让去迷惑对方以达到自己的最终目的。此外，他还会根据不同的对象采取“声东击西”“疲劳战术”“拖延战术”“先苦后甜”“限期战术”等去赢得谈判胜利。

11. 阿拉伯人的谈判风格

在阿拉伯地区进行商贸活动要注意尊重民族习惯和风俗，讲究礼仪、礼貌。阿拉伯人对产品的质量要求高，只要质量信得过，那么对价格一般都能接受。通过代理商（中间商），是同阿拉伯人进行商贸活动成功率较高的办法之一。在一般情况下，没有代理商（中间商）的介入，生意进展不会顺利。阿拉伯人认为一见面就谈生意是极不好的习惯，应先招待客人以示礼貌。拜访是做生意的一个方法，通行于阿拉伯国家。谈生意时有陌生人闯进来使你们的会谈中断，不要惊讶，也不要流露出不高兴的表情。迅速做出决定不是阿拉伯人的习惯，耐心十分重要，要见政府官员可能要等上三五天。良好的个人关系是在阿拉伯国家做成生意的关键。要避免在穆斯林斋月拜访穆斯林教徒，阿拉伯人不食猪肉。当阿拉伯人说“是”时，其意思可能是“也许”；说“也许”时，其意思可能是“不”，因为阿拉伯人认为对客人说“不同意”是不礼貌的。

如果说在中央集权制的国家，商业活动由国家计划控制，那么，在阿拉伯国家，商业活动则一般由扩大了的家族来指挥。在这些国家中，人们十分看重对家庭和朋友所承担的义务，相互提供帮助、扶持和救济，家族关系在社会经济生活中占有重要地位。此外，阿拉伯人信奉伊斯兰教，禁忌特别多，酒是绝对不能饮的。自然，酒也不能作为礼品赠送。

阿拉伯世界凝聚力的核心是阿拉伯语和伊斯兰教。虽然对这些你不一定精通和信奉，但当你到这些国家访问洽谈时，做些基本了解还是十分必要的。例如，遇到斋月，阿拉伯人在太阳落山之前，既不吃也不喝。你也要做到入乡随俗，尽量避免接触食物和茶，即使主人把这些放在待客的房间里，你也要表示理解并尊重他们的习俗。

阿拉伯人十分好客，任何人来访，他们都会十分热情地接待。因此，谈判过程也常常被一些突然来访的客人打断，主人可能抛下你与新来的人谈天说地。与他们谈判，你必须适应这种习惯，学会忍耐和见机行事。这样，你就会获得阿拉伯人的信赖。这是达成交易的关键。

有时感觉阿拉伯人没有时间观念，随意中断或拖延谈判，决策过程也较长。但阿拉伯人拖延时间，不能归结于他们拖拉和无效率。这种拖延也可能表明他们对你的建议有不满之处，而且尽管他们暗示了哪些地方令他们不满，你却没有捕捉到这些信号，也没有做出积极的反应。这时，他们并不会当着你的面说“不”，而是根本不做任何决定。他们希望时间能帮助他们达到目的，否则就让谈判的事在置之不理中自然告吹。

阿拉伯人不喜欢同人面对面地争吵，也不喜欢一见面就匆忙谈生意。他们认为，一见面就谈生意是不礼貌的。他们希望能花点儿时间同你谈谈社会问题和其他问题，一般要占去 15 分钟或更多的时间，有时要聊几个小时，因此你最好把何时开始谈生意的主动权交给阿拉伯人。

与阿拉伯人做生意，寻找当地代理商（中间商）也是十分必要的。专家建议，无论同私营企业谈判，还是同政府部门谈判，代理商（中间商）都是必不可少的。这些代理商（中间商）操着纯正的阿拉伯语，有着庞大的社会关系网，熟悉民风国情，特别是同你所要洽谈的企业有直接或间接的联系。这些都是你做生意所必需的。阿拉伯人做生意特别重视朋友的关系。许多外国商人都认为，初次与阿拉伯人交往，很难在一两次交谈中涉及业务问题。只有经过长时间的交往，特别是与他们建立了友谊，才可能进行真正的交易谈判。而有代理商（中间商）从中斡旋，则可大大加快这种进程。如果是代理商（中间商）替你推销商品，那么交易也会比较顺利。

需要指出的是，在谈生意时，要尽量避免涉及政治问题，更要远离女性话题。在任何场合都要得体地表示出你对当地人宗教的尊重与理解。

以上我们简单地介绍了一些国家和地区的人们的谈判风格。由于同一个国家的人经历不一样，民族和国家在其身上的烙印的深刻程度也会有所不同，有可能出现游离在外的情况。因此，我们只是提供了一般性的背景材料，而对一个谈判对手的价值观、行为方式、思维方式的准确把握，还要依靠在商务活动中的直接观察和具体分析。

【任务演练】

模拟跨文化商务谈判

目标：了解国际商务谈判的含义与特征，认识文化差异对国际商务谈判的影响，能够解读不同国家与地区商人的谈判风格，能根据国际商务谈判的具体对象采取相应的对策与方法。

步骤：任务布置→任务实施→任务完成→任务考核。

内容与要求：

（1）将学习小组结对，分别扮演买方企业与卖方企业。

（2）每两个模拟企业互为谈判对手，其中一方扮演外商代表，虚拟一个国家。

（3）双方做好跨文化谈判准备工作。

（4）注意涉外礼仪和规范。

成果形式：制作场景演示脚本，模拟跨文化商务谈判的整个过程。

【综合案例】

烟台市塑料编织袋厂厂长娄维川从青岛得到信息，日本某纺织株式会社正准备向我国出售先进的塑料编织袋生产线，遂当即到进口过类似设备的青岛、潍坊等厂家实地考察，了解其性能及运转情况，并确认引进的可行性。第二年 3 月，娄维川与该日本株式会社达成正式购买生产线的口头协议。4 月 5 日，娄维川在青岛开始与日方代表谈判。

谈判进入了实质性阶段，对方主要代表发言：“我们经销的生产线，由日本最守信誉的三家公司生产，具有先进水平，全套设备的总价是 240 万美元。”报完价，该代表漠然一笑，摆出一副毋庸置疑的神气。娄维川说：“据我们掌握的情报，你们的设备性能与贵国××会社提供的产品完全一样，我省××厂购买的该设备，比贵方开价便宜一半。因此，我请你重新出示价格。”

日方代表听罢，沉默片刻，首次谈判宣告结束。

一夜之间，日方把各类设备的价格开出了详细清单，第二天报出总价 180 万美元。经过激烈的争论，总价降至 130 万美元。日方表示价格无法再压。随后在持续长达 9 天的谈判中，双方共计谈崩了 35 次，最终拉锯战并没有结束，双方互不妥协让步。

“是否到了该签字的时候了？”娄维川苦苦思索着，后灵机一动，采用和另一家西方公司做洽谈联系的策略。这一小小的动作立即被日商发现，总价立即降至 120 万美元。

这个价格可以说相当不错了，但娄维川了解到当时正有几家外商同时在青岛竞销自己的编织袋生产线，他觉得应紧紧把握这个机会，迫使对方做出进一步的让价。

谈判桌上的角逐呈白热化，娄维川等中方代表与日方代表谈了整整一个上午，日方代表生气了：“娄先生，我们几次请示厂方，4 次压价，从 240 万美元降到 120 万美元，比原价已降了 50%了，可以说做到了仁至义尽，而如今你们还不签字，实在太苛刻、太无诚意了！”他气呼呼地把提包甩在桌上。娄维川站起身：“先生，你们的价格，还有先生的态度，我们都是不能接受的。”说完，同样气呼呼地把提包甩在桌上，那提包有意没拉上锁链，经他这一甩，里面那个西方公司的设备资料与照片掉了一地。

日方代表见状大吃一惊，急忙拉住娄维川满脸赔笑道：“娄先生，我的权限已经到此为止，请让我请示之后，再商量商量。”娄维川寸步不让：“请转告贵厂方，这样的价格，我们不感兴趣。”说完，他抽身便走。

次日，日方毫无动静，有人沉不住气了，而娄维川很镇定：“沉住气，明天上午会有消息传来的。”果然不出所料，次日一清早便传来消息，日方请中方暂不要和其他厂家谈判，日本厂方正和生产厂家协商，要几家一齐让价。

下午，日方代表宴请中方代表并宣布了第 5 次压价。娄维川迅速反应，要求再降价 5%即可成交。娄维川知道日方代表处在两头受挤的处境，便主动缓和气氛：“你们是客人，理应由我们来宴请，这次宴请费用，我们包了，价格问题请再和东京恳请一下。”

日方代表经过再次请示，宣布最后开价再让 3%，距离娄维川的要求，只差了几万美元了。娄维川看到这已经是最后价格了，再挤下去也不可能了，便与日本代表握手成交。同时，他提出日方来华安装设备所需费用一概由日方承担，这个建议又把那 2%的差价挤过去不少。

问题：运用所学的国际商务谈判知识，从商务谈判的策略、技巧、种类、谈判人员的素质、商务谈判的礼仪及各国商人的谈判风格等几个角度，分析中方谈判成功的原因，并模拟演示。

【拓展阅读】

全球的成功谈判者

以下是对一些被认可的各国成功谈判者的概括，包括美国、印度、阿拉伯、瑞典和意大利。根据皮埃尔·卡塞的研究，我们可进一步了解不同的谈判者和他们希望从谈判对手那里获得什么。

一、美国谈判者

（1）知道何时妥协。

（2）谈判前确立一个强硬的立场。

（3）事先拒绝让步。

（4）将自己的名片戴在胸前。

（5）只在谈判陷入僵局时才进行妥协。

（6）建立基本原则并授权助手完成具体工作。

（7）谈判开始前最大限度地保留选择余地。

（8）以诚信为本。

（9）尊重谈判对手。

（10）尽可能清楚地表达立场。

（11）了解如何掌控谈判的进程。

（12）论点简明扼要。

（13）善于控制时间并保持稳定。

（14）在使谈判对手暴露其意图的同时尽可能长时间地掩饰自己的立场。

（15）让其他谈判者先出场，自己努力寻找最好的方案。

二、印度谈判者

印度谈判者通常遵循甘地的谈判方式，即“坚信善良”，将对真理的爱与力量组合使用。

（1）寻找并说出真理。

（2）无所畏惧。

（3）训练自我控制能力。

（4）寻求能使各参与方满意的解决方案。

（5）尊重对方。

（6）既不使用暴力也不进行侮辱。

（7）当出现被视作不连贯或不可预见的危险时做好改变自己初衷的准备。

（8）以长远的眼光看待事物。

（9）谦逊并信任谈判对手。

（10）做事留有余地，善于沉默和学习。

（11）依赖自身的资源和力量。

（12）诉诸谈判对手的精神特性（交流中，西方人是活跃善谈的，东方人则善于静坐、沉思、忍耐）。

（13）顽强、耐心和持之以恒。

（14）向谈判对手学习并尽量避免使用秘诀。

（15）超越逻辑推理，信任本能和信念。

三、阿拉伯谈判者

许多阿拉伯谈判者遵循伊斯兰传统，利用中间人解决冲突。许多成功的阿拉伯调停者是按下述方式行动的。

（1）维护各方的荣誉、自尊和尊严。

（2）避免与谈判对手的直接冲突。

（3）受所有人的尊重和信任。

（4）不使任何一方陷入示弱或承认失败的境地。

（5）拥有必需的声誉来行使话语权。

（6）善于创造性地提出对各方都有利的解决方案。

（7）理解各方立场并能公正无偏袒地对待参与各方。

（8）能够抵制来自对方的种种压力。

（9）用谈判对手所尊崇的人作为证据来说服其改变初衷。

（10）保守秘密以增加各方信心。

（11）控制情绪（在必要的时间和场合不加控制）。

（12）善于利用会议作为调停工具。

（13）清楚谈判对手在执行谈判所制定的决策时可能遇到的问题。

（14）能应付阿拉伯人对时间概念的忽视。

（15）清楚伊斯兰教给对方带来的影响。

四、瑞典谈判者

（1）非常安静并善于思考。

（2）守时。

（3）非常礼貌。

（4）坦率。

（5）注重成果和效率。

（6）稳扎稳打。

（7）注重实际但过于谨慎。

（8）比较灵活。

（9）善于控制，能保持良好情绪。

（10）对新的提议反应较慢。

（11）不拘礼节，有亲和力。

（12）自以为是。

（13）完美主义者。

（14）害怕矛盾。

（15）非常个人化。

五、意大利谈判者

（1）有戏剧感（表演是其文化的重要组成部分）。

（2）不掩饰情绪（部分真诚，部分做作）。

（3）善于阅读面部表情及手势。

（4）有历史使命感。

（5）不信任任何人。

（6）善于观察他人行为。

（7）对团队合作的信任不如对个人积极性那么强。

（8）乐于助人，有亲和力。

（9）生气勃勃。

（10）从不采用特别具体的意见。

（11）使用新方法要挟甚至摧毁对方。

（12）能够机智地处理实力对抗。

（13）善于密谋。

（14）懂得如何奉承。

（15）善于联合其他谈判者。

对成功谈判者进行比较是很有用的。例如，印度谈判者，他们谦逊、有耐心、尊重他人，与总是坚持强硬立场的美国谈判者相比，印度谈判者更容易妥协；阿拉伯谈判者与他国谈判者相比一个很重要的不同是他们把自己置于中立地位，不认为自己属于任何一方，因此相互之间极少发生直接对抗；成功的瑞典谈判者是保守和谨慎的，他们依据事实和详细的信息处理问题；意大利谈判者是精力充沛、富于表现的，但与瑞典谈判者相比他们缺乏坦率。

巩固提高（综合练习 5）

参考答案

参考文献

[1] 杨群祥. 商务谈判[M]. 大连：东北财经大学出版社，2012.
[2] 张翠英. 商务谈判理论与实训[M]. 北京：首都经济贸易大学出版社，2008.
[3] 白士强. 商务谈判[M]. 天津：天津大学出版社，2010.
[4] 周贺来. 商务谈判实务[M]. 北京：机械工业出版社，2010.
[5] 胡海. 商务谈判实务[M]. 北京：北京邮电大学出版社，2012.
[6] 李品媛. 商务谈判[M]. 北京：高等教育出版社，2010.
[7] 王方. 商务谈判实训[M]. 大连：东北财经大学出版社，2009.
[8] 饶美娇. 涉外商务谈判操作技巧与运用[M]. 北京：冶金工业出版社，2008.
[9] 石宝明. 商务谈判[M]. 大连：大连理工大学出版社，2007.
[10] 刘金波. 国际商务谈判[M]. 北京：北京大学出版社，2012.
[11] 刘文广. 商务谈判[M]. 2 版. 北京：高等教育出版社，2009.
[12] 林逸仙. 商务谈判[M]. 上海：上海财经大学出版社，2004.
[13] 周琼，吴再芳. 商务谈判与推销技术[M]. 北京：机械工业出版社，2005.
[14] 周延波. 商务谈判[M]. 北京：科学出版社，2006.
[15] 陈文汉. 商务谈判实务[M]. 北京：人民邮电出版社，2011.
[16] 徐春林. 商务谈判[M]. 重庆：重庆大学出版社，2007.
[17] 李爽. 商务谈判[M]. 北京：清华大学出版社，2007.
[18] 乔淑英. 商务谈判[M]. 北京：北京师范大学出版社，2007.
[19] 李伟. 商务谈判[M]. 北京：科学出版社，2006.
[20] 陈文汉. 商务谈判实务[M]. 2 版. 北京：人民邮电出版社，2009.
[21] 方其. 商务谈判——理论、技巧、案例[M]. 北京：中国人民大学出版社，2004.
[22] 黄卫平. 商务谈判[M]. 北京：中国人民大学出版社，2005.
[23] 贾书章. 现代商务谈判理论与实务[M]. 武汉：武汉理工大学出版社，2007.
[24] 王宝山. 商务谈判[M]. 武汉：武汉理工大学出版社，2007.

[25] 孙绍年. 商务谈判理论与实务[M]. 北京：清华大学出版社，北京交通大学出版社，2007.

[26] 杨群祥. 商务谈判[M]. 大连：东北财经大学出版社，2005.

[27] 王海云. 商务谈判[M]. 北京：北京航空航天大学出版社，2007.

[28] 张炳达，满媛媛. 商务谈判实务[M]. 上海：立信会计出版社，2007.

[29] 冯华亚. 商务谈判[M]. 北京：清华大学出版社，2006.

[30] 范银萍，刘青. 商务谈判[M]. 北京：北京大学出版社，中国林业出版社，2007.

[31] 庞岳红. 商务谈判[M]. 2 版. 北京：清华大学出版社，2018.

[32] 毕思勇. 商务谈判[M]. 3 版. 北京：高等教育出版社，2019.